中国电力行业数字化年度发展报告

2024

中国电力企业联合会　编著

中国电力出版社
CHINA ELECTRIC POWER PRESS

图书在版编目（CIP）数据

中国电力行业数字化年度发展报告. 2024 /
中国电力企业联合会编著. -- 北京：中国电力出版社，
2024. 8. -- ISBN 978-7-5198-9151-0

Ⅰ. F426.61-39

中国国家版本馆 CIP 数据核字第 20243N7J19 号

出版发行：中国电力出版社
地　　址：北京市东城区北京站西街 19 号（邮政编码 100005）
网　　址：http://www.cepp.sgcc.com.cn
责任编辑：杨　扬（010-63412524）
责任校对：黄　蓓　郝军燕
装帧设计：赵姗姗
责任印制：杨晓东

印　　刷：三河市航远印刷有限公司
版　　次：2024 年 8 月第一版
印　　次：2024 年 8 月北京第一次印刷
开　　本：889 毫米×1194 毫米　16 开本
印　　张：14
字　　数：289 千字
定　　价：398.00 元

中国电力行业数字化
年度发展报告
2024

编 委 会

主　　　编　安洪光

常务副主编　沈维春

副 主 编　蔡义清　韩文德

编 委 会　（按姓氏笔画排列）

中国电力行业数字化
年度发展报告
2024

编 写 组

组　长　蔡义清

副组长　韩文德

统　稿　方　国　李　猛

成　员　（按姓氏笔画排列）

丁　坤	王　冉	王　亮	王　静	王兮靖
方　国	邓　华	艾　锟	卢金海	朱　晨
向　辉	刘一霖	刘卫华	刘达夫	刘旭嘉
刘呈成	刘伯兴	刘昌升	刘佳宁	刘泽三
刘建龙	刘素花	刘晋刚	刘歆一	汤文玉
汤学云	汤琰君	孙科达	杜　华	李　猛
李　磊	李正浩	李来杰	杨　春	杨军红
杨婷婷	肖思恒	余明阳	张小敏	张玉兰
张世超	张进凤	张国瑞	张春林	张谋明
陈　旭	陈　锋	陈浩敏	陈韶芸	范　奇
范　婧	林克全	周凤珍	房威孜	孟　毓
赵　霞	赵一斌	赵晓琬	胡宇宣	胡恩俊
柳泓羽	侯成华	俞　阳	姜雨滋	姜国通
贾伟昭	郭　凯	剧树春	曹庆才	常　彦
麻才新	彭卯卯	韩月琪	韩圣传	程　辉

前 言
PREFACE

　　《中国电力行业数字化年度发展报告 2024》（以下简称《数字化年度报告 2024》）是中国电力企业联合会（以下简称中电联）"1＋N"年度发展系列报告之一，是综合反映电力数字化年度发展的出版物。《数字化年度报告 2024》以统计数据为依据、以事实资料为基础，旨在全面、客观、准确、系统反映中国电力行业 2023 年数字化发展情况。

　　《数字化年度报告 2024》共分为七个章节，综合分析了国内外能源电力数字化发展形势，重点反映 2023 年电力政策法规与标准规范、电力行业数字化进展、数据赋能业务发展、网络与信息安全、数字化支撑与保障情况，并对电力数字化进行发展展望。

　　为深入、系统、专业地展示电力行业各专业领域发展情况，中电联还组织编撰了电力供需分析、电力国际合作、电力工程建设质量、电力标准化、电力可靠性、电力科技创新、电力信用体系建设、电力人才、电气化等专业领域的年度系列报告，形成了以《中国电力行业年度发展报告》为龙头，以各专业领域年度报告为支撑的"1＋N"年度发展系列报告体系，本报告为"1＋N"报告体系的重要组成部分。

　　我们真诚希望《数字化年度报告 2024》及其他报告能够成为立足行业、服务企业、联系政府和沟通社会的重要载体，成为电力从业人员和所有关心电力事业的读者了解中国电力发展现状的重要参考资料。

编委会

2024 年 6 月

目 录
CONTENTS

随着新一轮科技革命和产业革命的兴起，"大云物智移链"等数字化技术与能源产业的融合成为推动能源产业变革和实现创新驱动发展的驱动力。全球各国纷纷采取举措，促进数字化进程，并将大数据分析、机器学习、区块链、分布式能源管理和云计算等数字技术应用于能源生产、输送、交易、消费及监管等各个环节。落实绿色低碳高质量发展目标，能源是主战场，电力是主力军，随着全球对低碳经济的重视，电力行业作为能源转换和分配的关键环节，其数字化转型变得尤为重要，它涉及通过应用数字技术提升电力系统的性能和效率，实现更安全、更经济、更环保的电力生产和消费。数字化可以帮助电力行业提高能源效率，优化资源配置，促进可再生能源的接入和消纳，支持电力系统的现代化。近年来，在国际范围内，电力行业的数字化转型呈现出多元化的发展态势，各国根据自身实际情况，积极探索符合国情的电力发展道路，国内外电力行业的数字化发展涵盖了从能源转型到技术创新，再到市场发展等多个层面。随着数字技术的不断进步以及在能源行业的深入应用，电力行业的数字化转型不断加速，为全球能源的可持续发展提供强有力的支撑。

一、国内外能源电力数字化发展形势

纵观国际能源数字化格局，能源正逐步向低碳化、清洁化、分散化和智能化转型，随着智能电网、新能源等技术兴起，电力行业迎来了新的发展机遇和挑战，各国政府纷纷加大对电力行业数字化建设的投入。在战略层面，国内外许多电力行业企业将数字化转型作为提升企业竞争力的关键手段，通过制定明确的数字化转型战略，将数字技术深度融入企业的运营、管理和服务中，以实现更高效、更智能的能源生产和供应。在实践层面，国内外能源电力企业广泛采用大数据、云计算、物联网、人工智能等先进技术，推动电力生产、传输、分配和消费的智能化。比如，通过智能电网的建设，实现对电网设备的实时监测和数据分析，提高电网的可靠性和运行效率；加强对清洁能源和分布式能源的生产、管理和优化，推动能源结构的转型和升级。

国内外电力行业在数字化发展上都显示出了积极的态势，尽管具体的实施路径和重点可能存在差异，但共同的目标是提高能源效率、促进可持续发展，并实现数字化与绿色化的深度融合。

在政策与规划方面，国内外电力行业数字化发展均受到了政策的显著影响，各国政府通过制定一系列政策和措施来推动电力行业的数字化转型。许多国家将数字化作为实现"碳达峰、碳中和"目标的重要手段，通过一系列政策鼓励新能源发展、智能电网建设，鼓励电力行业采用先进的数字化技术，以优化电力生产、传输和消费过程，推动数据共享和开放，加强安全性和隐私保护；通过提供财政资金支持、税收优惠和其他激励措施，鼓励企业和研究机构投资于电力行业的数字化转型和技术研究，同时通过政策鼓励发展综合能源服务，利用数字化手段提高能源利用效率，促进能源的多元化供应和消费等。国内政策如《"十四五"国家信息化规划》《关于加快推进能源数字化智能化发展的若干意见》等强调了绿色智慧生态文明建设，推动数字化与绿色化协同发展，通过数字化和智能化技术推动能源领域的全面变革，包括加速发电清洁低碳转型、支撑新型电力系统建设等。国外在政策上也展现出对数字化转型的支持，如欧盟在推动电动汽车和公共交通运输减排目标上的投资。

在建设规模和速度方面，中国的电力行业数字化发展速度和规模均处于世界前列，尤其是中国在智能电网的建设速度和规模上具有明显的优势，通过大规模的改造和建设，显著提升了电力系统的智能化水平。比如，近年来，中国完成了对数百万平方千米的智能电网改造，覆盖了全国大部分城市和农村地区。欧美国家也在积极推动电力行业数字化发展，但相较于中国，其整体发展速度和规模较小，这些国家的电力行业数字化发展更多集中在局部地区或特定领域，尚未形成全国性的大规模改造和升级。

在技术创新和应用方面，新一代数字智能技术正向社会经济多领域快速渗透，持续驱动生产生活方式和经营管理模式变革，促进数字经济与实体经济、智能系统与物理系统深度融合，数据成为新生产要素，算力成为新基础能源，人工智能成为新生产工具，为新质生产力构建提供了重要支撑。特别是以 ChatGPT 为代表的生成式人工智能发展，引领了新一轮科技革命和产业变革，推动新模式新业态加速涌现。数字化智能化已经成为电力行业高质量发展的趋势和共识，全球能源领域科技创新不断涌现，实践应用变得更加多元化。中国电网的智能化水平也在持续提升，电力系统的各个领域都实现了数字化，使得对电力系统的监测、控制和分析更加准确和高效，也进一步优化了电力系统的运行和管理，比如，南方电网基于电力大模型底座"大瓦特"研发的输电人工智能大模型，能够在短时间内从大量实时数据中快速识别关键信号，提高了故障处理的效率。另外中国在特高压技术、智能电能表等方面具有较为明显的优势，其中，特高压技术的研发和应用，实现了电力资源的远距离输送和优化配置，智能电能表的普及推动了用电信息采集和能源管理服务的提升。国外，如欧美国家在电力技术创新和应用方面同样具有较强的实力，在智能电网、分布式能源、储能技术等领域进行了深入研究和应用，如应用人工智能、物联网等先进技术优化电力系统的运行和管理，实现对电力系统的智能化监测、管理和控制。欧洲的智能电网项目已经实现了对电网设备的远程监控和调度,提高了电网的运行效率和可靠性,同时,欧美国家积极推广分布式能源和微电网技术,鼓励用户参与电力生产和消费,实现能源的多元化和本地化,通过大数据和人工智能技术收集和分析电网运行数据,实现对电网状态的实时感知和预测,优化电力生产和调度,并且人工智能技术也被应用于设备故障诊断、能源优化等方面,提高了电力系统的智能化水平。

在能源结构和清洁能源发展方面,中国电力行业在能源结构转型和清洁能源发展方面取得了显著进展。可再生能源在电力结构中的占比逐渐增加,煤炭等传统能源的占比逐渐下降。数字化技术为清洁能源的接入和调度提供了有力支持,中国电力行业在支持清洁能源接入方面具有显著优势,通过数字化技术有效地解决可再生能源的波动性和不确定性问题,实现清洁能源的平滑接入和调度。欧美国家在能源结构转型和清洁能源发展方面也取得了积极进展,通过积极推进能源结构转型,减少对传统化石能源的依赖,增加清洁能源的比重,数字化技术为清洁能源的接入和调度提供了有力支持,推动了能源结构的转型和升级。同时通过推动可再生能源的装机和并网,提高了清洁能源在电力结构中的占比。同时,通过数字化技术在清洁能源领域的应用和创新,推动了清洁能源的高效利用和可持续发展。

在数据安全和隐私保护方面,在电力行业的数字化进程中,数据安全和隐私保护一直是国内外重点关注的问题,国内电力行业已经建立了较为完善的信息安全防护体系,包括网络安全防护、数据安全防护、物理安全防护等多个方面,有效保障了电力系统的数据安全。国外电力行业建立了较为完善的数据保护和隐私保护法律体系,并对违法行为进行严厉打击,同时引入了一些先进的技术手段,如区块链技术、零知识证明等,进一步提高了数据的安全性和隐私性,为电力系统的稳定运行提供有力保障。尤其欧美国家的一些能源公司通过实施严格的数据安全措施和隐私保护策略,保护了客户的数据安全和隐私,树立了行业典范。

总体来看,国内外电力行业数字化发展方面均取得了显著进展,国内电力行业在数字化发展方面具有建设规模和速度,在政策支持、技术创新和新能源接入等方面具有一定优势,国外电力行业在技术创新和研发实力、数据安全和隐私保护等方面具有优势。这些优势共同推动了全球电力行业的数字化转型和发展。随着全球能源结构的转型和电力市场的变化,国内外电力行业数字化发展都将面临新的挑战和机遇。未来,数字化、智能化依然将是电力行业发展的主要趋势。

二、我国电力行业数字化概况

"十四五"规划明确了智慧电网、智慧电厂的建设目标。电力行业各大企业牢牢把握历史机遇,纷纷提出以数字化转型为抓手,以减碳降耗为目标,坚持战略驱动和创新驱动,全面构建数字化、智能化电力系统。电网、电源、电力建设和电力装备行业的数字化新进展成为当前能源转型和工业升级的重要组成部分。**电网数字化方面**，充分发掘电力数据价值，提升数据应用和产品化能力，以"电力＋算力"带动电力产业能级跃升，以新能源为主体将深刻改变传统电力系统的形态、特性和机理。基于"源网荷储"融合变换、协同发展，逐步构成"大电网＋主动配电网＋微电网"的电网形态，同时，随着"数字电网"的发展，通过数字孪生技术，电网能够在数字空间中创建物理电网的高精度三维模型，实现对电网运行状态的实时感知和智能控制，有效提升了电网的安全性和可靠性，并显著提升了电网的运维效率。如两大电网集团在数字平台、物联网平台及场景化应用软件上的投入需求持续释放，已构建完备的数字底座，向生产、运营、服务等场景化应用拓展，旨在推动电力企业由单一的电力供给向综合能源供给转化，并创新电力生产、供给、销售模式，掌握市场"主导权"。两大电网转型实践数字化技术渗透至电力产业"发—输—变—配—用"各个环节。**电源数字化方面**，在电源侧，以中央发电集团、地方大型发电企业为研究主体，其在"双碳"、电力体制改革的宏观及产业环境下，基于数字化技术实现从电力生产、运营到服务的全域转型。尤其是风电和光伏等新能源领域，企业利用大数据和互联网技术提高设计、建设和运维管理的数字化程度，实现远程监控和智能管理，有效提高了发电效率和经济性。**电建数字化方面**，电力建设企业通过数字化手段，如 BIM（建筑信息模型）技术，优化施工管理，提高工程建设的质量和效率。数字化移交成为电力工程建设的新要求，促进了电力行业数字化升级转型。**电力装备数字化方面**，持续引入先进信息技术与智能化设备，显著提升生产自动化和智能化水平，更加精准控制生产进度，减少浪费，从而实现降本提质；集成先进信息技术，有效提升电力装备的运行效率和管理水平，使得电力设备的监测、控制和维护更加便捷、精准，极大提高电力系统的安全性和可靠性。**新兴产业数字化方面**，数字化技术如 5G、人工智能、大数据等正在推动能源产业基础高级化、产业链现代化，成为推动新型能源体系建设的重要支撑。综上所述，电网、电源、电力建设和电力装备行业的数字化转型正逐渐深入，不仅提高了行业的效率和安全性，也为新型电力系统的建设和能源转型提供了强有力的技术支撑。随着技术的不断进步和应用的不断深入，预计未来这些领域还会有更多的创新和突破。

随着绿色发展理念的不断深入，未来 10 年，在能源技术和数字化技术高速发展的推动下，全球的电力行业将迎来一个发展和变革的高峰。从传统的"发输变配用调"产业链条贯通发展到现如今"源网荷储协同"产业场景融合，电力行业面临的挑战复杂度从二维级别升级到了三维甚至多维。以"云、大、物、智、移"为典型代表的数字化技术发展也出现了元宇宙、Web3.0、边端智能、6G、万兆无线通信、量子计算、量子通信等大量分支和升级。

后续需进一步将电力电子技术和数字技术进行深度融合，通过数字技术助力低碳发展，构建更加开放、更加高效、更加智能的数字平台。一是推进通信、控制等电力行业标准化的建设，推进电力系统设备连接互通，并将智能注入行业，围绕"发—输—变—配—用"等电力系统全环节，持续创新连接、计算、智能等 ICT 价值，推进构建现代设备资产全寿命管理体系，降低电力资产的运行风险、延长使用寿命、提高设备安全性和运营效率；二是推进构建现代客户全方位用能服务体系，为用户推荐最优的用能方案，最大化能源利用效率，减少能源浪费、建设高效型社会；三是推进构建新一代调度控制支撑体系，提高电力系统灵活性和稳定性，实现"源网荷储"协调互动、提高整体能源使用效率；四是推进构建新型电力交易体系，还原电力的商品属性，让绿电交易成为"双碳"的重要抓手，持续推进能源清洁消纳。通过数字化技术的深度采用，将打破传统电力系统"源随荷动"的强计划属性，未来电力供需将变得越来越灵活和弹性。电力数字化的未来既充满想象空间也面临各种挑战，需要发电、电网等传统电力企业、电动汽车等新业态、科技企业、园区运营商、平台服务商等跨界参与者的共同努力和参与才能够实现"源网荷储"端到端的成功转型。

三、我国电力数字化投入与成果统计

（一）数字化投入

根据电力行业主要电力企业❶不完全统计数据❷，近三年数字化投入呈现逐年增长的趋势。2021 年累计投入 307.99 亿元，2022 年累计投入 381.03 亿元，2023 年累计投入 396.46 亿元❸。近三年电力投资呈逐年增长趋势，2021 年电力投资累计投入 10786 亿元，2022 年累计投入 12470 亿元，2023 年累计投入 15502 亿元。近三年，数字化投资跟随电力投资逐年增长，占比保持在 2.5%~3.1%范围内。近三年电力投资和电力数字化投入情况如图 1-1 所示。

---

❶ 主要电力企业包括主要电网企业、主要发电企业、主要电建企业、主要电力装备企业。主要电网企业指国家电网有限公司（简称"国家电网"）、中国南方电网有限责任公司（简称"南方电网"）、内蒙古电力（集团）有限责任公司（简称"内蒙古电力"）；主要发电企业指中国华能集团有限公司（简称"中国华能"）、中国大唐集团有限公司（简称"中国大唐"）、中国华电集团有限公司（简称"中国华电"）、国家能源投资集团有限责任公司（简称"国家能源集团"）、国家电力投资集团有限公司（简称"国家电投"）、中国长江三峡集团有限公司（简称"中国三峡集团"）、中国核工业集团有限公司（简称"中核集团"）、中国广核集团有限公司（简称"中广核"）、广东省能源集团有限公司（简称"广东能源"）、浙江省能源集团有限公司（简称"浙能集团"）、北京能源集团有限责任公司（简称"京能集团"）；主要电建企业指中国电力建设集团有限公司（简称"中国电建"）、中国能源建设集团有限公司（简称"中国能建"）、中国电气装备集团有限公司（简称"中国电气装备"）、中国东方电气集团有限公司（"东方电气"）。

❷ 不完全统计：一是指电力企业范围以最近三年报送相关数据的企业；二是有部分电力企业数字化投入包含电力生产口径和企业经营口径的投入，有部分电力企业数字化投入只包含企业经营口径。

❸ 数据来源：《关于报送电力企业信息化统计数据及提供〈中国电力行业数字化年度发展报告 2024〉素材资料的通知》（科技〔2024〕7 号）。

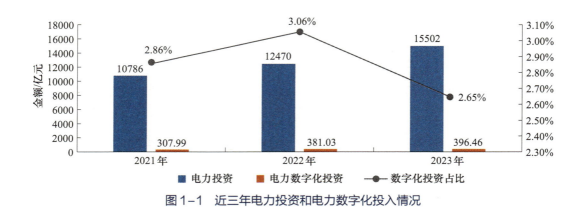

图 1-1　近三年电力投资和电力数字化投入情况

2023 年，电力领域累计数字化投入 396.46 亿元，其中电网数字化领域累计投入 191.67 亿元，电源数字化领域累计投入 174.36 亿元，电建数字化领域累计投入 17.85 亿元，电力装备数字化领域累计投入 12.58 亿元。2023 年电源领域和电力装备领域，数字化投入增速明显，分别为 20.78%和 62.53%，其中电源领域数字化投入有追赶电网领域数字化投入趋势，增速主要得益于新能源数字化投入增长；与 2022 年相比，电网和电建 2023 年数字化投入有些回落，分别降低 9.08%和 1.44%，主要原因是统建系统增多和运维费用降低。主要电力领域近三年数字化投入情况如图 1-2 所示。

图 1-2　主要电力领域近三年数字化投入情况❶

在对 2023 年电力数字化投入、数字经济和全国 GDP 增长率的比较分析中，电力数字化投入同比增长率达到 4.05%。具体来看，电力数字化投入的增速与国内生产总值（GDP）的增长率 5.20%相近，显示出其与宏观经济增长的同步性。然而，与数字经济 11.75%的增长率相比，电力数字化投入的增速显得略低。尽管电力行业数字化的投资增速有所放缓，但仍在稳定而持续增长，显示出电力行业对持续推进数字化进程的坚定承诺和战略定力。近三年电力数字化投入增速对比如图 1-3 所示。

---

❶　电力装备 2021 年数字化投入不包含中国电气装备集团有限公司，其于 2021 年 9 月 25 日正式揭牌成立。

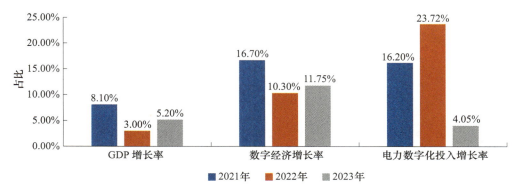

图 1-3 近三年电力数字化投入增速对比❶

数字化投入主要集中在硬件、软件、运维及网络安全等 4 个方面。2023 年，硬件投入持续呈现正增长，反映了电力行业对数据中心、物联网设备、通信网络等硬件资产的重视，持续夯实数字基础设施；与此同时，运维和软件投资的显著下降，映射出电力行业数字化系统"瘦身"整合以及推动统一平台应用方面所取得的成效，表明电力企业在提升运营效率和系统整合方面的坚定决心；网络安全投资的大幅增加，凸显了电力行业对于维护网络安全的高度重视和责任感，不仅彰显了电力行业对当前网络安全形势的敏锐洞察，也体现了对国家关键基础设施保护和重大活动保障的坚定承诺。主要电力企业硬件、运维、软件、网络安全投入占比如图 1-4 所示。

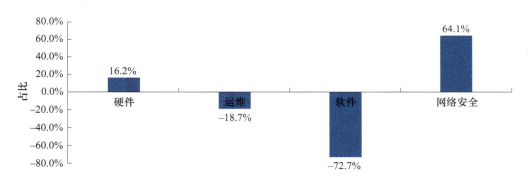

图 1-4 主要电力企业硬件、运维、软件、网络安全投入占比❷

总体来看，2023 年电力行业数字化投资呈现出稳健的发展态势，整体投资规模保持稳定。这一年，电力行业数字化投资结构的优化和比例的合理调整，不仅体现了行业对数字化重要性的深刻认识，也彰显了电力行业在资源配置和战略规划上的成熟与精准。通过这种结构性和比例性的提升，电力行业正稳步推进其数字化进程，为高质量发展奠定了坚实的基础。

---

❶ GDP 增长率来源于国家统计局；数字经济增长率来源于中国信息通信研究院《中国数字经济发展研究报告》（2022 年－2023 年）。

❷ 数据来源：《关于报送电力企业信息化统计数据及提供〈中国电力行业数字化年度发展报告 2024〉素材资料的通知》（科技〔2024〕7 号）。

（二）数字化成果

1. 数字化获奖、专利申请情况

随着数字化投入的结构性调整和优化，在总体投资基本稳定的情况下，获奖、专利等成果进一步提高，具体的相关数据如下。

2023 年主要电力企业累计获得信息化方面的获奖数量为 1450 项，相比去年新增 283 项。主要电力领域信息化奖项情况统计如图 1−5 所示。

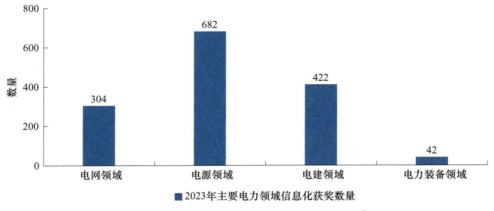

图 1−5　主要电力领域信息化奖项情况统计❶

2023 年主要电力企业累计获得信息化方面的专利数量为 5149 项，相比去年新增 2328 项。主要电力领域信息化专利数量情况统计如图 1−6 所示。

图 1−6　主要电力领域信息化专利情况统计❷

---

❶ 数据来源：《关于报送电力企业信息化统计数据及提供〈中国电力行业数字化年度发展报告 2024〉素材资料的通知》（科技〔2024〕7 号）。

❷ 数据来源：《关于报送电力企业信息化统计数据及提供〈中国电力行业数字化年度发展报告 2024〉素材资料的通知》（科技〔2024〕7 号）。

2. 数字化系统统推优化成效

系统的整合和统推统建是数字化发展的重要阶段。2023 年电力行业加快对现有系统的整合和系统的统推，根据不完全统计，电力行业统推系统的数量从原来的 975 个提高到 1744 个，统推系统占比从 9.21% 提升到 14.48%。主要电力领域信息化统推系统占比如图 1-7 所示。

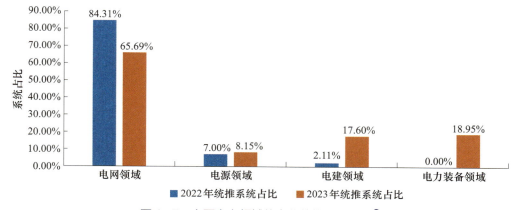

图 1-7 主要电力领域信息化统推系统占比❶

3. 数字化基础建设成效

在数字化基础建设方面，各企业纷纷加强对数字化基础设施的建设和应用，搭建了一系列数字化基础设施和平台系统，为企业的数字化转型提供了坚实的技术支撑。**电网领域**全面汇聚能源、环境、经济等外部数据，支撑能源电力保供等数字化创新应用。积极稳妥开展北斗改造，建成电力北斗精准位置服务网，升级北斗综合服务平台，试点实现电力北斗服务切换。建成"技术中台"，完成移动互联服务平台竣工验收，区块链服务平台、统一应用门户、流程机器人平台（RPA）、视频融合服务平台和物联管理平台上线运行。**电源领域**打造了企业级云平台，推进了数据标准化工作，构建了基于全新技术的区域数据中心，实现数据采、存、算、管、用的一条龙服务，建设企业大数据平台，推动综合办公、管理经营及生产运行类数据不断汇聚，"自下而上、由点到面"的数据采集汇聚体系基本形成。**电建领域**推动集团级大系统、大平台建设应用，推进项目管理 PRP 系统与财务共享平台业财融合，推动全国电力规划实施监测预警平台、全国新型储能大数据平台、海上风电大数据平台等不断完善与应用，引领能源电力数字化发展。**电力装备领域**搭建公司级运营监控系统平台，建成一体化专有云平台，提供安全、可靠计算存储资源；构建数字化管理平台，基本实现了业财一体化管理，实现生产成本数据自动归集和费用自动分摊归集管理，应用 SAP、培训云平台、考勤等系统基本实现人力资源数字化管理。

---

❶ 数据来源：《关于报送电力企业信息化统计数据及提供〈中国电力行业数字化年度发展报告 2024〉素材资料的通知》（科技〔2024〕7 号）2022 年未统计电力装备领域相关数据。

4. 数字化业务应用成效

在数字化业务应用方面，各企业积极推动数字化技术在业务中的应用和创新。通过各类项目的实施，企业在提高生产效率、降低成本、改善工作环境等方面取得了显著成效。**电网领域**开展线变、户变关系自动识别，助力基层精准识别线变关系维护问题、户变关系辨识问题。电力看经济、看环保、智慧城市大脑等产品有力服务党中央和各级政府科学决策、精准施政。创新电水气网"六联办""六免"服务模式，用电新装、更名过户、用电变更等全业务实现"刷脸办电、一证办电"。研发移动应用、流程机器人应用，解决基层数据重复录入等问题。**电源领域**开展数据共享应用，建立数据共享流程，推动内外部数据共享，有效打通数据壁垒。推动经营监测、安全生产、党建云平台投用，提升数据分析利用共享，为管理决策提供支撑。开展智慧工地、智慧电厂建设、人员定位、安全管理、行为与故障视频识别、三维可视化等大量新技术；开展监控、保护和监测等自动化系统的建设及应用，研究基于人工智能、AI 算法、无人机等新技术的智能巡检、运维应用。数字风控、数字监督平台上线运行。**电建领域**推进项目管理 PRP 系统与财务共享平台业财融合，打造典型集成方案，实现数据驱动建设新模式。围绕智慧电厂、智能电网、智慧工地、智慧运营、交能融合等主营业务，加强数字技术融合，持续推进所属企业产业数字化创新，积极打造数智绿色工厂，数十家所属企业获评国家级智能制造揭榜挂帅工厂、绿色工厂及优秀场景。**电力装备领域**构建数字化管理平台，通过实时监控和数据分析掌握运营状况，采购应付、销售应收实现端到端流程贯通，重点业务领域基本实现可视化运行，基本实现了业财一体化管理，实现生产成本数据自动归集和费用自动分摊归集管理。

5. 数字化安全可控成效

在数字化安全可控方面，各企业都高度重视网络安全的保障工作和信息技术应用创新工作，积极加强网络安全防护和管理和国产化替代。**电网领域**完成 2023 年度关键信息基础设施隐患排查整改、"扫雷 2023"网络安全专项行动、圆满完成全国两会、杭州亚（残）运会、第三届"一带一路"国际合作高峰论坛网络安全重大保障工作。**电源领域**推动自主可控建设，企业国产化 OA 系统全面上线运行。全面落实网络安全责任制，提升关键信息基础设施安全保护力度，圆满完成北京冬奥会、冬残奥会、全国两会、党的二十大、杭州亚运会等重要时期网络安全保障。**电建领域**在 HW2023 中，实现核心云与应用"零"失分的整体目标。

第二章

政策法规与标准规范

第一节 数字化政策法规

一、法律法规

随着数字技术的快速发展和广泛应用，社会各领域都面临着前所未有的变革挑战，法律法规的重要性愈发凸显。为进一步规范数字化领域的健康发展，国内外主要国家和地区纷纷出台一系列数字化相关法律法规，为数字化发展提供明确的规范和指导。

（一）2023 年国外法律、部门规章及规范性文件

2023 年，欧盟、美国等国家地区分别发布了一系列数字化相关法律法规及政策文件，旨在推进数字化发展、加强网络和数据安全、促进科技创新和产业升级。**欧盟发布了《2030年数字十年政策方案》《数据法案》等**，提出欧盟数字化发展战略规划，并完善网络安全和数据监管机制。**美国发布了《国家网络安全战略》《"安全、可靠和值得信赖的人工智能"行政令》等**，重点关注网络安全、数字产业发展等方面。**英国和韩国分别发布了《数据保护及数字信息（第 2 号）法案》《数字权利法案》等**，为数字环境中主体权利保护以及监管提供了新的法律规范。**日本发布了《统合创新战略2023》**，助力推动本国科技创新、产业升级。2023 年国外数字化相关法律法规主要内容见表 2-1。

表 2-1　　　　　　　　2023 年国外数字化相关法律法规主要内容

国家地区	发布时间	文件名称	文件主要内容
欧盟	1 月 9 日	2030 年数字十年政策方案	本方案是欧盟应对未来十年数字化发展的战略性政策文件，提出了数字技能、基础设施等一系列目标及行动指南
欧盟	4 月 18 日	网络团结法案	本法案是欧盟有关提升网络安全能力的立法提案，从网络安全合作和网络安全能力建设等方面进行了规划

国家地区	发布时间	文件名称	文件主要内容
欧盟	11 月 27 日	数据法案	本法案是欧盟数据战略的关键支柱，明确了数据访问、共享和使用的规则，为可能的权利冲突设计了相应的监管模式和争端解决机制
美国	3 月 2 日	国家网络安全战略	该战略作为美国 5 年来首份网络安全领域的战略文件，围绕关键基础设施、打击和摧毁威胁行为体、市场力量、投资、国际伙伴关系五大支柱提出新战略
美国	7 月 26 日	区块链监管确定性法案	本法案是美国促进区块链规范发展而实施的监管政策，明确了虚拟货币的法律地位
美国	10 月 30 日	"安全、可靠和值得信赖的人工智能"行政令	本行政令是美国推动人工智能安全发展阶段的重要政策，在 AI 安全和安保方面制定了新标准
英国	4 月 11 日	数据保护及数字信息（第 2 号）法案	本法案作为英国在脱欧后首次推动数据保护改革的重要立法，明确了数据主体权利，以及数据控制者的责任
英国	4 月 25 日	数字市场、竞争和消费者法案	本法案是英国针对数字市场的监管政策，强调保护消费者权益，针对消费者欺诈、不公平定价等行为提出监管依据
日本	6 月 9 日	统合创新战略 2023	该战略是日本推动数字化转型、构建数字化社会的政策文件，旨在推动科技创新和产业升级
韩国	9 月 25 日	数字权利法案	本法案是韩国关于数字环境中个体权利与自由的法律文件，重点强调保护个人隐私、数据安全以及信息自由流通等方面

（二）2023 年国内法律、部门规章及规范性文件

2023 年，我国也在数字化领域出台了一系列法律、部门规章及规范性文件。**在数字经济方面**，《生成式人工智能服务管理暂行办法》对人工智能服务提供提出了一系列规范要求。**在数据管理方面**，《企业数据资源相关会计处理暂行规定》要求企业加强数据资源管理，规范数字资源会计处理和信息披露。**在网络与数据安全方面**，《个人信息出境标准合同办法》在个人信息跨境安全、自由流动等方面做出相应规范和限制。《工业和信息化领域数据安全风险评估实施细则（试行）（征求意见稿）》要求重要数据和核心数据处理者充分做好风险评估工作。《网络安全事件报告管理办法（征求意见稿）》对网络安全事件报告内容、报告要求进行了规范。2023 年国内数字化相关法律法规具体内容见表 2-2。

表 2-2　　　　　　　　　2023 年国内数字化相关法律法规具体内容

发布时间	法律法规名称	法律法规相关内容
2 月 24 日	个人信息出境标准合同办法	本办法主要适用于个人信息处理者通过与境外接收方订立个人信息出境标准合同的方式向中华人民共和国境外提供个人信息的情形。通过订立标准合同的方式开展个人信息出境活动，应当坚持自主缔约与备案管理相结合、保护权益与防范风险相结合，保障个人信息跨境安全、自由流动

发布时间	法律法规名称	法律法规相关内容
2 月 25 日	互联网广告管理办法	本办法进一步明确了广告主、互联网广告经营者和发布者、互联网信息服务提供者的责任，并对人民群众反映集中的弹出广告、开屏广告、利用智能设备发布广告等行为做出规范
7 月 13 日	生成式人工智能服务管理暂行办法	本办法强调在提供和使用生成式人工智能服务时，应遵守法律、行政法规，尊重社会公德和伦理道德，并明确了一系列具体规定，如不得生成煽动颠覆国家政权、危害国家安全和利益的内容，应防止产生歧视，尊重知识产权和商业道德，尊重他人合法权益，以及提升服务的透明度和准确性等
8 月 1 日	企业数据资源相关会计处理暂行规定	文件从适用范围、适用准则、列示和披露要求等方面加强企业数据资源管理，规范企业数据资源相关会计处理，强化相关会计信息披露，发挥数据要素价值。在处理数据时，企业应按照企业会计准则相关规定，根据数据资源的持有目的、形成方式、业务模式，以及与数据资源有关的经济利益的预期消耗方式等，对数据资源相关交易和事项进行会计确认、计量和报告
10 月 8 日	科技伦理审查办法（试行）	本办法明确了需要进行科技伦理审查的活动类型，包括涉及人为研究参与者、实验动物、生命健康、生态环境、公共秩序等方面的科技活动
10 月 9 日	工业和信息化领域数据安全风险评估实施细则（试行）（征求意见稿）	本细则适用于工业和信息化领域重要数据和核心数据处理者对其数据处理活动的安全风险评估，主要对数据安全风险评估的适用范围、管理机构、工作原则、评估对象、评估内容、评估期限、重新申报评估的情形、评估方式以及评估报告报送等方面进行了详细规定
10 月 24 日	未成年人网络保护条例	本条例明确了网络运营者在收集、使用、转移、披露儿童个人信息的责任和义务，营造有利于未成年人身心健康的网络环境，保障未成年人合法权益
12 月 8 日	网络安全事件报告管理办法（征求意见稿）	本办法规定运营者在发生网络安全事件时，应当及时启动应急预案进行处置。按照《网络安全事件分级指南》，属于较大、重大或特别重大网络安全事件的，应当于 1 小时内进行报告

二、数字化政策

数字化政策对我国数字化发展具有重要意义，不仅为我国的数字化进程提供了明确的指导方向，更是推动其健康、有序发展的关键所在。此外我国也多次在中央政治局会议、国务院全体会议等重要会议中强调数字化相关工作，形成共识，指明方向，推动我国数字化建设。

（一）中共中央、国务院层级相关政策

2 月 27 日，中共中央、国务院印发《**数字中国建设整体布局规划**》，作为数字中国建设的顶层设计，体现了中国式现代化的经济新特征，为数字中国建设提供了明确的战略指导和实施路径。**规划提出了数字中国建设目标**，到 2025 年，基本形成横向打通、纵向贯通、协调有力的一体化推进格局；到 2035 年，数字化发展水平进入世界前列，有力支撑全面建设社会

主义现代化国家。**规划明确了数字中国建设"2522"整体框架，即**夯实数字基础设施和数据资源体系"两大基础"，推进数字技术与经济、政治、文化、社会、生态文明建设"五位一体"深度融合，强化数字技术创新体系和数字安全屏障"两大能力"，优化数字化发展国内国际"两个环境"。其中，规划提出**要推动数字技术和实体经济深度融合，在能源等重点领域加快数字技术创新应用**，为能源行业数字化发展指明了方向。

中共中央、国务院在多次在会议中强调，要大力推动现代化产业体系建设，加快传统产业和中小企业数字化转型，大力发展数字经济，加快建设新型能源体系等内容。2023 年中央召开会议相关内容见表 2-3。

表 2-3 　　　　　　　　　　　　2023 年中央召开会议相关内容

会议时间	会议名称	会议相关内容
3 月 5 日	第十四届全国人民代表大会第一次会议	要加快建设现代化产业体系，强化科技创新对产业发展的引领支撑；加强重要能源、矿产资源国内勘探开发和增储上产；加快传统产业和中小企业数字化转型，着力提升高端化、智能化、绿色化水平；大力发展数字经济；要推动发展方式绿色转型，推进能源清洁高效利用和技术研发；加快建设新型能源体系，提升可再生能源占比，推动重点领域节能降碳减污
5 月 5 日	二十届中央财经委员会第一次会议	要把握人工智能等新科技革命浪潮；保持并增强产业体系完备和配套能力强的优势，高效集聚全球创新要素，推进产业智能化、绿色化、融合化；坚持三次产业融合发展，避免割裂对立；坚持推动传统产业转型升级
7 月 11 日	中央全面深化改革委员会第二次会议	要深化电力体制改革，加快构建清洁低碳、安全充裕、经济高效、供需协同、灵活智能的新型电力系统，更好推动能源生产和消费革命，保障国家能源安全
7 月 24 日	中共中央政治局召开会议	要大力推动现代化产业体系建设，加快培育壮大战略性新兴产业、打造更多支柱产业；要推动数字经济与先进制造业、现代服务业深度融合，促进人工智能安全发展；要推动平台企业规范健康持续发展
9 月 22 日	全国新型工业化推进大会	着力提升产业链供应链韧性和安全水平，加快提升产业创新能力，持续推动产业结构优化升级；大力推动数字技术与实体经济深度融合，全面推动工业绿色发展
12 月 11 日	2023 年中央经济工作会议	大力推进新型工业化，增强产业核心竞争力；要积极主动适应和引领新一轮科技革命和产业变革，大力发展数字经济，加快发展人工智能，打造生物制造、商业航天、低空经济等若干战略性新兴产业，开辟量子、脑科学等未来产业新赛道，鼓励绿色低碳产业发展；要运用数智技术、绿色技术等先进适用技术为传统产业注入新动能，加快实现转型升级

（二）部委及其直属机构层级相关政策

为贯彻落实党中央决策部署，国务院组成部门、国务院直属机构出台了一系列数字化相关政策，推动经济社会数字化转型。

国家发展和改革委员会发布多项数字化相关政策。**在数字经济方面，《数字经济促进共同富裕实施方案》**提出要不断做强做优做大我国数字经济，通过数字化手段促进解决发展不平衡不充分问题。**在数据要素方面**，《**"数据要素×"三年行动计划（2024—2026 年）（征求意见稿）**》《**关于深入实施"东数西算"工程加快构建全国一体化算力网的实施意见**》要求推进传统产业数字化转型升级，并加快构建全国一体化算力网，发挥数据要素乘数效应，赋能经济社会发展。2023 年国家发展改革委发布政策相关内容见表 2-4。

表 2-4　　　　　　　　　2023 年国家发展改革委发布政策相关内容

发布时间	政策名称	政策相关内容
12 月 15 日	"数据要素×"三年行动计划（2024—2026 年）（征求意见稿）	加快改造提升传统产业；实施制造业技术改造升级工程。推动制造业"智改数转网联"；继续办好产业转移发展对接活动
12 月 25 日	关于深入实施"东数西算"工程加快构建全国一体化算力网的实施意见	从通用算力、智能算力、超级算力一体化布局，东中西部算力一体化协同，算力与数据、算法一体化应用，算力与绿色电力一体化融合，算力发展与安全保障一体化推进等 5 个统筹出发，推动建设联网调度、普惠易用、绿色安全的全国一体化算力网
12 月 26 日	数字经济促进共同富裕实施方案	推动数字技术和实体经济深度融合，不断做强做优做大我国数字经济，通过数字化手段促进解决发展不平衡不充分问题，推进全体人民共享数字时代发展红利，助力在高质量发展中实现共同富裕

工业和信息化部相继发布多项数字化相关政策，涵盖数字经济、数据、数字基建等多个方面。**在数字经济方面**，《**关于促进数据安全产业发展的指导意见**》提出了促进数据安全产业发展的重点任务及保障措施。《**科技成果赋智中小企业专项行动（2023—2025 年）**》围绕中小企业核心技术能力提升提出了多项重点任务，推动科技成果有效"赋智"中小企业。**在数字基建方面**，《**算力基础设施高质量发展行动计划**》提出了算力基础设施建设的重点任务，夯实算力基础设施建设基石。**在数据管理方面**，《**工业和信息化领域数据安全事件应急预案（试行）（征求意见稿）**》细化了数据安全事件的应急处置要求，进一步规范数据安全管理工作。2023 年工业和信息化部发布政策相关内容见表 2-5。

表 2-5　　　　　　　　　2023 年工业和信息化部发布政策相关内容

发布时间	政策名称	政策相关内容
1 月 13 日	关于促进数据安全产业发展的指导意见	文件明确了促进数据安全产业发展的 7 项重点任务，包括提升产业创新能力、壮大数据安全服务、推进标准体系建设、推广技术产品应用、构建产业繁荣生态、强化人才供给保障和深化国际合作交流
5 月 22 日	科技成果赋智中小企业专项行动（2023—2025 年）	文件提出，围绕中小企业核心技术能力提升，聚焦科技成果有效推广应用，加速科技成果向中小企业集聚；加强产业政策、科技政策、中小企业发展政策的统筹和协同，促进产学研、产业链上下游、大中小企业融通创新
10 月 18 日	算力基础设施高质量发展行动计划	文件提出完善算力综合供给体系、提升算力高效运载能力、强化存力高效灵活保障、深化算力赋能行业应用、促进绿色低碳算力发展、加强安全保障能力建设 6 个方面重点任务，着力推动算力基础设施高质量发展
12 月 15 日	工业和信息化领域数据安全事件应急预案（试行）（征求意见稿）	文件细化了行业数据安全事件应急处置流程、机制和要求，指导各方规范化开展应急处置工作，有效提升数据安全事件应急处置水平

为推动我国工业和信息化领域的持续健康发展，工业和信息化部召开了全国工业和信息化工作会议，提出加快培育新兴产业以推动传统产业改造升级，提高工业行业资源综合利用效率和加强减排降碳技术改造等一系列具体举措。2023 年工业和信息化部召开会议相关内容见表 2-6。

表 2-6　　　　　　　　　2023 年工业和信息化部召开会议相关内容

会议时间	会议名称	会议相关内容
1 月 11 日	2023 年全国工业和信息化工作会议	全面落实工业领域以及重点行业碳达峰实施方案，加强绿色低碳技术改造，提高工业资源综合利用效率和清洁生产水平
12 月 21 日	2024 年全国工业和信息化工作会议	加快改造提升传统产业；实施制造业技术改造升级工程，支持企业设备更新，加快钢铁、有色、轻工等重点行业改造升级；推动制造业"智改数转网联"，深化智能制造试点示范，推进开源体系建设；继续办好产业转移发展对接活动

财政部、商务部、市场监管总局也陆续发布了多项数字化相关政策文件，深化推进数字技术发展应用，包括以数字化助力中小企业高质量发展、不断提升生活服务数字化水平、推动数据共享与创新应用为经济社会发展提供有力数据支撑等方面，进一步完善我国数字化政策体系。2023 年其他政策相关内容见表 2-7。

表 2-7　　　　　　　　　　　2023 年其他政策相关内容

发布时间	政策名称	政策相关内容
6 月 12 日	关于开展中小企业数字化转型城市试点工作的通知	文件旨在推动中小企业数字化转型，通过城市试点探索有效路径和模式，将为中小企业提供政策支持和保障，促进数字化服务商培育，打造转型标杆，助力中小企业实现高质量发展
6 月 13 日	关于加强计量数据管理和应用的指导意见	文件旨在规范计量数据采集、管理和应用，推动数据共享与创新应用，提升计量数据质量和应用水平，为经济社会发展提供有力数据支撑
12 月 23 日	关于加快生活服务数字化赋能的指导意见	文件围绕丰富生活服务数字化应用场景、补齐生活服务数字化发展短板、激发生活服务数字化发展动能、夯实生活服务数字化发展基础、强化支持保障措施等 5 个方面，提出了 19 项具体任务举措，将进一步推动提升生活服务数字化水平

国务院国资委定期组织有关中央企业、地方国有企业座谈交流，听取各方意见建议，并强调要推动国有企业加快信息化、数字化转型步伐。**在战略定位方面**，要深刻认识国企数字化转型重要意义，更好发挥国企科技创新、产业控制、安全支撑作用。**在数字应用方面**，要推进国有企业云体系、大数据体系、财务数智化建设。**在科技创新方面**，要持续加大科技研发投入，强化关键核心技术攻关。**在产业布局方面**，要加快布局和发展战略性新兴产业和未来产业，塑造发展新动能新优势。2023 年国务院国资委召开座谈会相关内容见表 2-8。

表 2-8　　　　　　　　　　　2023 年国务院国资委召开座谈会相关内容

会议时间	会议名称	会议相关内容
4 月 21 日	国资央企信息化工作推进会议	全面开启国资央企信息化工作新征程，要着力提高智能监管水平，全面推进国资央企云体系和大数据体系建设，持续健全完善信息化工作保障机制
6 月 28 日	深入推进国有企业数字化转型专题会	深刻认识国企数字化转型重要意义，深入实施国有企业数字化转型行动计划，全面提升数字化智能化发展水平，更好发挥国企科技创新、产业控制、安全支撑作用
7 月 5 日	国有企业经济运行圆桌第一次会议	坚定不移做强做优做大国有企业，更好保障能源资源安全，坚持专业化发展，优化国有资本布局结构，有效维护产业链供应链稳定；强化关键核心技术攻关，加大对传统制造业改造，大力发展战略性新兴产业，不断提高企业核心竞争力
8 月 29 日	国有企业经济运行第四次圆桌会议	加快推动传统产业转型升级，在战略性新兴产业优布局、上规模、提水平上持续发力、久久为功
11 月 4 日	国有企业经济运行第五次圆桌会议	持续加大科技研发投入，加快布局和发展战略性新兴产业和未来产业，开辟发展新领域新赛道，塑造发展新动能新优势
12 月 25 日	中央企业负责人会议	着力推进布局优化结构调整，大力培育新产业新赛道，持续推动传统产业强基转型，强化对产业链关键环节的引领，加快推动新型工业化
12 月 28 日	中央企业财务工作会议	2024 年各中央企业财务系统要顺应智能变革趋势，以司库建设为抓手，加快推进财务数智化转型

　　3 月 28 日，国家能源局发布《关于加快推进能源数字化智能化发展的若干意见》，提出了一系列关于电力、煤炭、油气等能源领域的数字化智能化发展目标和措施，旨在通过数字化和智能化技术推动能源领域的全面变革，从发电清洁低碳转型、新型电力系统建设、能源消费环节节能提效、数字能源生态构建等方面加快行业转型升级，持续推进应用试点示范和共性技术突破，并围绕网络安全、数据、标准、人才等方面进一步健全数字化智能化发展的支撑体系，标志我国能源领域开启了数字化智能化发展的新篇章。《关于加快推进能源数字化智能化发展的若干意见》相关内容见表 2-9。

表 2-9　　　　　《关于加快推进能源数字化智能化发展的若干意见》相关内容

重点工作	主题	主要内容
加快行业转型升级	发电	**以数字化智能化技术加速发电清洁低碳转型。**发展新能源和水能功率预测技术。加强规模化新能源基地智能化技术改造；加快火电、水电等传统电源数字化设计建造和智能化升级。推动数字技术深度应用于核电各领域各环节
	新型电力系统	**以数字化智能化电网支撑新型电力系统建设。**推动实体电网数字呈现、仿真和决策；推动变电站和换流站智能运检、输电线路智能巡检、配电智能运维体系建设；加快新能源微网和高可靠性数字配电系统发展；提高负荷预测精度和新型电力负荷智能管理水平；发展电碳计量与核算监测体系
	煤炭	**以数字化智能化技术带动煤炭安全高效生产。**推动建设地质保障系统、智能装备、运输系统、灾害监测预警与防治系统、综合管控平台等

重点工作	主题	主要内容
加快行业转型升级	油气	**以数字化智能化技术助力油气绿色低碳开发利用。**推动建设油气勘探开发专业软件、智能测井、智能化节点地震采集系统等
	能源消费	**以数字化智能化用能加快能源消费环节节能提效。**持续挖掘需求侧响应潜力；推进多能互补集成供能基础设施建设；推动普及用能自主调优、多能协同调度等智能化用能服务；推动能源消费环节节能提效与智慧城市、数字乡村建设统筹规划
	数字能源生态	**以新模式新业态促进数字能源生态构建。**提高储能与供能、用能系统协同调控及诊断运维智能化水平；提升氢能基础设施智能调控和安全预警水平；推进综合能源服务与新型智慧城市、智慧园区、智能楼宇等用能场景深度耦合益；推动新能源汽车融入新型电力系统；探索能源新型基础设施共建共享；推进能源行业大数据监测预警和综合服务平台体系建设
推进应用试点示范	应用场景试点示范	**推动多元化应用场景试点示范。**重点推进在智能电厂、新能源及储能并网、输电线路智能巡检及灾害监测、智能变电站、自愈配网、智能微网、氢电耦合、分布式能源智能调控、虚拟电厂、电碳数据联动监测、智慧库坝、综合能源服务、行业大数据中心及综合服务平台等应用场景试点任务
	试点示范项目	**加强试点示范项目评估管理。**强化试点示范项目实施监测；建立试点示范成效评价机制，加强标杆示范引领
推动共性技术突破	装备智能感知与智能终端技术	**推动能源装备智能感知与智能终端技术突破。**加快能源装备智能传感与量测技术、特种智能机器人、无人机等技术装备研发；推动先进定位与授时技术在能源装备感知终端的集成应用；推动基于人工智能的能源装备状态识别、可靠性评估及故障诊断技术发展
	智能调控技术	**推动能源系统智能调控技术突破。**推动面向能源装备和系统的数字孪生模型及智能控制算法开发；加快面向信息物理融合能源系统应用的低成本、高性能信息通信技术研究；推动能源流与信息流高度融合的智能调控及安全仿真方法研究
	网络安全技术	**推动能源系统网络安全技术突破。**加强融合本体安全和网络安全的能源装备及系统保护技术研究；推动开展能源数据安全共享及多方协同技术研发
健全发展支撑体系	网络安全	**增强能源系统网络安全保障能力。**推进传统能源厂（站）信息系统网络安全防护升级；进一步完善电力监控系统安全防护体系。加快推动能源领域自主可控和安全可靠应用
	数据	**推动能源数据分类分级管理与共享应用。**推动能源行业数据分类分级保护制度建设；加强行业大数据中心数据安全监管；推动算力资源规模化集约化布局、协同联动
	标准	**完善能源数字化智能化标准体系。**推动各行业加快编制一批数字化智能化关键技术标准和应用标准，持续完善能源数字化智能化领域标准化组织建设，建立健全能源数字化智能化与标准化互动支撑机制
	人才	**加快能源数字化智能化人才培养。**深化能源数字化智能化领域产教融合，加速能源数字化智能化中青年骨干人才培养；鼓励将能源数字化智能化人才纳入各类人才计划支持范围，促进交流引进

第二节　数字技术标准规范

一、电力数字标准化

标准是经济活动和社会发展的技术支撑，是国家基础性制度的重要方面。我国高度重视标准化工作，近年来先后颁布了《国家标准化发展纲要》《"十四五"推动高质量发展的国家标准体系建设规划》《贯彻实施〈国家标准化发展纲要〉行动计划》等一系列政策法规，对标准化工作进行系统部署，并提出一系列数字技术标准化的重要举措。

2021 年 10 月 10 日，中共中央、国务院印发《国家标准化发展纲要》，明确了我国标准化发展的指导思想、发展目标、重点任务和重要举措，绘制了今后一个时期我国标准化发展的蓝图。文件提出，要大力发展机器可读标准、开源标准，推动标准化工作向数字化、网络化、智能化转型；要推动标准数字化程度不断提高，标准化的经济效益、社会效益、质量效益、生态效益充分显现。**2022 年 7 月 6 日**，国家标准化管理委员会印发《贯彻实施〈国家标准化发展纲要〉行动计划》，提出新型基础设施标准化行动，并加强工业互联网，能源互联网等新型基础设施规划、设计等方面标准研制。

2023 年 3 月 21 日，国家标准化管理委员会印发《2023 年全国标准化工作要点》。在**标准数字化方面**，文件提出要加快农业、制造业、服务业等产业数字化融合标准及数字化绿色化协同转型发展标准体系关键标准研制，推进标准数字化，加强标准数字化体系建设，制定一批数字化基础标准。**在能源标准化方面**，文件提出要做好碳排放核算、重点行业减排降碳技术、新能源与可再生能源、生态碳汇等标准制修订。相较于往年标准化工作要点，我国更加重视数字化在传统产业中的应用，以及碳排放核算、减排降碳技术、新能源等绿色低碳领域的标准化建设，进一步推动电力标准化建设。

2023 年 3 月 28 日，国家能源局印发《关于加快推进能源数字化智能化发展的若干意见》，要求不断完善能源数字化智能化标准体系，加强能源各行业现行相关标准与数字技术应用的统筹衔接，推进与国际标准体系兼容，引导各行业分类制定数字化智能化评价体系；持续完善能源数字化智能化领域标准化组织建设，加强标准研制、实施和信息反馈闭环管理；建立健全能源数字化智能化与标准化互动支撑机制，完善数字化智能化科技成果转化为标准的评价机制和服务体系，广泛挖掘技术先进、市场推广价值优良的示范成果进行技术标准化推广应用。

二、电力数字标准建设进展

我国电力行业深刻把握新时期标准化工作重点，建立健全电力系统标准体系，整体呈现出标准促进高技术创新更加有力、标准推进产业高质量发展更加有效的态势。2023 年，我国在电力数字化标准领域取得了显著进展，共发布了 161 项电力数字化相关国家标准、行业标准及中电联团体标准，详见附录 2。

（一）国家标准

2023 年，我国共发布 33 项电力数字化相关国家标准，涵盖发电、电网、储能、网络安全、数据、数字化支撑与保障等多个方面，推动我国电力行业数字化水平不断提升，为电力行业数字化发展奠定了基础。

（二）行业标准

2023 年，共发布 91 项电力数字化相关行业标准，涵盖行业自动控制、通信、电力系统、智能变电站、风电场、光伏发电站、输电线路、电网设备、无人机巡检技术、变电站巡检机器人与人工协同巡视等多个方面，为电力行业的数字化、标准化提供了有力支撑。

（三）团体标准

2023 年，中电联共发布 37 项电力数字化相关团体标准，涵盖电工装备、通信、储能、网络安全、数据等方面，作为国家标准、行业标准的重要补充，在推动电力行业数字化转型、提升数字化技术应用水平等方面发挥了重要作用。

第三章

电力行业数字化进展

第一节 电网数字化

近年来，主要电网企业高度重视数字化转型，结合自身业务现状，加快推进新型数字基础设施建设，形成了一批数字化转型建设的典型案例，全面推动数字化转型发展，支撑新型电力系统建设和电网高质量发展。

一、电网生产

电网领域全面贯彻党的二十大精神和网络强国、数字中国建设部署，以赋能电网安全高效生产为目标，重点聚焦智慧配电网建设主战场，推进电力平衡和电网消纳、源网荷储协调互动、计算推演等领域能力水平提升。持续强化电网数字底座，深度赋能业务，进一步拓展电网建设、设备管理等多专业业务场景，保障电力可靠供应。

（一）规划计划

1. 现状

电网领域将赋能业务、创造价值作为推动数字化转型的主要目标，利用数字技术大力改造提升传统电网业务，促进生产提质、经营提效、服务提升。加强业务和数字化交叉融合，深入业务挖掘数据价值，以数据贯通带动业务协同，推动业务开展由经验驱动向数据驱动转变，全面赋能新型电力系统建设、国家治理现代化和社会经济发展。充分释放数据要素价值作用，积极利用数字技术改造传统电网，进一步提高电网资源优化配置能力、多元负荷承载能力和安全供电保障能力，促进"源网荷储"协同控制、多能耦合，全面赋能新型电力系统建设，推动电网向更智能、更安全、更友好的能源互联网升级。

2. 典型成果

（1）国家电网新型电力系统数字技术支撑体系。新型电力系统数字技术支撑体系如

图 3-1 所示，整体分为"三区四层"，即生产控制大区、管理信息大区及互联网大区"三区"，以及数据的采、传、存、用"四层"。明确控制系统与信息系统两个边界；优化数据"采传存用" 4 个环节；统筹新型电力系统各环节感知与连接，实现感知设备共建共享，打造企业级实时量测中心，在线汇聚全环节采集数据，推动各类业务应用贯通与灵活构建，实现设备透明化、数据透明化、应用透明化。

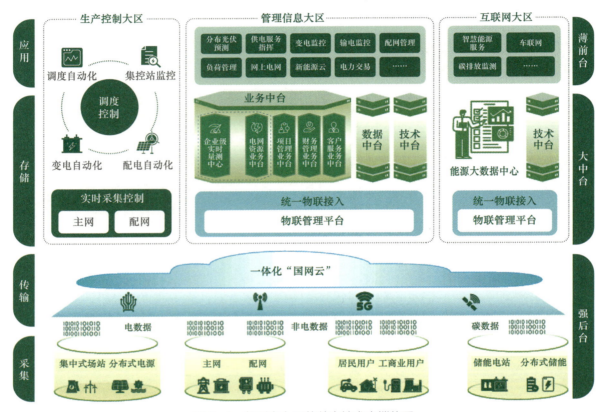

图 3-1 新型电力系统数字技术支撑体系

国家电网按照加快数字化转型"1254"总体思路路径，提出数字化转型 2023 年行动方案，明确数字化转型八项重点工作，实施数字化转型十大重点工程，如图 3-2 所示。一是数字基础设施优化提升工程；二是基础数据底座构建及治理工程；三是企业中台能力提升工程；四是"源网荷储"互动工程；五是智慧配电网建设工程；六是规划建设智慧提升工程；七是设备管理智慧提升工程；八是客户服务智慧提升工程；九是企业经营智慧提升工程；十是数字化支撑保障体系强化工程。

（2）南方电网"南方电网智瞰"。"南方电网智瞰"基于数字技术基础平台和设备资产建模工具，打造设备模型统一维护入口，实现设备资产在线协同编辑和动态实时更新，构建二、三维数字孪生平台，实现设备台账、气象环境、作业信息、实时监控等多维数据融合，提供共享服务和可视化组件，构建数字孪生运营生态，为企业内外部、产业上下游资产数字化、管理信息化赋能。"南方电网智瞰"典型视图如图3-3所示。

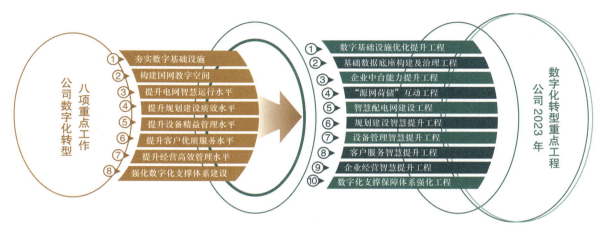

图3-2 国家电网2023年数字化转型重点工作及重点工程

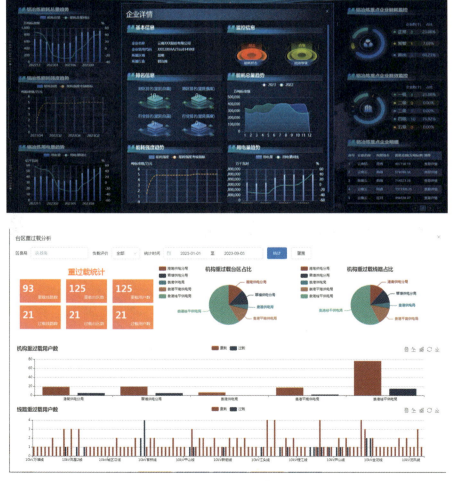

图3-3 "南方电网智瞰"典型视图

"南方电网智瞰"已逐步实现在新型电力系统的多场景应用，包括数字输电、数字变电、数字配电等。数字输电方面，"南方电网智瞰"归集管理全网 500 千伏及以上点云数字化网架，基于网架提取了多项电网数字化信息；支撑百万千米配电线路实现厘米级三维数字孪生，推动"5G 云机巢＋网格化"无人机自动驾驶，大幅提升输电线路巡线效率。数字变电方面，"南方电网智瞰"通过融合变电站物理模型、信息模型、实时数据，实现"设备状况一目了然、风险管控一线贯穿、生产操作一键可达、决策指挥一体作战"的目标；支持全网多个变电站智能巡视、作业和安全应用；支持我国首个特高压多端直流输电工程昆柳龙数字孪生建设。完成全线直流线路和昆柳龙 3 个换流站设备的三维激光点云、三维数字化模型、倾斜摄影模型、设备台账、调度与计量实时数据融合等工程数字孪生建设。数字配电方面，"南方电网智瞰"能够多维度实时感知低电压、重过载等配网设备运行状况，助力高效协同指挥，提高复电及时率和问题处置效率；实现配电智能运行分析、配电智能故障快速研判，以自动化处理方式保障配电网运维事件高效处理；支撑供电局实现配网台区网格化管理模式，建设营配一张图应用。

3. 发展趋势

电网领域将强化顶层设计和整体布局，坚持企业级建设和中台化架构，以"云大物移智链"等现代信息技术为驱动，以数据为关键生产要素，深化数智赋能赋效，夯实数智化基础设施，强化数智化平台服务支撑能力，着力提升电网灵敏感知、精准映射、计算推演水平，纵深推进电网生产、客户服务、经营管理等数智化转型升级；深化电力算力融合，加强数字技术与电网业务深度融合，充分释放数据要素价值，着力加强电网动态优化、精准控制、智能调节能力，支撑"源网荷储"数碳互动和数字化配电网建设，全面赋能数智化坚强电网建设。

（二）智慧建设

1. 现状

电网领域坚持企业级视角，深入分析基建数字化转型面临的新形势，充分调研基建业务现状，借鉴外部领先实践经验，提出基建数字化转型愿景及思路，描绘基建数字化转型蓝图，明确总体系统架构和演进路线，开展需求分析和功能设计等系统建设工作，着力推动基建全过程、全要素、全参与方数字化升级。

2. 典型成果

（1）国家电网"e 基建 2.0"。建设"e 基建 2.0"是落实国家数字经济发展战略、建设数字中国的具体行动，是助力国家电网数字化转型、推动电网高质量发展的责任担当，是变革电网建造方式、提升电网建设能力的重要举措。国家电网聚焦"实用、稳定、互动、安全"，以输变电工程项目全过程管理为主线，升级打造统一的企业级基建数字化管控平台（e 基建 2.0）。平台创新应用微服务架构、电子签章、微信小程序等技术，打造"扫拍点选"极简操作体验，有效支撑工程现场状态智能感知、核心业务在线管控、工程档案自动生成、跨专业高效协同。国家电网 27 家省公司全部完成"e 基建 2.0"应用成效推广和单轨切换，日活跃用户数达 20000 余人。作为电网建设环保专业新质生产力的载体，"e 基建 2.0"可听、可看、可信的"施工图"，正加速落地成为实用、稳定、互动、安全的"实景图"。国家电网"e 基建 2.0"典型视图如图 3−4 所示。

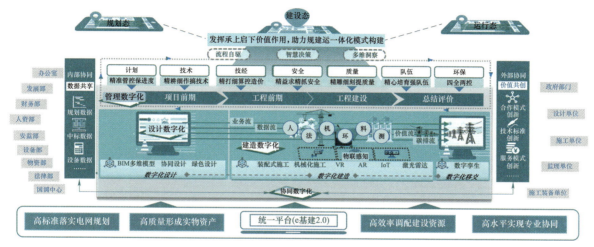

图 3−4 国家电网"e 基建 2.0"典型视图

（2）南方电网基建现场管理"三件套"微应用。针对基建项目存在超负荷施工、施工人员资质管理难度大等问题，南方电网为确保基建项目安全顺利验收投运，严格把控工程风险、严格管理施工人员资质和项目进度，推进基建领域"数字化转型"，研发了基建现场管理"三件套"微应用，如图 3−5 所示。该成果有力支撑"1+N"作业风险分层分级管控机制。其基于分治思想将基建工作难点分解成 3 个解决方案。针对工作计划饱和度管控问题，采用 3 种自动方式，包括自动爬取数据、自动模型计算、自动模型可视化；对于人员资质查询，运用云端技术存储资质信息，并在云平台实现高效查询；项目全过程预警管控采取共享填报、无感计算模式，促进信息共享、智能管控。

3. 发展趋势

电网领域将高质量推进建设实施，抓好平台核心业务、功能应用、技术路线、数据模型"四统一"，抓好场景功能"瘦身健体""去冗余"，抓好核心业务线上运行"单轨制"，抓好工程数据共建共享"全贯通"。高水平推进应用数字新技术，积极开展数字化交付、现代"智慧建造"、工程档案电子化交付等技术研究，推动先进数字技术与基建专业深度融合，加快基建数字化转型。

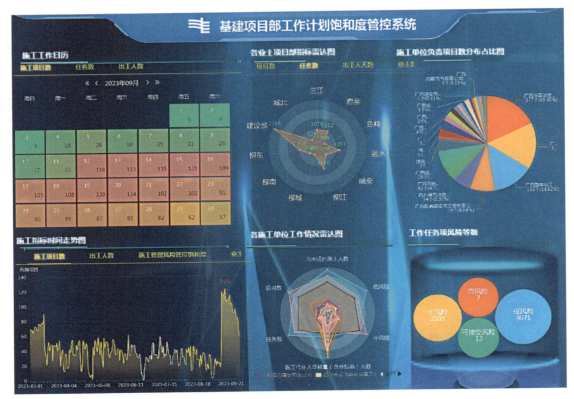

图 3-5　基建现场管理"三件套"微应用

（三）电网调度

1. 现状

智能化调度能力建设是提升电力系统调节能力的主要举措。电网领域依靠数字化手段破解新型电力系统感知、控制难题，围绕"源网荷储"协同互动、电网调度智能、智慧配电网三方面持续发力，实现新型电力系统可观、可测、可调、可控，推进更大规模清洁能源安全稳定消纳、更广范围能源优化配置、更高质量电力安全稳定供应。

2. 典型成果

（1）国家电网智能调度及调控云。国家电网新一代调度技术支持系统如图 3-6 所示。该系统坚持内涵和外延双向发力、双轮驱动，融入新技术，构建平台层、数据层、应用层 3 层结构，以业务需求为导向，实现架构整体重构、功能全面升级、技术双向突破、安全持续提升。国家电网调控云采用主从协同两级三层多中心的广域分布式协同架构，由 1 个国分主导节点和 27 个省级协同节点共同构成，如图 3-7 所示。云平台构建模型数据、运行数据、实时数据及大数据资源池，稳步推动数据价值挖掘；建立社会环境与电网运行的信息桥梁，持续推动人工智能技术与调度业务融合创新应用，全面支撑面向全网的分析决策、调度管理等业务，进一步提高电网运行数智赋能水平。云平台构建覆盖特高压至 10 千伏电网的一、二次设备对象全关联模型，实时处理全网 35 千伏以上变电站和 10 千伏以上电厂数据，吞吐量不小于每秒 10 万点，采集时延由 10 秒左右降低至 2 秒内，建设数据特性分析、电力精益平衡、现货市场支撑等 400 余个应用，全面赋能电网调控业务。

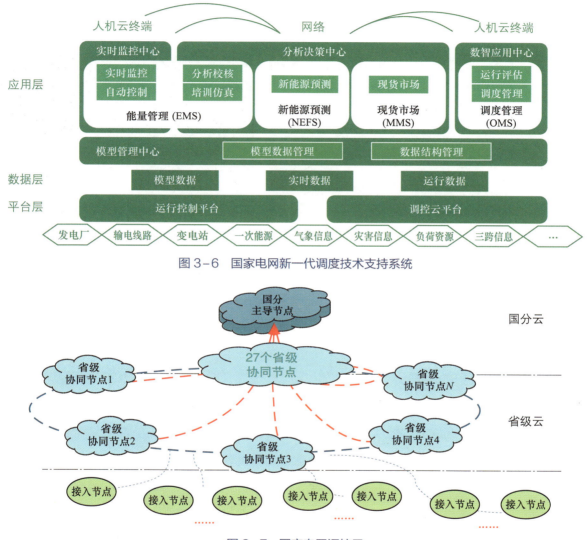

图 3-6　国家电网新一代调度技术支持系统

图 3-7　国家电网调控云

（2）南方电网配抢指挥及服务调度业务分析机器人。配抢指挥及服务调度业务分析工作需要对多系统数据开展定期、不定期的统计分析，形成分析报告。工作存在覆盖面大、数据量大、重复量大，灵活性要求高的特性。灵活、准确、高效等要求与高频大量级工作间的平衡是主要难点。设计思路上，一是根据制度规范要求，结合实际工作需要，梳理业务流程与各应用系统的数据，确定统计分析标准；二是充分应用 RPA 工具的高效执行力以及准确性优势，解决灵活、准确、高效要求与高频大量级工作的平衡难题；三是充分结合 Office 表格软件的易用性和灵活性，以数据可视化形式展示分析结果信息，传递数据。在技术架构上，一是应用 RPA 工具作为数据获取、数据转换和数据调用工具，按照易维护、易推广、易拓展的模块化思路开展程序功能设计，着重应用灵活，注释清晰，维护简单，拓展方便；二是应用表格软件作为数据处理和展示工具，构建公式完成对原始数据的自动处理，按照高效集成数据可视化展示、自由检索数据定位两方面布局分析报表。配抢指挥及服务调度业务分析机器如图 3-8 所示。

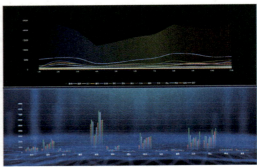

图 3-8　配抢指挥及服务调度业务分析机器人

3. 发展趋势

电网领域将着力围绕建设新型电力系统调度体系，针对系统分析新型电力系统的深刻变化，准确把握电网调度面临的新要求、新挑战，聚焦电网运行难点，提升调度管理水平，增强调度技术手段，做好新型电力系统调度体系建设。以电网安全、电力保供、助力转型、服务发展、技术创新等关键业务为抓手，提升电力系统驾驭能力，保障电力安全可靠供应，服务能源绿色低碳转型。健全完善调度运行机制，优化调度各类调峰储能资源能力，助力清洁能源高效利用。深入推进数字技术与电力技术融合创新，"电力＋算力"深度结合，覆盖"源网荷储"各环节、发输变配用全过程、产业链上下游。有效支撑多能协同互补、"源网荷储"互动、多网融合互联，实现运行状态全景监测、海量资源精准控制，提高电网安全性、适应性、互动性、灵活性。夯实电网数字化水平，实现数据的高效汇聚和有序管理，支撑电网业务高效运转。用好新一代人工智能技术，适应电力系统运行特点，满足电网调度的高可靠性、高安全性要求，提升电网智能化调度水平。

（四）电网运检

1. 现状

电网领域通过智能运检体系建设，有效提升设备状态管控能力、运检管理穿透力、电网应急处置能力、企业内部协同能力和运检体系支撑能力，形成涵盖全电压等级电网拓扑、设备参数、运行状态、空间位置等信息的数字形态电网，助力增强电网气候弹性。

2. 典型成果

（1）国家电网设备全过程贯通深化建设及推广。国家电网聚焦关键环节和核心设备，围绕跨专业贯通共享需求，因地制宜推进设备全过程贯通建设应用，如图 3-9 所示。基于现有贯通成果，聚焦基层，开展多工程、多场景规模化应用；强化贯通数据运营和监测，推进数据关联和治理；建立设备全过程贯通配套管理制度、作业规范并督导落实，推进实物 ID 应用嵌入核心业务流程，助力贯通成果走深入实、减负增效。

图 3-9　设备全过程贯通建设应用

（2）国家电网配网停电透明化管理。国家电网聚焦城网、农网、园区 3 类典型场景，应用数字化手段，推进物理、数字、商业 3 种形态演进升级，优化分布式资源配置和调控策略，驱动充放电设施互动、虚拟电厂等商业模式落地，因地制宜打造一批电力优质供应、能源绿色转型、资源优化配置的数字化配电网示范区，形成一系列可推广可复制的典型数字化配电网建设方案，如图 3-10 所示，促进分布式光伏、电动汽车、储能等新要素发展。国家电网山东电力通过配网透明化建设，按照"省—市—区县—班所"四级管辖范围，实现"10 千伏主干线—分支线—配电变压器—低压出线—表箱—用户"六级停电分析，实时感知、精准定位停电范围，依托电网一张图和工单驱动应用，自动推送抢修工单，实现先于用户报修开展主动抢修。山东全省故障报修工单同比降低 17.7%，工单平均处理时长由 67 分钟减少至 38分钟。

（3）南方电网一线检修业务数据驱动实践应用。针对系统工作票检查耗时长、直流停电检修管控难、重点指标分散、指标预警粒度大、数据应用实用化程度不高、数字化人才不足等难点和痛点，南方电网开展一线检修业务数据驱动实践应用，推动业务从数据驱动向数据赋能演进，如图 3-11 所示。围绕检修业务构建"全感知"的应用场景，对传统管理模式、业务模式进行创新，实现业务升级。按照分析提升目标、明确场景布局、开展场景设计、进行数据分析的思路，从聚焦主题、设计流程、构建模型、探查数据、设计呈现 5 个方面层层推进，汇集电网管理平台、运维自动化系统 12 个模块数据。自主研发数据分析算法创新管控方式。

基于业务需求，自定义工作计划超期，发热、漏油、漏气等缺陷分析，自主研发缺陷超期管控、工器具超期未检、日常管理数据录入及时性等 8 类数据分析算法。细化指标管控粒度，由"红绿灯"状态管控模式细化至月、半月、周、天、小时的管控方式，结合短信融合平台，实现短信、邮件消息提醒。

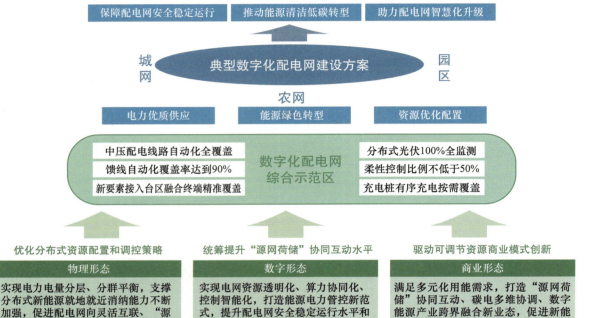

图 3-10 典型数字化配电网建设方案

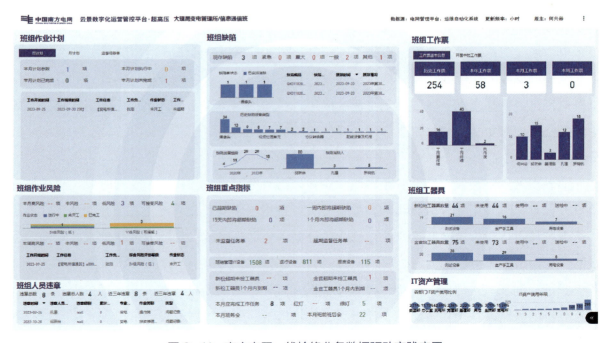

图 3-11 南方电网一线检修业务数据驱动实践应用

（4）内蒙古电力智能运检管控平台建设及应用。内蒙古电力坚持以"1 个目标、2 条主线、9 条实践路径"为核心，利用先进的通信传输技术、大数据技术、智能装备技术，创新电网风险预警、设备状态管控、作业高效安全的智能化运检技术手段和管理方式，建设智能运检管控平台，全面构建具有"设备状态全景化、业务流程标准化、数据分析自动化、运检管理数字化"特征的先进智能运检管控体系，如图 3-12 所示。

图 3-12　内蒙古电力智能运检管控平台建设及应用

3. 发展趋势

电网领域将以现代设备管理体系为指引，深度融合数字技术和设备管理，以提升设备管理质效为核心，以价值创造为目标，以基层减负为导向，全力推进设备、作业、管理、协同"四个数字化"，构建产品全寿命运营、人才全方位培养等管控体系，推进数字设备建设、作业方式升级、管理模式变革、专业协同发展，推动设备管理现代化，有效支撑新型电力系统、新型能源体系建设。

二、企业经营管理

电网领域大力推动数字化技术广泛融入企业经营管理各领域，持续强化企业核心资源数字化配置能力，以数据驱动管理决策，助力企业经营提质增效，促进业务能力升级、管理水平提升。

（一）人力资源管理

1. 现状

电网领域以"数据融合""数据治理""常态机制"为抓手，建立健全人力资源数据治理体系，全面规范数据质量，有效挖掘数据价值，构建人资数字运营新机制。

（1）**主要做法方面。一是组建智囊，全面加强数据管理。**搭建数字化智囊团，组建数字化课题研究柔性团队，多渠道培训提升人员数据应用能力，提升部门整体数据分析及应用能力。**二是盘点数据，创建专业化管理机制。**从源端梳理数据目录、编制数据字典、绘制数据地图，形成人资数据业务图谱，摸清"数据家产"，快速定位数据，实现用数据建模。**三是研发工具，全面开展数据治理。**研发数据规则制定、数据定期治理、数据分类核查、数据实时评价的实用化应用工具，实现数据治理任务自动下发、数据管理过程闭环、数据结果实时评价。**四是挖掘价值，推动数据闭环应用。**设立数据治理校验规则"提名榜"，对提报新增校验逻辑的单位及个人实行奖励，鼓励全员成为"数据巡检专家"，集全公司之力不断提升人资数据质量。

（2）**应用成效方面。一是实时监测，数据质量。**实时监测本单位人资各专业模块的存量及增量数据，确保人资数据的准确性和完整性，及时发现数据质量问题。**二是异常数据，自动预警。**设置合适的监控指标和阈值，自动监测人资数据的质量和合规性，在数据异常或风险出现时发出预警，帮助公司持续改进数据治理的流程性和规范性，提高数据治理成效。

2. 典型成果

（1）国家电网新一代人力资源系统。该系统实现人力资源"选、用、育、留"全业务全口径管理，提高公司人力资源管理精准度，提升员工感知度和满意度，如图 3-13 所示。2023年，完成 59.71 万份合同线上签订，直接节约管理成本约 3.58 亿元。作为国家电网人力资源管理数字化转型过程的重大里程碑节点，总体实现从"单一专业管理到多线业务协同、从静态数据收集到动态数据分析、从员工被动管控到主动参与"的全新升级，是一个开放共享、智能驱动、数字文化的新型人力资源管理平台。历经 4 年的转型升级实践，建强组织赋能、数据支撑、人才供需"三大平台"，实现人力资源全业务数字化，助力考核评价、薪酬分配、福利保障"三大机制"落地实施，同步连接公司领导职务、职员职级、专家人才"三大通道"，推动了数字人力资源管理战略、创新组织发展战略和未来人才智能分析战略的数据运营体系，打造了国家电网公司人力资源业务全景视图。

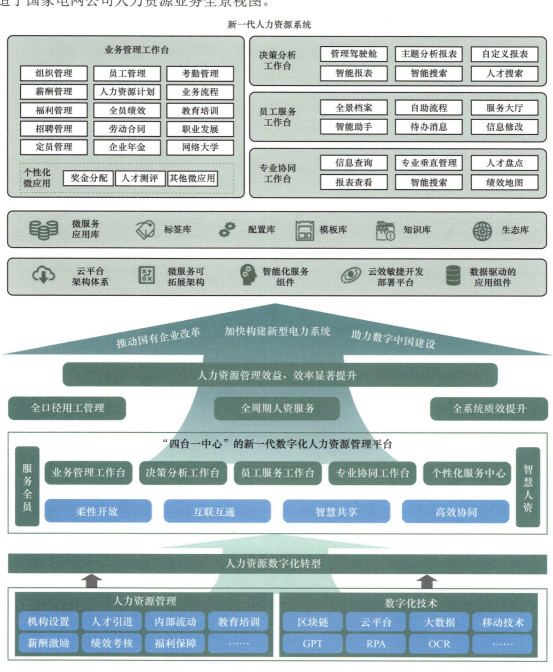

图 3-13　国家电网新一代人力资源系统

（2）南方电网人才发展可视化看板。为了提升管理效能，实现人力资源管理数字化转型，基于南方电网超高压公司人才队伍建设现状，特构建人才发展数据管理体系，提供可视化业务指标和数据分析，帮助管理部门更快速、更准确地了解人力资源情况，从而能够及时调整策略，提高企业绩效。依托云平台及数智彩虹，建立人才发展可视化看板，通过三维数据架构和双向数据挖掘，确定可视化展现指标，利用数据支撑管理。其中三维数据架构以人力资源的总体情况、人才队伍的岗位配置情况与员工能力当量 3 个角度为延伸，形成了人才发展工作数据看板底层设计逻辑；双向数据挖掘是指横向上可视化展现各单位同一维度上不同的数据特征；纵向上各模块数据可实现多级穿透，方便追踪关键指标。

南方电网人才发展可视化看板如图 3-14 所示。该看板综合了智能分析、数据挖掘、可视化等工具，通过对组织架构、工龄、专家情况、培训评价计划执行情况等数据综合分析，系统呈现公司级/生产单位级资源情况，并依据数据特征按周期进行更新。力求达到"自上而下"的统筹管控和"自下而上"的管理优化。利用实时定制化图表和仪表板等可视化结果，一方面，集成人才管理动态信息，帮助掌握人才队伍整体情况和个体差异，助力人才的识别和个性化职业生涯指导，为人才的选拔和使用提供依据；另一方面，提供专业数据，帮助全面掌握年度工作任务完成情况等信息，及时调整资源计划，全面挖掘团队的潜能，提高决策的科学性。

图 3-14　南方电网人才发展可视化看板

（3）内蒙古电力智慧人力资源管理系统建设及应用。内蒙古电力智慧人力资源管理平台作为人力资源业务全面数字化转型的基础平台，将从执行层、管理层、决策层角度建设管理子平台、员工自助子平台和可视化决策子平台，管理子平台用于人资业务管理人员实现机构、岗位等信息分析查看；员工自助子平台建立假勤、薪酬、自助打印等功能；可视化决策子系统可为决策层实现机构、人员、薪酬等统计分析功能。内蒙古电力智慧人力资源管理系统架构如图 3-15 所示。

3. 发展趋势

电网领域将持续加强数据平台规划设计，推动系统优化升级。积极贯彻"数字中国"建设战略，在推进能源产业基础高级化、产业链现代化的进程中加快数字化发展，围绕人力资源管理模式优化调整，充分运用数字化新技术，高质量完成原有人力资源管理信息系统升级换代和推广应用，为"四类用户"（各级决策层、人力资源专业、广大员工及专业部门）提供优质高效的人力资源服务。

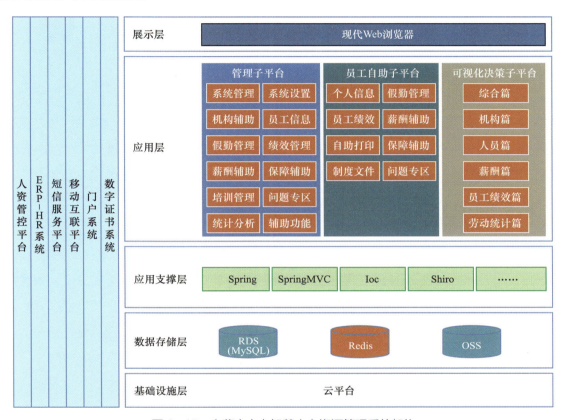

图 3-15　内蒙古电力智慧人力资源管理系统架构

（二）财务管理

1. 现状

电网领域面向各级经营组织，聚焦每笔资源投入，深化多维精益数据成果应用，贯通业务和财务信息链路，将精益理念嵌入业务全过程，把管理行动延伸至最末端，推动实现业财一体化。

2. 典型成果

（1）国家电网财务工作无纸化规模化应用。国家电网依托智慧共享财务平台，试点打通"业—财—税—银—企"一体化数据链路，实现电子发票、银行回单等电子凭据全流程无纸化流转，业务单据自动化填报，会计电子档案自动化归档，同时嵌入内控规则，实现业务发生环节的实时检查、合规性控制。国家电网财务工作无纸化规模化应用流程如图 3-16 所示。

图 3-16　国家电网财务工作无纸化规模化应用流程

1）主要做法方面。一是内部报账无纸化，上线无纸化报账功能，实现发票、银行回单等会计凭据及电子入账凭证采集、报销、入账、归档等环节全流程无纸化流转；二是外部结算无纸化，上线发票上传、发票查验、资金支付等无纸化处理功能，实现供应商足不出户即可完成业务办理；三是风险管控智能化，规范 35 类无纸化单据线上化处理，固化 242 个内控规则，实现在业务发生环节的实时检查、合规性控制；四是数字技术实用化，应用机器人流程自动化（RPA）、光学字符识别（OCR）、移动互联技术，实现原始凭证高效采集、自动归档、智能填报、移动审批；五是档案管理专业化，拓展专业档案管理维度，实现资金、税务、物资、商旅等业务过程无纸化档案资料全量自动化归集，统一集中管理。

2）应用成效方面。显著降低经营成本，年均减少管理用工 2484 人天、耗材费用 599 万元、碳排放 520 吨；有效提升工作质效，单笔业务处理时间由 2 天缩短至 30 分钟。

（2）南方电网凭证智能审核工具。凭证审核是财务会计工作的主要内容，也是保证财务数据质量和会计报表正确的重要环节。但是，由于报销费用和核算科目的多样性，导致会计凭证数据条目多，辅助维度多，审核规则多。在目前的人工审核模式下，凭证审核和传递费时耗力，效率低下；审核质量因人而异，数据质量难保证。南方电网凭证智能审核工具如图 3-17 所示，该工具为一个浏览器扩展，随浏览器打开而同步运行。在财务人员打开待办凭证的同时，自动获取页面数据，并根据已设置的审核规则，对分录数据进行智能审核，最后将审核的结果用红、黄、绿 3 种颜色在当前页面进行标注，清晰直观地展示审核结果，同

图 3-17　南方电网凭证智能审核工具

时利用 RPA 功能，将审核无误的凭证进行自动传递。该工具是一个轻量级、图形化、实时性、智能化的工具，实现了审核的实时性、有效性，统一了审核规则，帮助会计人员快速定位异常项，大幅提高审核质量和工作效率。

（3）内蒙古电力司库管理系统建设及应用。内蒙古电力全面贯彻落实国务院国资委《关于全面推进中央企业加快司库管理体系建设进一步加强资金管理的意见》的相关要求，坚持"充分继承、拓展应用、高度集成"的原则，开展建设"组织专业化、资源集约化、产融一体化、监控可视化"的集团司库管理应用，构建企业资金管理体系，统筹金融资源，实现资金高效运作、安全防控、精益管理，切实提升集团总部对公司资金运行的集中管控和统筹调配能力。内蒙古电力司库管理业务架构如图 3-18 所示。

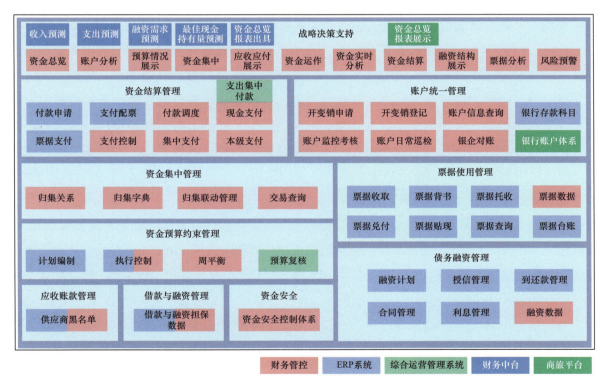

图 3-18　内蒙古电力司库管理业务架构

3. 发展趋势

电网领域将进一步构建数字化财务管控基础，通过数据结构化、数据协同化和数据资产化行动，将财务管控过程所涉及的内外部数据转化为标准化、可共享的数据资产，发挥数据对财务管控的赋能作用；提升数字化财务管控能力，通过重构组织系统、预算系统、评价系统和激励系统能力来增强数字化财务管控能力；释放数字化财务管控价值，通过提升财务价值和拓展生态价值形成财务管控的组合价值，实现财务管控创新的价值创造目标。

（三）供应链管理

1. 现状

电网领域深入贯彻中共中央、国务院决策部署，以标准为基础点、采购为切入点、平台为着力点、整合为突破点，主动协调服务，带动供应链上下游企业高质量发展。建设全域采购合同管理应用，贯通链上业务流、实物流、资金流、信息流，提升供应链效率、效益、效能。基于现代智慧供应链管理体系，建设主网项目数字化履约应用，贯通工程建设进度，实现物资供应与建设进度精准匹配。

2. 典型成果

（1）国家电网供应链一体化协同数字创新实践。**国家电网供应链一体化协同具有 6 方面数字创新**。一是**全链条数字化协同**，通过合同条款结构化部署和实物 ID 线上映射，实现"工程—物资—财务"进度匹配和数据互信；二是**电子单据贯通结算管理**，全面应用数电单据，应用供应链金融，提升供应商资金利用率；三是**智能工作台加强信息融通**，汇聚链上业务数据、建立分析模型，提高数据共享和管理决策能力；**四是多模块信息贯通**，通过数据中台获取项目里程碑信息，实现物资供应与建设需求节点匹配；**五是多维度履约管控**，从项目、物资、供应商 3 个维度展示履约业务流程，实现物资供应履约全过程管控；**六是多方位风险防范**，对项目物资集中供应、供应商集中供货的履约风险进行分析和提示，降低物资履约风险。绿色现代数智供应链如图 3-19 所示。

通过创新实践，国家电网物资公司实现全网物资合同在线签订金额 2.82 万亿元；实物 ID 覆盖范围至 110 类；应用数电票据和供应链金融降低供应商资金占用 140 亿元；国网浙江电力累计实现 120 个输变电工程重点物资 4526 条供应计划的全流程数字化管控，解决供应商集中供货的履约风险 11 条，确保亚运保电、迎峰度夏、迎峰度冬等重点工程物资 100% 精准完成供应。

（2）南方电网供应链物资需求预测分析。物资需求预测是供应链的核心业务，为物资招标采购和储备方案提供预算和决策基础，能够减少物资供应耗时，加快电网建设速度，提升企业整体效益水平。凭人工测算、经验预测存在预测不准确、缺少数据支撑等问题。南方电网供应链物资需求预测分析通过融合供应链流程和数据算法，提升物资需求预测准确度、覆盖率，完善供应链需求预测管理，如图 3-20 所示。项目开发路径包括业务理解—数据探索—数据处理—分析建模—结果评估—可视化部署六大节点。

选取 10 千伏电缆物资历史需求明细作为数据分析基础，通过数据挖掘工具和云景可视化技术，对需求特征进行析。根据物资储备特点，采用时间序列建模预测未来 3 个月需求量，对同项目物资进行关联规则发现，根据关联度筛选强相关类物资，采用回归算法进行同项目采购需求预测，为物资招标采购提供预算基础，为物资储备方案提供决策基础。在可视化阶段，采用自主分析、云景工具完成可视化封装，面向供应链管理人员提供清晰友好的查询展示界面。

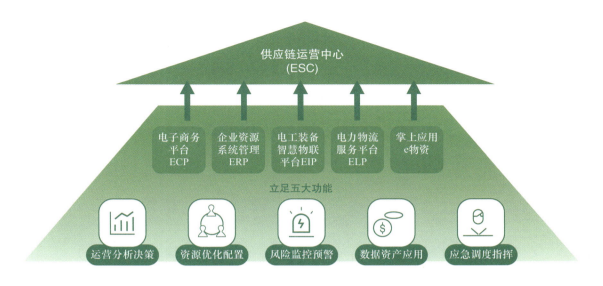

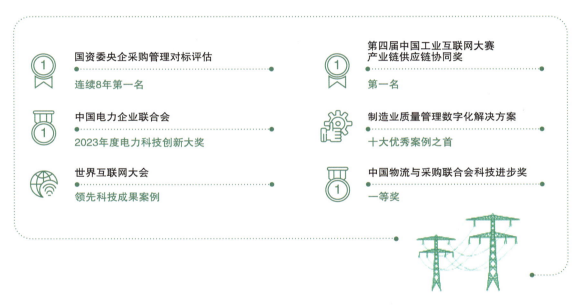

图 3-19　绿色现代数智供应链

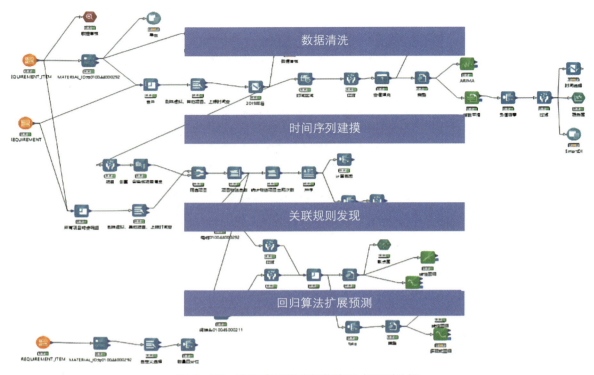

图 3-20　南方电网供应链物资需求预测分析

3. 发展趋势

电网领域将依托绿色现代数智供应链建设，对内提升发展的支撑力，统筹供应链全要素生产力，提高物资支撑保障能力，深挖数据价值，强化数字赋能；对外提升行业的带动力，发挥采购需求带动作用，促进资源协同整合，推动技术创新、装备升级，维护产业链、供应链安全稳定，服务经济社会发展。坚守合规底线，营造阳光透明的市场环境，提升全链风险防范能力，为供应链持续健康发展保驾护航。

（四）数字化审计

1. 现状

电网领域聚焦重大政策决策部署、核心业务和关键领域，构建基于"象—数—理"循环的可拓展、可迭代、可融合、可展示的数字化审计全场景体系，有效推动上下一体数字化审计转型发展，提升审计工作质效。

2. 典型成果

国家电网安徽电力通过建设数字化全审计场景体系，全力夯实数据"基石"。数字化全审计场景体系如图 3-21 所示，该体系基于数据中台单独划分项目空间，构建省级审计数据超市，累计拆分并向 18 家基层单位下沉 2700 余张数据表，满足各单位数据分析需求。一是**打造审计数据标准体系**，梳理审计数据涉及的数据字典、数据来源、业务逻辑等链路关系，应用知识图谱技术建立审计数据全链条血缘关系，提升数据可读性和易用性；**二是发挥两大"法宝"作用**，构建总部、省、市公司三级垂直互动和实时交互工作机制，基于数字化审计平台初步实现"一键式生成"疑点线索的自动研判和推送；**三是精准服务公司高质量跨越式发展**，梳理 800 余项业务环节的数据来源、链路关系和风险等级，建立外部监督常态数字化审计扫描、跟踪机制，实现整改在线闭环管理。

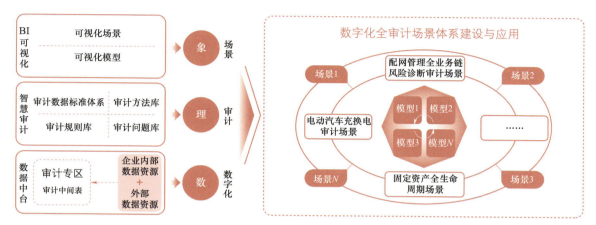

图 3-21　数字化全审计场景体系

社会效益方面，2 个审计模型分别获得国资委"智能监管业务模型创新活动"卓越应用奖、杰出应用奖；1 项实践成果获国资委"首届国企数字场景创新专业赛"一等奖。**经济效益方面**，2023 年累计节支 0.78 亿元，清理债权债务 1.40 亿元，解决历史遗留问题 3 项，修订管理制度及优化业务流程 51 项。**管理效益方面**，单个审计项目时长缩短 33%，现场审计人员数量压减 25%。

3. 发展趋势

电网领域将在"数"的基础上，抓好"智"的谋划，推动数字化审计向数智化审计转变，全面服务公司高质量跨越式发展。

（五）合规管理与辅助决策

1. 现状

电网领域汇集各专业制度规程、生产经营管理、项目全过程资料等全口径数据，构建项目合规规则库，运用文本识别等人工智能技术实现关键信息智能提取，推进项目自动合规校验，实现数据驱动、流程优化、数据赋能。

2. 典型成果

（1）国家电网江苏电力项目全过程合规检查。国家电网江苏电力项目全过程合规检查具备四大特征。**一是多模态数据汇聚**，基于数据中台，汇集并贯通全面预算管理、ERP 等应用的项目全过程结构化数据及非结构化文件；**二是文本提取智能**，引入通用文本提取工具，完成数字化项目 33 个文档的非结构化数据提取，内容包括文本、表格和签字盖章；**三是规则计算灵活**，基于规章制度梳理可落地的基础合规和业务合规两大类合规规则库、自研规则库及规则引擎，实现规则自定义配置；**四是结果应用丰富**，单个项目的 360 度全过程合规校验 50 秒完成，自动生成合规检测报告，并通过短信、待办将合规结果推送给项目负责人。

国家电网江苏电力项目全过程合规检查如图 3-22 所示。通过应用建设，大幅提升项目验收校核效率，落地 257 条全过程规则，引入文本提取工具，智能提取关键信息，实现项目自动化校核；大幅提高数字化项目自动化合规校验能力，完成 2022、2023 年 1227 个数字化项目的自动化合规校验，检查效率提升 80%；对纪检监督 202 条预警信息开展线下核查，查实率由 19% 提升至 39.11%。

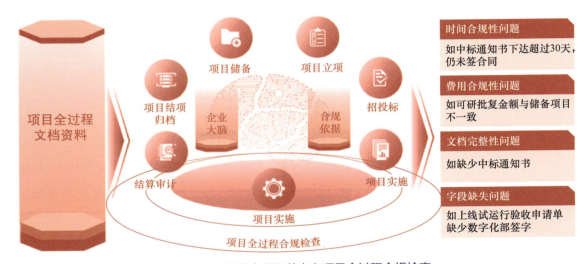

图 3-22　国家电网江苏电力项目全过程合规检查

（2）南方电网人工智能辅助科技项目经费估算。科技项目经费预算惯例采用完全成本法计价模式，需要立项初期即预估各项研究具体工作量和经费水平，准确性低、工作量大，难以反映实际所需经费水平，同时与科研探索规律、科研减负的国家科技体制改革精神不符。采用人工智能辅助决策的思路，基于同类领域历史数据进行机器学习、建模及训练，可实现辅助估算，解决科技项目立项阶段经费管理的主观性强、费用估算难度大的问题，同时为科研人员减负。南方电网人工智能辅助科技项目经费估算如图 3-23 所示，这是国内及行业内首次探索利用科技项目数据资源，简化科研人员预算编制，提高科研经费管理科学性。

3. 发展趋势

电网领域将进一步推进合规管理、辅助决策与企业生产、经营、管理深度融合，提升企业规范化管理水平，聚焦"机制建设"和"风险防控"，积极探索适应自身发展的合规管理建设思路与路径。

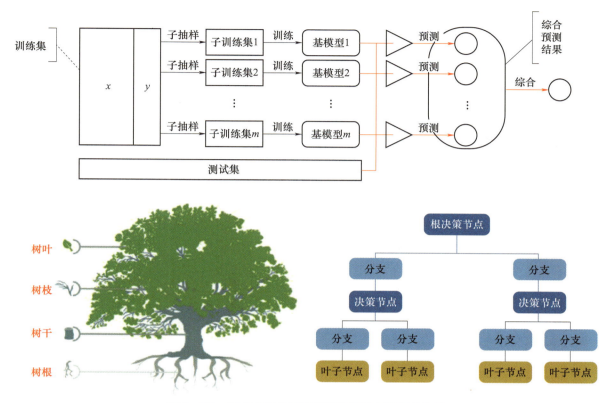

图 3-23　南方电网人工智能辅助科技项目经费估算

（六）赋能班组

1. 现状

电网领域做实赋能基层，打造无纸化办公环境，推进后勤、报销等基础服务智慧化、便捷化，落实数字化能力赋能生产作业，构建"人、端、业务、信息"高效协同的办公及作业生态，推动业务高效便捷、助力管理水平提高、提升服务能力。

2. 典型成果

（1）国家电网智慧后勤。国家电网全面推进智慧后勤建设，建成管理开放共享、服务便捷智能、保障精准有力的智慧后勤服务保障平台和一批智慧微应用，通过业务管理、服务保障、运行监控及辅助决策 4 个中心场景，为公司后勤主要业务管理做好数字化支撑，秉承"好用、实用、管用"原则，打造智慧餐饮、便捷出入、智慧物业、办公服务等微服务、微应用，为公司后勤业务管理和服务保障赋能、赋智、赋值，为广大员工提供更加智慧、便捷和多样化的后勤服务，全力保障公司高质量发展，服务职工生产生活。国家电网智慧后勤如图 3-24 所示。

（2）南方电网数字变电班组智慧管理应用。针对日常业务中数据获取烦琐、决策支持不足的痛点、难点，以提升变电专业管理效能为导向，南方电网自主开发了数字变电班组智慧管理应用。该应用服务于设备运维管理工作，从事前预警、事中监控、事后分析的角度出发，收集了管理人员和班组人员的需求，设计了一组包含 1 个主看板和 6 个分看板的看板群，涵盖了 6 项管理业务，旨在推动管理模式向"向数据要管理效率"和"向数据挖掘要防患于未然"转变。南方电网数字变电班组智慧管理应用如图 3-25 所示，应用的目标用户为变电管理人员和班组员工，数据可视化分析内容涵盖变电管理所的安全管理、作业计划、缺陷管理、指标预警、设备负荷监测、电网风险响应等重点工作任务。业务场景涉及分析设备状态、安排作业计划、开展安全管控、监控关键指标等日常业务，形成对变电业务数字化"穿透式"展示的全景运营监控平台。该应用的技术实现过程分为数据采集、数据处理、数据可视化三部分，分别基于南方电网数据中心"数据工厂"、Python、云景平台自主开发。

图 3-24　国家电网智慧后勤

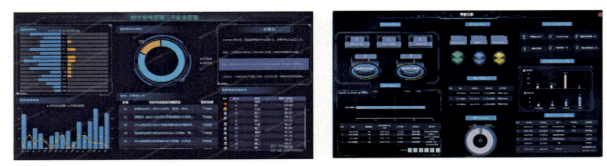

图 3-25　南方电网数字变电班组智慧管理应用

3．发展趋势

电网领域将采用"一级＋二级"部署模式，牢牢把控一级部署纲领性效应，充分发挥在

"大云物移智"等新技术领域技术优势与项目经验，全面建成"智能感知、数据贯通、平台统一、智慧应用"的智慧后勤管理体系；进一步完善提升无纸化会议产品的应用功能，高质量开展无纸化会议的建设和深化应用工作。

三、用户价值服务

电网领域聚焦服务党和国家工作大局、服务经济社会高质量发展、服务人民美好生活需要、服务能源绿色转型，扎实践行人民电业为人民的企业宗旨，着力提升供电服务保障能力、响应速度、便捷程度和价值创造性，以客户需求为导向，开启"智慧"电力服务新模式，大幅提高客户办电"便利度"和用电"获得感"，切实增进民生福祉。

（一）用电营销

1. 现状

电网领域以实现平台价值、产业价值为重点，依托电网业务、客户、数据等资源优势，运用数字化技术和互联网理念，大力提升公司平台创造能力、产业创新能力，发展壮大能源转型新业务、能源数字新产品、能源平台新服务，推动产业链各环节资源共享和价值挖掘，支撑公司企业转型及产业升级。

2. 典型成果

（1）国家电网新一代电力交易平台。深化新一代电力交易平台建设，支撑中长期交易连续开市和一体化结算；深度应用区块链实现信息价值转换，首次实现挂牌和双边协商多种绿证交易方式；注册市场主体超过 56 万家，同比新增 26.4%，累计交易电量 5.1 万亿千瓦·时。

（2）国家电网"e 交易"。以"电商化、敏捷化、生态化"为目标，通过构建"电子商务＋电力批发＋电力零售"的服务模式，将"e 交易"打造为新一代电力交易平台移动服务的统一入口；实现一键式市场注册、网购式零售交易、全景式信息发布、一站式绿电交易、聚合式资源互动；访问量超 1388 万次，绿电交易电量超 584 亿千瓦·时，零售交易电量超 1.97 万亿千瓦·时，绿证交易超 2267 万张。

（3）南方电网基于人工智能平台与 elink 的供电所营销业务现场作业数字化水平提升应用。供电所营销业务中的数据操作日渐烦琐，存在各级管理要求重复不一，现场重复性采集、系统重复性录入工作多且一线员工两极分化、信息系统操作与现场业务能力脱节等问题。南方电网基于公司人工智能平台和大数据平台，针对供电所营销领域业务现场作业缺乏智能化手段支撑现状，开展图像识别、语音识别、智能应答等技术研究，并应用于供电所营销一线业务场景。南方电网供电所营销业务现场作业数字化水平提升应用如图 3-26 所示。该应用包括供电所营销业务领域的图像识别技术研究、语音识别关键技术研究、智能应答等技术研究，有业扩智能应答、业扩办理智能审核、台区线损率异常现场排查 3 个场景构建。如针对线损排查业务问题,开发出一个集成在 elink 上的小程序应用来辅助现场作业人员排查电能表;针对证件智能审核问题,开发了一个集成于平板终端的应用来进行图片 OCR 识别、业扩智能应答、业务工单智能化审核,辅助现场工作减少作业流程中参数输入错误。

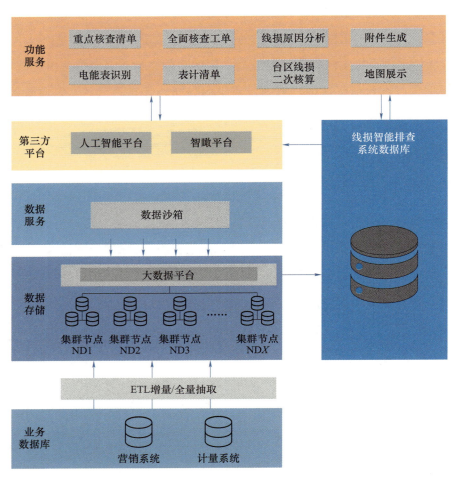

图 3-26　南方电网供电所营销业务现场作业数字化水平提升应用

(4)南方电网面向用户高品质用电的不停电作业智瞰应用。低压不停电作业是一种简单的措施,能有效地提升供电可靠性,但由于方案制定环节多、制定流程长、上手难度大、缺少数字化支撑等原因,导致方案质量低和低压联络效用难以充分释放,有必要通过数字化转型提升总体管理水平。因此,以业务场景为驱动,基于"架构化、流程化、数字化"的思路开展业务数字化转型的设计。南方电网不停电作业智瞰应用如图 3-27 所示。南方电网低压不停电作业主要涉及 3 方面,① 电网管理平台提供综合停电管理及不停电作业流程管理;② 生产运行支持系统提供不停电作业模拟推荐能力、历史不停电作业方案查询能力;③ 生产运行支持平台提供实时设备监测信息,提供不停电作业方案制定数据支持。通过构建低压台区数字化模型，将不停电作业方案变成结构化的数据，并且把制定不停电作业方案的先进规则和经验转化为固定的基于特征的缩放评价的成熟算法，从而实现设备不停电信息透明化，具有低压联络和发电车模拟等功能，可一键智能定制低压不停电方案。方案可线上管理，并具有历史方案回看功能，驱动低压不停电作业管理创新和业务模式变革。

（5）内蒙古电力新一代营销信息采集与监控系统建设及应用。内蒙古电力新一代营销信息采集与监控系统如图3-28所示，该系统基于"云平台＋大数据＋微服务"构建，采用"薄前台、厚中台、强后台"的理念进行设计，以"通用资源与服务集合"为基本定位，实现功能可插拔与标准化设计，支撑系统统一规划和生态演进。在感知方面，实现关口、工商业、水热气电、充电桩等多元设备动态感知；在通信方面，实现设备感知、按需采集；在调控方面，实现策略模型管理、任务统一调度，分级响应、实时控制；在数据存储方面，实现分布式按需存储及数据与模型的统一管理；在计算分析方面，实现业务驱动的定时与实时计算，并提供基础计算服务；在监测应用方面，实现核心业务应用服务化，并提供应用服务统一管理；在基座管理方面，实现平台、组件的统一管理，并提供数据管理、模型管理及安全管理等统一管理平台；在运行监控方面，实现系统、业务及资源的信息监测，并提供统一的告警管理、故障定位及人机结合的自动处置功能。

3. 发展趋势

电网领域将遵循电力运行规律和市场经济规律，适应"双碳"目标和构建新型电力系统要求，优化电力市场总体设计，推动形成统一开放、竞争有序、安全高效、治理完善的统一电力市场体系。健全统一电力市场体系交易机制，规范交易规则和技术标准。完善适应高比例新能源的市场机制，推动新能源参与市场，健全分布式发电市场化交易机制。提升综合能源服务能力，构建智慧能源生态圈，全面提升全社会能效水平。

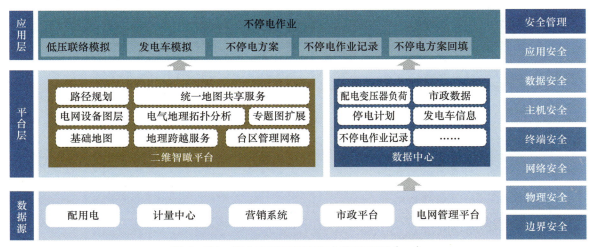

图3-27 南方电网不停电作业智瞰应用（一）

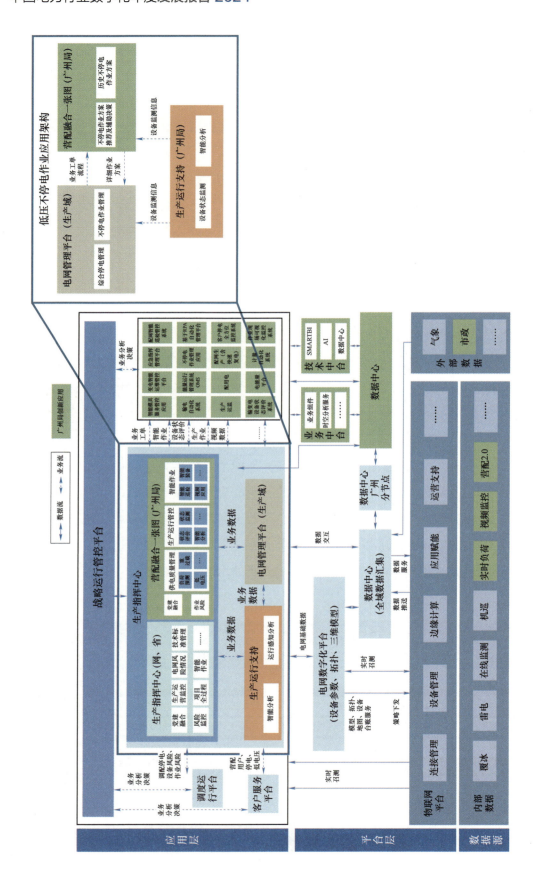

图 3-27 南方电网不停电作业智眺应用（二）

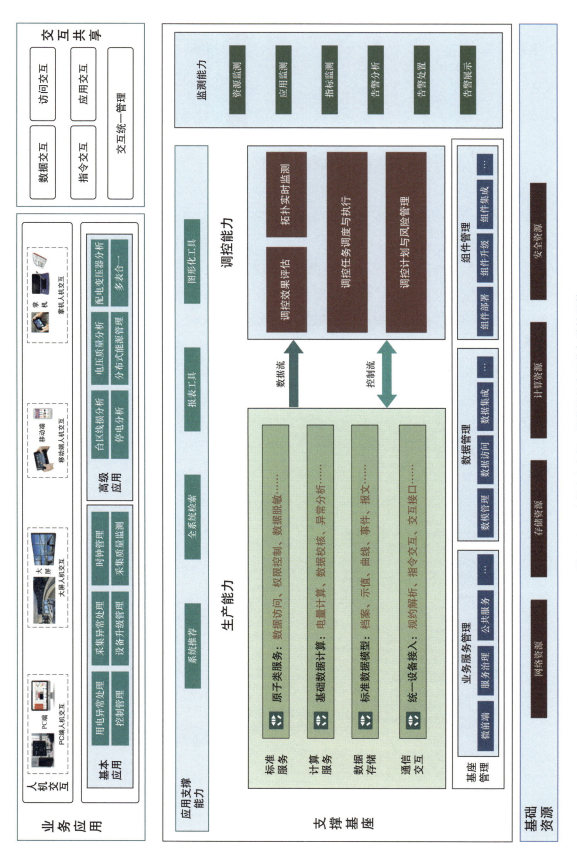

图 3-28 内蒙古电力新一代营销信息采集与监控系统

（二）客户服务

1. 现状

电网领域围绕服务客户多元用能需求、服务新型业务发展等方向，创新现代客户服务模式，围绕核心资源科学化配置、企业智能化运营管控等方向，推进客户服务高效化、智能化开展，构建高标准、高质量、高效率的管理模式。

2. 典型成果

（1）国家电网"刷脸"办电新模式探索与应用。国家电网基于网上电网重塑办电服务流程，建立跨行业、跨部门协同机制，构建"刷脸办、一证办"与供电业务"联办"服务模式，实现"一件事一次办"，提升用户体验及办电效率。国家电网"刷脸"办电新模式如图 3-29 所示。**一是规范数据安全交互管理**，定义数据共享流程和数据标准格式，建立政务统一用户标准及数据调取交互标准与监测机制；**二是构建供电业务联办机制，**开展 "供电业务一次办、公共服务联合办、跨省业务一网办"业务专项整合工作，实现"水电气讯联办""销户＋退费""过户＋改类""更名＋增值税变更"等 6 项业务联合办；**三是创新电子证照应用模式**，基于"互联网＋认证"模式，从政务平台调用不动产登记证等证照信息，支撑用户线上办电。**在业务应用规模方面**，实现 9 项高频办电业务全覆盖，112 家地市上线"水电气讯"联办；**在提升办电效率方面**，申请资料精简 61%，办电环节减少 46%；在节约交通成本方面，服务工单量 69.45 万，减少跑腿约 800 万次，节约成本 6000 余万。

图 3-29　国家电网"刷脸"办电新模式

（2）国家电网"电e金服"。国家电网"电e金服"上架产品56款，注册用户93.1万户，日均浏览量超1万次，各级合作金融机构539家。实现与"全国中小企业融资服务平台"及48个地方政府服务平台的合作对接及联合推广帮助15万家中小微企业获得金融服务3002亿元，累计帮助产业链上下游获得金融服务超5290亿元。

（3）南方电网"南方电网在线"。"南方电网在线"是南方电网统一的互联网服务渠道窗口，包括网上营业厅、掌上营业厅、微信公众号、支付宝生活号及政务服务平台。南方电网以客户为中心，以创新为驱动，建设全客户、全渠道、全业务、全数据的"四全"客户服务平台，打破非管制业务和管制业务的专业间壁垒，提供专业化的增值产品和服务，推进数字技术深度融入用户服务全业务、全流程。"南方电网在线"在南方电网服务共享中心基础上建设超50个微服务。通过微服务支撑全渠道，打造敏捷前台；利用云化技术，提供高效共享服务，形成灵活、可复用的共享服务中心，打造高效中台；运用大数据技术构建具备客户行为分析、产品效益评估、质量评估能力的坚强后台。"南方电网在线"服务于南方五省区用电客户，为客户提供可靠、便捷、高效、智慧的用电业务在线办理，其页面如图3-30所示。统一客户服务前台的服务范围覆盖南方电网，为全网客户提供24小时在线互联网用电服务，其中三分之一地市实现电水气联办业务。"南方电网在线"基于中台理念，打破业务壁垒，打造能源生态，实现业务产品的互联互通，充分发挥产业链龙头作用，整合电子商城、电动汽车运营、产业链金融、综合能源服务、扶贫商城等产品服务，加强与上下游企业等的业务协同，初步建成能源服务生态圈。"南方电网在线"全面对接广东、广西、云南、贵州、海南等五省区数字政府平台，通过与政务平台互联互通，推进"电水气热网"联办，有效破解用户报装"分头报、多次报"

图3-30　"南方电网在线"页面（统一入口、千人千面，支撑现代服务）

等难题；全面实现"刷脸办电""一证办电""在线签约"等办电服务，实现客户办理业务"零证办理""一次都不跑"，服务数字化的成效日益显著，有效落实优化用电营商环境政策。

（4）南方电网基于客服工单的营销敏感客户识别与分析。随着经济的高速发展，用户的用电需求与电网发展不平衡不充分的矛盾日益凸显，用户诉求和诉求升级频发，需要开展营销敏感客户识别与分析。南方电网从海量的历史客户服务工单数据中挖掘客户需求，了解每个敏感用户的投诉原因，找寻解决方案，基于客服工单的营销敏感客户识别与分析如图 3-31 所示。一是建立"基于客服工单的营销敏感客户识别与分析"自助分析应用，为投诉管控要点提供充分的事实依据，指导基层开展业务、提升效率，从源头减少 95598 诉求工单量，有效控制重复投诉，降低 12398 风险；二是通过数据挖掘工具，利用情感分析、决策树等多个人工智能算法，最终建立敏感用户分析模型，输出历史敏感用户；三是通过多角度给用户打标签的方式，将数据立体化、文字情感化，辅助基层开展客户服务，提升客户服务满意度；四是通过数据产品开发，建立敏感用户模型，建成两级客户服务工单管控界面。**管理效益**上，管理人员通过客户服务工单全景图对客户服务工单及投诉情况可以进行整体了解。**社会效益**上，客户经理以及 95598 座席可以通过客户画像界面针对性地开展客户服务，降低投诉升级风险，真正做到为客户创造价值。

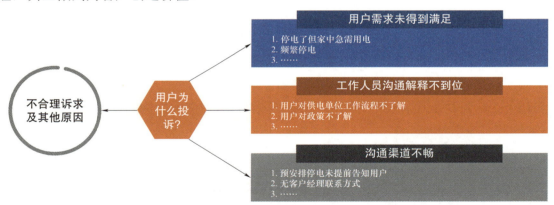

图 3-31　南方电网基于客服工单的营销敏感客户识别与分析

3. 发展趋势

电网领域将坚持客户至上，创新"互联网＋"现代客户服务模式，整合线上线下服务渠道和平台，实现办电便捷高效、供电质量卓越、智慧能效升级、负荷精益管理，提升平台效益，优化服务体验。

第二节　电　源　数　字　化

电源领域的数字化进展正在加速，数字化智能化已经成为该行业发展的重要趋势。数字化智能化转型能够提高能源生产、传输、消费的效率和质量，适应不断变化的市场需求。在电力生产管理方面，通过数字化创新应用，如智能巡检、智能运维、能源管理等，实现设备状态的实时监测和预警，提高设备的可靠性和安全性，提高机组运行水平；在电力经营管理方面，采用先进的信息技术和数据分析工具，通过数字化技术来优化运营决策和管理模式。电源企业积极探索数字化转型应用，充分利用了互联网相关技术，并建立了数字化转型平台，以支持数字化智能化转型的深入推进。

一、火电板块数字化

（一）现状

在火电领域以电力管理应用和电力生产应用为重点，建设以"智慧管理体系＋智能控制体系"为重点的数字化电厂，构建平台化智慧管理体系和新一代技术增强智能控制体系。智慧管理体系的平台化建设推动电力行业在发电运营、安全管理、市场机制等方面都实现了质的飞跃，通过实时监测和数据分析，电力公司能够更准确地预测负荷需求、优化能源分配、及时识别和处理故障，从而提高供电效率和可靠性。智能控制体系通过融合数字技术应用，将人工智能、区块链、边缘计算等数字技术与能源电力技术相互融合，能推动电力系统的现代化，提高电力系统的效率、可靠性和智能化水平。

（二）典型成果

1. 电力生产应用

在电力生产应用中，数字化发展对发电过程的智能化监控、操作和管理提供了支持，支撑智能检测、智能监盘、智能控制、智能寻优等功能实施，实现更加安全、高效、清洁、低碳、灵活的生产目标。通过融合人工智能等先进控制技术，实现智能启停；丰富完善智能监盘功能，提高精细化管理和机组运行水平；持续提升智能寻优控制，为运行人员给出操作指导意见或直接参与闭环控制，使机组逐步实现自趋优运行，达成机组能耗、排放、设备寿命损耗等多目标优化。

国家能源集团推进智能电站建设。建立完善"一型两档"（引领型，先进档和基础档）智能电站建设标准，聚焦基础设施及智能装备、智能发电平台、智慧管理平台、保障体系、成果与效益 5 个维度。降本增效效果凸显。机组可靠性加强，泰州电厂 4 台机组实现全年"零非停"，二期机组连续两年"零非停"，机组获评全国可靠性标杆机组。减员增效水平提升，府谷电厂一期机组较标准定员压降生产人员 33%，国华投资蒙西公司通过集中监控、无人值守电站建设，较标准定员压降生产人员 54%。

　　广东能源运用数字化技术，以"四控管理"为手段构建安全、高效、节能的智慧工地，开发"四码联动"（KKS、设备、物资、固定资产）功能构建设备全生命周期管理体系，通过私有云数据中台实现智慧应用联动，支撑智慧电厂的业务与运营管理。基于业务平台和大数据分析平台，将设备基础信息、维护信息和机组运行数据集中管控，统一数据标准，建立实时可视、多维互联的设备监控体系，充分挖掘数据价值，实现对设备运行状态的诊断预警，完善设备可靠性维护策略体系，通过对历史数据进行智能分析，动态寻优，保持设备处于更经济的运行方式，构建安全可控、精益运维的智慧电厂。

　　浙能集团迭代更新智能监盘、预警诊断、能效优化等智能电厂产品，在滨海热电完成了自主可控试点研发，并推广至凤台、乐清等电厂；滨海热电黑屏运行故障自愈系统完成一区闭环自主运行功能研发；港口公司完成轮机全自动无人化改造，有效提高煤场作业效率和储运能力。

　　京能集团不断加快推广智慧电厂建设，以集团智慧电厂建设要求为目标，以涿州热电二期百万千瓦机组建设为契机，以科技项目为抓手，推动全生命周期数字化转型建设，在基建期积极设立科技创新专篇，重点考虑三维数字化、现场总线、一键启停等技术及早布局应用。做好内部数字化转型项目的推广，以现有验证良好的项目为抓手，推动内部智能巡检类、智能优化类项目的实施。在所属企业开展"智慧安全管控平台""不安全行为识别"等项目示范建设，以任务管理为抓手，以规范作业流程为核心，以作业风险分析为基础，以安全措施执行落实为重点，结合视频分析、短信平台、人员实时定位、智能门禁控制以及虚拟电子围栏等新技术，实现对现场作业的全方位、全过程、全员、全天候的立体智能管控，从根本上夯实安全基础，保障安全生产。

　　2. 电力经营管理应用

　　（1）统一智慧管理平台。基于统一平台完成经营分析、财务分析、燃料管理、风险内控、能效分析、机组评级、碳排放管理 7 个业务场景应用开发工作，实现"数据服务业务的场景化融合"。

　　中国华能建设统一智慧能源管理平台，首次通过平台实现"一利五率"和全板块"量本价利"分析、财务营收资产资金月度分析、煤炭产运销储供耗全过程监管、火电机组级月度能耗分析、燃煤及燃机机组评级分析、碳排放数据的全景监管对标分析。平台通过对业务需求进行收集、梳理，归纳形成经营指标 52 项、财务指标 88 项、燃料监管指标 80 项、风险防控指标 35 项、双控双碳指标 1738 项，相关数据 5000 余条，各业务场景数据同源，实现业务横向融通和三级管理体系纵向贯通。

　　国家能源集团以电力生产运营管控平台为核心，建成集团—子分公司—电厂场站三级联动生产运营体系，加深电力产业全要素聚合展现、重大风险源实时监测、全流程动态透视，提高产业大闭环管控的敏捷性，子分公司区域经营决策科学性，提升全口径电力产业的数字化管控能力。首创实施电力产业运行图，统筹运行方式、量价协同、成本效益多维指标，推动"一业一图"理念在电力产业率先推广，通过"产业一张图"，实现"业务一条线"全链条管理，以指标可见可控和业务高效协同保障产业整体目标实现。依托该系统，实现电力设备风险预控技术监督线上化开展，推进主变压器油色谱、火电 SIS 数据远程诊断。加强实时对标，促进供电煤耗同比降低 1.0 克/（千瓦·时），88 台次机组在全国能效对标中获奖，保持行业第一；神华九江 1 号、宁海 6 号等 17 台机组获评可靠性标杆机组。通过系统畅通内部绿证定价机制，率先实现全产业 100%绿电消费。

京能集团建设发售电一体智能运营平台，构建煤电数字化运营体系。充分发挥现有能管平台建设基础，深化生产运营数据的采集、汇聚、治理工作。整合生产监测、数据分析、运营管控等多种场景化应用，实现电力板块的智能生产与智慧管理。依托能管平台和数据中台建设成果，构建火电板块指挥调度中心，通过全面经营指标分析，为发电计划、成本、利润分析、能源服务等专题提供辅助决策，实现板块运营信息的"一图总览、一站可查"。打造煤电智慧经营应用，研究符合京能集团发展战略，契合各省市电力市场规则的智慧经营策略，建设智慧营销平台和发售一体智能售电平台，充分结合各电厂机组情况、市场特性、域内电网特点、节点断面以及区域内其他电厂机组情况等制定竞价预测模型、成本报价预测模型、需求负荷预测模型等生产运行模型。从交易过程管理与交易辅助决策两方面逐步实现区域内电力营销的集中管理。基于市场形势分析、交易电量电价、发电成本、检修计划及用电率综合分析等，提供交易辅助决策指导建议。面向产业平台，开展交易电量计划制定、交易指导、交易结果对标考核、电量执行跟踪等电力交易过程监管工作。

（2）燃料智能调度。在燃料采购和调运管理工作中引入燃料智能调度系统，实现了燃料调度管理信息化、数字化、工业化、智能化的有机结合。为生产适烧、接卸效率提供更有力的保障。

中国大唐引入智能化三维建模软件，完成了三维模型的建立，构建了重要设备的精细三维设备模型。为三维图纸会审提高了效率。通过大数据分析与三维可视化技术，建立以数据为核心的锅炉炉膛三维可视化检修管理系统，可有效提升电厂金属监督管理业务水平，减少泄爆事故发生概率。

（3）智慧运维。基于云端统一平台，开展行业服务、集团综合监视和诊断、厂级监测预警、分析诊断、运行优化、检修维护等工作，可通过面向能源行业的低代码建模、燃机故障库组态等基础软件产品，构建燃机可视化热力仿真引擎，进一步线上开展监测预警、诊断分析、运行优化、健康评估、检修维护等业务。

中国华电燃机智慧运维云平台功能应用覆盖行业、集团及电厂侧 3 个层级，包含按照

"1+*N*"的布局和云边协同的技术架构，实现燃机发电全要素、全过程信息的汇聚，推动燃机发电各环节工作的协同一体化，解决燃机生产管理离散化的问题。完成 6 家发电企业 17 台机组的部署，涵盖 GE 9E/6F/9F，三菱 M701F4、西门子 SGT-8000H 等机型，在机组安全可靠、经济运行、精益化检修维护等方面发挥重要作用。技术成果经鉴定达到国际先进水平，其中燃烧调整和能效评估技术达到国际领先水平。

3. 自主可控的工控系统

电站工控系统国产化。持续探索融合人工智能技术和先进控制技术的火电 DCS 系统的研发，坚持系统应用软件 100%自主化、芯片 100%国产化、操作系统 100%国产化、核心知识产权 100%自主可控。

国家能源集团推进电站工控系统国产化。一是舟山三期煤电、惠州二期燃机、金川水电等项目实现国内首次发电工程国产 BIM 示范应用；二是加快关键技术攻关，行业首发火电、水电智能分散控制系统（iDCS）技术规范，推动工控系统国产化改造，完成大同 7 号、汉川 3 号等 28 台机组示范应用，有效解决火电控制系统"卡脖子"问题。台山电厂完成世界首次 600 兆瓦煤电机组掺氨燃烧试验验证，关键核心技术攻关取得积极进展。

中国华电"华电睿蓝"成为国内首套搭载 E2000 的自主可控 DCS，在华电龙游电厂投入应用，系统整体性能迭代升级。G50 燃机首（套）示范应用项目顺利通过"72+24"小时试运行。

国家电投自主可控替代相关工作取得明显成效。制定自主可控工作方案，开展综合办公类系统和经营管理类系统试点改造实施以及自主可控云桌面试点建设。圆满完成火电机组 DCS 自主可控研发与 3 台套火电机组 DCS 试点应用。2023 年底，接受中央网信办、国家能源局、国资委的自主可控工作现场检查，相关工作获得肯定。

（三）发展趋势

火力发电行业作为典型的"重资产、资源型"行业，亟需开展数字化转型，转变设备运维方式、资源利用方式和产业链运作方式，实现生产管理模式变革和技术革新。火电发电智慧电厂以智慧管理体系和智能控制体系为基本架构，以智能终端设备应用为补充，深化生产、经营、管理等业务场景，融合先进检测技术、数据分析、智能控制、深度神经网络等技术，通过电厂安全、高效、稳定运行的软硬件平台，实现电厂安全生产、精细管理的目标。在智慧管理平台方面，不断丰富经营分析、财务分析、燃料管理、风险内控、能效分析、机组评级、碳排放管理、燃料管理、运维管理等功能，后续会在发电生产的运营管理方面进一步提升和完善。在智能控制方面，通过对生产过程中的智能监盘、智能诊断、智能控制、智能就地操作等应用系统的上线，实现生成过程智能化。在智慧管理体系和智能控制体系中，不断引进先进技术，解决生产经营中的实际问题，提升火力发电的运营生产水平。

二、水电板块数字化

（一）现状

在水电领域，各发电集团正抢抓数字革命契机，充分利用数字技术为电力生产赋能，积极拥抱新技术开展创新应用，数字化转型成效初显，形成"智能水电站""数字流域"等一系列建设成果。

（二）典型成果

1. 电力生产应用

（1）水文自动测报系统。 我国多数水电站兼有防洪、灌溉等任务，在水库调度工作中，不仅要搞好水库的发电经济调度，创造经济效益，同时还要及时、正确地掌握水情、汛情，搞好防洪度汛工作。水文自动测报系统一方面要及时、准确、快捷地采集水情，另一方面还要通过计算机在较短的时间内做出洪水预报。

（2）设备状态监控。 接入水轮机等大型机组的实时监测数据，建立运管一体化平台，融合机器声纹识别机理的模型，结合底层细微特征提取的深度神经网络建模方法和决策分析，为设备提供健康与安全监测，实时展现设备健康情况，助力设备预测性维护。实现对站端智能巡检、智能安防与监控，不断深化智能生产与智慧运营建设系统融合应用。通过故障诊断预警结果自动化推送，使运维方式由"故障维修"逐步向"预测性维修"转化。

中国华能 以设备全生命周期智慧管理为核心，以"云边协同平台、网络安全、数据标准、物联网"为构架基础，重点完成智慧运行、智慧维护、智慧检修、智慧大坝、智慧水库、智慧水调、智慧安全、智慧物资及工器具、智慧辅助决策等九大智慧应用。目前已建成投运了700兆瓦水电机组国产计算机监控系统。

中国大唐 立足水电企业生产全过程管控，基于视频分析技术的现场智能安全管控系统通过对人员行为风险，作业过程风险，现场环境风险等方面的综合管控，形成了远程监督、厂端现场监控相结合的管理模式。

（3）设备运行优化。 建立设备运行机理模型，基于实时监测数据，以最直观的、最全面的方式展示水轮机导水机构的传动系统运作过程、内部结构的运行状态以及运行过程中的水流状态；实现流程数据的有机结构化表达，为机组的运行调整提供指导。

国家电投 在国内外水电行业率先研发包含"远程巡检、设备诊断、状态检修支持、优化运行、知识中心"五大技术体系的水电智能远程运维系统，实现水电数字化智能化。

中国三峡集团 首创"全息状态感知、全态预警诊断、全域业务贯通、全局协同优化"的自主可控水电工业大脑，并在向家坝电站岁修中全面应用，有力支撑检修决策效率提升近 5 倍，实现了巨型水电机组状态评价及检修决策工作智能化突破。

（4）流域梯级调度。推进流域运行管理工作智慧化，实现信息自动采集、综合分析与预测预警，推动防洪、水资源利用、航运、生态保护、应急管理以及流域全河段、全要素、全过程的仿真模拟与智能决策，为梯级枢纽运行管理提供了更科学的技术支撑。

中国大唐启动多能互补智慧调度关键技术研究项目，以大数据云平台为基础，为企业经营决策提供良好的参谋，提升了企业管理水平。实现了下列功能：① 电网运行、水文站点以及不同气象预测资料的采集和汇总；② 水情水调业务相关管理信息的共享；③ 水情预报作业、预报精度评价、预报模型择优实时在线；④ 长、中、短期计划编制与实时运行成果的联动；⑤ 图、表及数值告警联动等。

国家能源大渡河公司以大渡河瀑布沟、深溪沟、枕头坝一级三站实际控制工程问题为依托，对三站联合运行所涉及的实时调度问题进行了专题研究，提出了一种厂网协调模式下的梯级站间负荷分配控制策略及模型，即经济调度控制模型，在国内首个实现了大型流域调度由单机组直调向多电站一键调的转变，纳入了国家能源集团创建世界一流示范技术。

2. 电力经营管理应用

推动经营管理水平提升，覆盖党建、工程建设、电力生产、生态环保、战略管理、风险管理、人力资源、财务管理、供应链管理等多个管控领域的数字化工作平台持续深化应用，实现管理工具、业务流程、分析决策数字化。数据要素价值不断发挥，全面推进数据汇聚，持续推动数据共享，有效打通数据壁垒，降低基层重复填报负担。深入开展数据价值挖掘，清洁能源工业互联网平台能力持续提升，实现各业态关键场站设备运行可靠性分析，应用人工智能开展安全风险识别，为安全生产和应急管理工作提供有力支撑。

中国华电乌江数字流域工程成功构建了全面覆盖、高效协同的数字化管理体系，显著提升数字化水平和业务处理能力，提升工作效率和决策水平。

国家能源制定智慧水电专项规划，以持续创造价值为宗旨，以"安全、高效、绿色、智能"为理念，以"智慧管控、专业运营、智能生产、无人值守"为目标，通过打造"能量—信息—价值"互联互通的智慧水电运营平台，实现现实的"物理企业"与柔性的"智慧企业"智能协同融合，持续创造价值。智慧水电运营平台架构如图 3-32 所示。

（三）发展趋势

水电板块数字化并非是先进技术的堆积，而是将各先进技术与水电业务生产、经营、管理深度融合，以水电数字化、网络化、智能化为主线，以数字化场景、智慧化模拟、精准化决策为路径，逐步实现水电板块自感知、自运行、自学习、自决策，加快构建具有预报、预警、预演、预案功能的智慧水电体系。

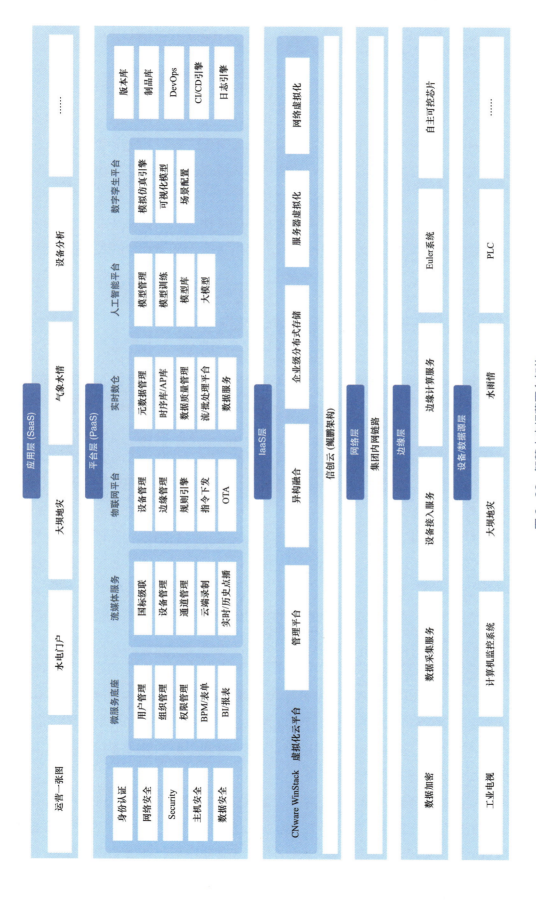

图3-32　智慧水电运营平台架构

三、新能源板块数字化

（一）现状

新能源企业的数字化应用正稳步前进，在新能源的设备监造、工程建设、集中控制、智慧管理、智慧运维等方面取得了显著进展。在数字化转型过程中，通过部署传感器和物联网技术，增强数据采集能力，建立统一的数据平台和使用大数据分析工具，结合实际的业务应用，引入人工智能技术等先进手段，实现实时监控生产过程，及时解决问题，提高生产过程的透明度和反应速度，实现数据的集中管理和深度应用，提升决策效率和生产效能。

（二）典型成果

（1）**生产任务管理**。实现设备管理、检修管理、两票管理、运行管理、日计划管理、问题库管理、培训管理等业务的电子化、标准化、流程化。现场作业智能管控系统实现区域内现场作业人员安全生产的集中管理和统一管理，为管理和技术人员提供智能决策支持，降低劳动强度和运维成本。

中国华电新能源智慧生产管理平台采用"远程集控、分级诊断、片区维护、专业检修"的新能源生产管理模式，通过覆盖集团公司多层管控的安全、生产、市场生产经营全业务流程的一体化数字系统项目，构建形成标准规范、覆盖全面、操作性强、职责清晰、运转高效的新能源生产技术管理体系。

国家能源集团建设新能源互联网平台，实现电网调度、设备监控、健康预警、行为优化、数据管理、绩效分析等功能，应用体系涵盖生产控制闭环、管理闭环、生态优化，设计全面打通电网协同、生产监控、运营管理、生态合作等业务环节，打造板块数字新业务、智能新服务，形成板块集中运营支持、风场分散智能生产的集散式新运营模式，生产效率提升新周期，推进风电产业卓越运行。

（2）**资源调度管理**。通过系统平台的聚合和协调控制技术实现各类资源作为一个整体参与需求响应、辅助服务和交易，实现实时接收调度指令以及对高灵敏度资源的实时优化调度。

中广核虚拟电厂运营管理平台基于云计算和大数据平台构架，以山东、深圳、上海为试点搭建了多区域、多市场、多品种的虚拟电厂统一运营管理平台，如图 3-33 所示，完成可控负荷、充电桩、储能、分布式能源等多类型共计 106 万千瓦的资源接入。

（3）**智能监控和故障预警**。基于云计算、大数据、人工智能、移动应用等技术，实现对设备数据的实时采集和运行监视，进一步提升远程监视、运行分析与优化、性能评估与优化、设备状态评估与预警、故障诊断等功能，完成向生产远程集中化、资源平台共享化、决策数据智能化转型升级。

图 3-33　中广核虚拟电厂运营管控平台

中国大唐利用大数据技术分析光伏场站设备的监测数据，找出数据间的关联性，发现设备的亚健康和性能劣化趋势，并做出预警。通过对光伏资产健康状况的有效管理，提高制定检修计划的针对性，减少设备带病运行时间与设备故障处理周期，提升电站整体安全性、经济性、可靠性。

中广核海上风电智慧应用如图 3-34 所示。该应用基于泛在物联方式建立海上风电气象预报、运维策略、安全预警模型，实现海上风电风场状态全面感知、突发事件快速报警、应急事件高效协同及作业计划智能排布等功能，提升新能源海上风电"安全应急"和"智慧运维"管理水平。中广核完善新能源关键设备故障预警平台，实现自主开发算法模型，提高生

图 3-34　中广核海上风电智慧应用

产运维效率。新能源关键设备故障预警平台在 300 个新能源场站示范运行超过了两年，涉及风电、光伏多个业态，覆盖了 10312 台风电机组和近 20000 套光伏组件，年处理数据量超过 100TB，自主开发算法模型数量 70 个，准确率在 85% 以上，系统性提高了生产运维的工作效率，预防设备运行风险所规避的直接经济损失超过 9000 万，避免安全事件 200 余起。中广核设备健康状态预警系统如图 3−35 所示。

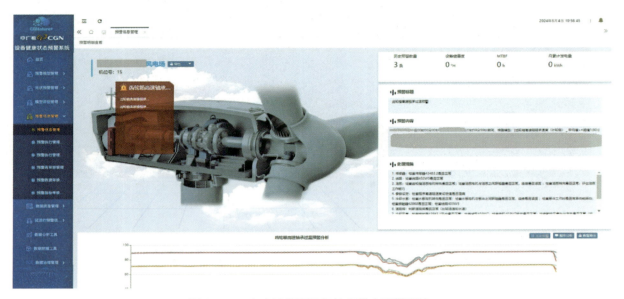

图 3−35 中广核集团设备健康状态预警系统

中国三峡集团开展新能源智慧场站试点示范，实现对站端智能巡检、智能安防与监控，不断深化智能生产与智慧运营建设系统融合应用。通过故障诊断预警结果自动化推送，使运维方式由"故障维修"逐步向"预测性维修"进行转化。

广东能源应用"云大物移智"等数字技术，自主研发建设数字新能源管理平台，如图 3−36 所示。该平台为新能源项目单位提供从项目规划、建设到生产运营全链条、高效、节约的数

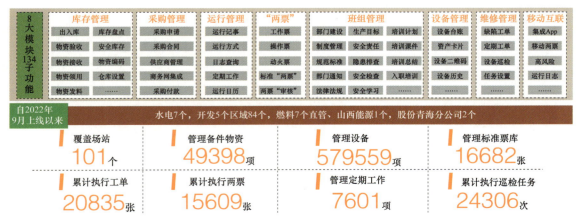

图 3−36 数字新能源管理平台

字化智能化管理方案，快速提升标准化管理水平，大幅降低建设和运维成本。目前平台已覆盖 101 个厂（场）站，管理设备总装机容量 5400 兆瓦，下一步将快速应用到节能、储能、综合能源服务等新业态。

（4）生产知识管理。整合、管理和传播与生产过程相关的专业知识，辅助促进生产流程的优化，帮助企业在复杂多变的生产环境中维持高效运营和持续改进。

广东能源风机故障专家系统针对风电运维工作存在诸多"知识"问题，集团科技研究院研发了一套能够融合多个维度运维知识、沉淀运维经验、能够提高团队整体运维水平的风机故障专家系统，如图 3-37 所示。该系统有助于实现运维运维团队快速成长、降低风电企业运维成本。

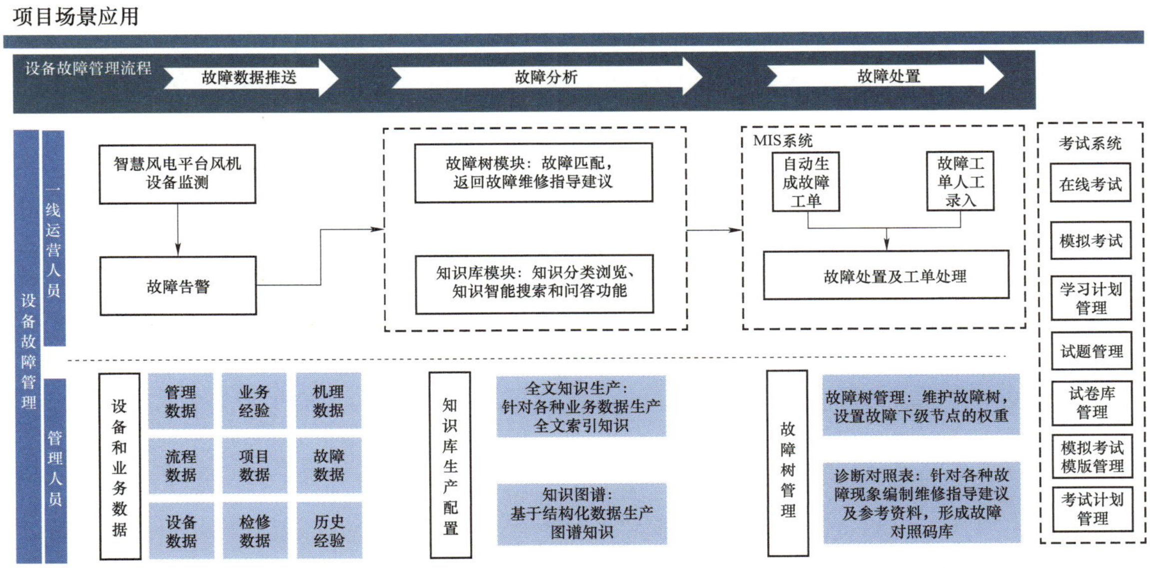

图 3-37 广东能源风机故障专家系统

（三）发展趋势

近年来，在实现"双碳"目标和建设新型能源体系背景下，我国新能源迅速发展，这是我国夯实能源转型基础的要求，也是新能源进一步换挡提速，成为能源消费增量的主体的要求。同时，新能源的发展也有着技术持续进步、成本持续下降、效率持续提高、竞争力持续增强的要求，要加快解决高比例消纳、关键技术创新、产业链供应链安全、稳定性可靠性等关键问题，进一步提质增效。未来新能源发电将借助智能化和数字化技术实现设备的智能监控、智能运维、预测性维护、运行优化等目标。通过实时数据分析和智能控制系统，新能源电厂能够更高效地利用能源资源，提高发电效率，减少能源浪费。智能化技术的应用将推动新能源发电行业的发展，促进清洁能源的普及与应用，主要表现在广泛采用人工智能、机器学习、物联网等成熟技术，实现设备智能化运维；通过分析实时数据预测设备故障，减少非计划停机时间，提高资产效率和使用寿命；进一步整合大数据分析、云计算和边缘计算能力，实现能源生产和消费的精细化管理；通过区块链、物联网等技术实现原材料来源追溯、物流跟踪和碳足迹管理，推动供应链向绿色低碳转型。

四、核电板块数字化

（一）现状

随着业务智能化的驱动和"云大物移智链"等数字技术的兴起，核电行业也迎来新的发展机遇，在战略层面，核电企业都将数字化转型作为提升企业竞争力的关键手段。通过制定明确的数字化转型战略，将数字技术深度融入企业的运营、管理和服务中，以实现更高效、更智能的电力生产和供应。在实践层面，核电企业广泛采用大数据、云计算、物联网、人工智能等先进技术，推动核电生产和运维的智能化。比如，中核集团把数字化转型作为核工业高质量发展的关键内涵，积极探索中核特色数字化转型之路，成立了中国核电数字化创新中心，实现了信息资源和力量的有效集中，为中国核电数字化转型提供了有力支撑。在加强基础设施建设和信息安全保障能力上，重点推进数据中心和商网建设，深化并大力推动标准信息系统建设，着力打造核电数据资源应用平台，有效辅助经营管理决策，经营监测、安全生产等平台投用，提升数据分析利用共享，为管理决策提供支撑，稳妥有序推进数字核电建设，完成安全生产平台（ASP-1）、关键设备智能智慧管理平台（ASP-2）、设备可靠性管理平台（ERMs）、工业互联网平台数字底座（DHP）等自主可控技术平台的研发与投用，完成网络安全态势感知平台建设和国资委能源工业互联网接入，以数字化培育新动能，用新动能推动新发展，以新发展创造新辉煌，推动中国核电数字化、智能化转型升级。中广核结合发展实际，进一步明确集团数字经济发展重点，加强对治理数字化、产业数字化、数据治理、网络安全、信息技术应用创新专项、IT 技术架构及资源保障 7 个领域的指导性，统筹各产业及业务部门开展了充分研讨并部署了系列工作，形成数字核电、财资数字化转型蓝图与规划、信息技术应用创新总体实施方案等顶层规划文件，依托集团网信委，成立集团信息技术应用创新领导小组、集团数据治理委员会，对信息技术应用创新、数据治理等年度重大专项工作作出全局性和整体性的谋划部署，进一步发挥对业务数字化转型升级的牵引作用。中国华能以实现"数字华能"为建设目标，构建中国华能一体化、平台化、协同化、智慧化、自主化的数字化转型总体架构，包括技术能力培育、边端智能化建设、数字共享平台建设、多元化智能应用体系建设，以数字革命发展趋势引领集团产业发展为中心，以数字技术与能源产业发展深度融合为主攻方向，以数据为关键生产要素，着力建设数字化基础设施，加强智能化作业能力建设，加快培育数字化技术能力，强化微服务化应用加载，推动多元化业务协同，全面提升能源生产智能化、产业协同化、管理精益化、决策科学化水平，形成数字与业务深度融合、有机协同、持续创新的产业发展新形态。

（二）典型成果

1. 电力生产应用

（1）核电安全生产管理平台。**中核集团**的核电专业化公司中国核能电力股份有限公司（简称中国核电）以核电厂设备信息管理为基础，以核电厂工作管理流程为主线，将核电厂设备管理、工作管理、配置管理、运行管理、辐射防护管理以及安全管理等集成为一体，支撑核电厂调试和运行不同阶段，构建了涵盖核电生产全流程业务的端到端核电安全生产管理平台（ASP-1）。ASP-1以一体化安全生产管理模型为基础，实现数据与流程双轮驱动。业务流程方面，平台沉淀了中国核电安全生产管理模型理念，以工单管理为核心驱动要素，以生产计划为内核，以紧急抢修与状态报告为抓手，推动生产运营管理优化，打造核电厂"人、机、法、环"生产全流程闭环管理，持续改进业务流程，推动全员参与数字化转型，以实现核电卓越运营的目标。数据流程方面，ASP-1通过数据集成、建模分析、智能决策，促进业务标准化、管理精细化、风险可视化、经验数字化，驱动各流程之间的数据流动，不断将数据进行优化分析推动经验反馈、持续改进，逐步成为持续提升核电核心竞争力的数字化平台。核电安全生产管理平台模型如图3-38所示。

（2）核电设备可靠性管理系统。**中核集团**围绕设备可靠性管理系统（ERMs），开发了设备分级、预防性维修大纲等20多个功能模块，实现了设备可靠性全流程、全范围和全寿期管理，打造出一个"标准化、集成化、敏捷化、协同化"的一站式管理平台，实现了设备可靠性管理业务与平台的统一，工程师不需要切换不同的平台即可开展工作，提高了工作效率，降低了管理成本；围绕先进在线监测（AOM），ERMs研发包含核电厂二回路数字孪生模型、电功率损失事件识别算法、机组热力性能监测算法与模型、动态阈值监测模型及模型开发工具、基于FMEA的泵类设备智能监测与诊断技术、转动设备剩余可运行时间预测模型、基于二叉树故障诊断算法的发电机监测与诊断技术、核电机组运行瞬态自识别算法在内的十余项先进技术，全面提升关键重要设备的状态监测、故障诊断和故障预警能力，有效提升了整个核电行业的科学技术水平，也有效促进了相关行业的产学研用一体化发展。

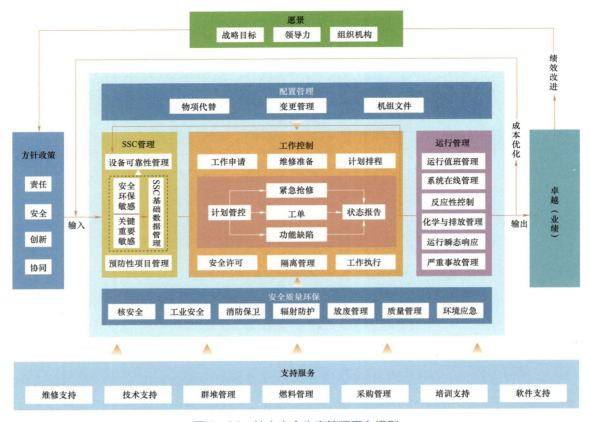

图 3-38　核电安全生产管理平台模型

（3）工程建设过程管理数字化。**中广核**全面应用项目生产管理信息系统助力工程建设过程管理数字化，集成核电工业数据管理引擎，开发数据贯通、配置管理、进度协同、成本协同、数字化移交及轻量化 3D 平台 6 个功能模块，以及采购、施工、调试等一系列业务应用，有效打通各板块信息系统孤岛，实现数据集成协同共享，推动工程进度、技术、质量等六大控制的数字化。项目生产管理系统示意如图 3-39 所示。

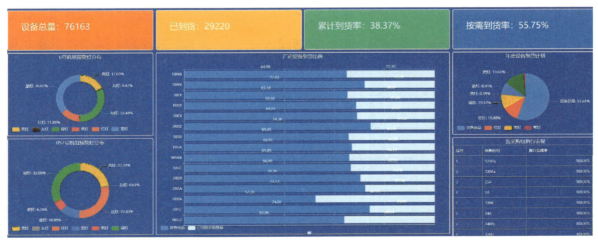

图 3-39　项目生产管理系统示意

同时，打造智慧工地核能产业数字化平台，创新核电工程管理新模式。围绕施工现场"人、机、料、法、环"等关键因素，建立"端到端"智能连接与管控，实现施工现场作业面可视、可管、可控，创新核电工程管理新模式。目前已在三澳、太平岭、陆丰、宁德等核电项目推广应用，对9万多名产业工人、3万多项工器具、6千多项设施设备和350多种作业表单实现全数字化管理。三澳智慧工地系统示意如图3-40所示。

图3-40　三澳智慧工地系统示意

（4）核电领域大修管理业务数字化。**中广核**依托大修数字化作业平台，由纸质单据向电子审批流程转变，由单线作业向互联网协同作业转变，由表单数据向可视化智能化数据转变。全面提升各业务领域大修管理效率，具体表现在：① 大修人力资源规划效率、参修人员评价、参修人员状态及人力投入统计效率提升超过30%；② 工业安全隐患排查治理以及高风险安全管理业务效率提升40%；③ 可通过管理支持中心实现前后台协同决策帮助大修业绩保持行业领先。大修集控中心实景如图3-41所示。

图3-41　大修集控中心实景

（5）仪控系统应用智能化。**中广核**研发并投用仪控系统智能化校验诊断，利用高精度信号输出和测量一体化技术实现信号系统、电源系统、通信系统集成化的硬件方案；利用开关阵列智能连接技术实现触摸屏画面智能连接硬件技术；利用传感器/板卡智能化校验诊断技术实现传感器/板卡智能化校验和自学习。仪控系统智能化校验诊断应用如图 3-42 所示，相关场景在大亚湾、阳江、红沿河、宁德、防城港、台山等基地共 20 余台机组应用，大修主线经济效益 1575 万元，人力工时、维修成本投入节约 1504 万元，质量可量化及设备可靠性提升经济效益 1528.80 万元/年，知识产权许可协议、直接获得销售收入 6 万元，累计直接经济效益超 1.3 亿。

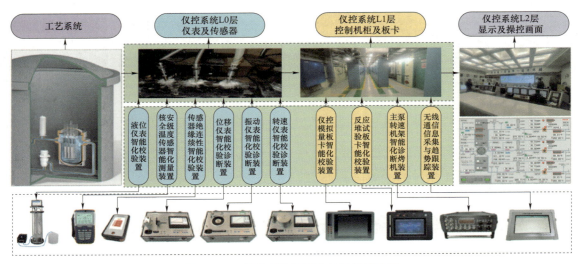

图 3-42　仪控系统智能化校验诊断应用

2. 电力经营管理应用

（1）智能化人才画像。**中广核**智能化人才画像模型项目以习近平总书记在党的二十大提出的"人才是第一资源、人才强国战略"作为指引，由"干部人才画像"和"操纵员人才画像"两个模块组成，通过"基础数据+智能分析算法+数据可视化"的方式，为决策者提供全面、准确、实时的人才画像，从而持续优化干部和操纵员队伍的建设、发展和管理工作，在解决干部选拔、培育、管理和任用问题的同时，也解决了核反应堆操纵员选拔和培训中的相关难点。项目在国务院国资委主办的智能监管业务模型创新大赛中荣获最高等级"卓越应用奖"。中广核智能人才画像平台如图 3-43 所示。

（2）核电备件供应链全流程数字化。**中广核**持续推进备件供应链数字化转型，打造核电领域首个集备件需求管理、备件采购、QC 监造、运输报关、智能仓储、共享调配、物项替代、备件质量管理、备件主数据管理、库存策略模型管理等群厂备件供应链全流程业务的备件数字化作业平台，实现业务数字化、可视化、智能化作业。依托备件数字化作业平台实现备件需求计划由人工经验向基于"大数据+数学模型"的精准智能提报转变、订购模式从传统的订单模式向自动快速订单模式转变，提升了备件供应链各环节的作业效率和质量，备件需求计划、采购作业效率提升超过 30%，大修备件到货率超过 98%，备件跨电厂调配效率提升超过 80%、数据分析应用作业效率提升超过 80%，CPR 堆型核电站单堆库存保持行业领先。备件数字化作业平台界面如图 3-44 所示。

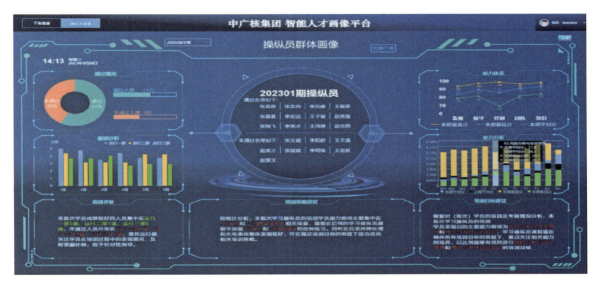

图 3-43　中广核智能人才画像平台

图 3-44　备件数字化作业平台界面

（3）红鹭智慧党建系统。中广核红鹭智慧党建系统如图 3-45 所示。该系统通过对党组织管理、党员管理、组织关系转接、发展党员、组织生活、党费管理、数据统计等 7 大业务场景进行数字化，实现了党务业务在线办理、组织生活在线开展、党费缴纳在线支付、党务数据实时统计等功能，全面提升了党建业务的规范化水平和效率。

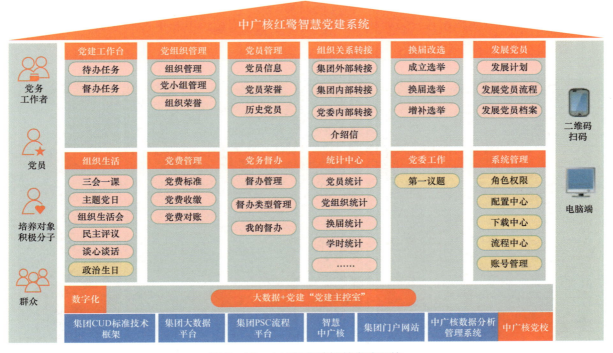

图3-45 中广核红鹭智慧党建系统

（4）大监督平台建设。**中核集团**贯彻落实党的二十大精神、党中央关于监督体制改革的要求以及全国国企党建会议精神，统筹协调推进"大监督"体系建设，将分散力量变为整体合力，开展中国核电大监督信息化平台建设，实现了从大监督计划、项目立项、项目实施、问题整改的全面线上管理，开发了符合公司特点需求的预警分析模型，建设了数据分析平台，打造了大监督系统的基础平台，为监督业务的全面数字化提供了技术底座。大监督平台一期功能概览如图3-46所示。

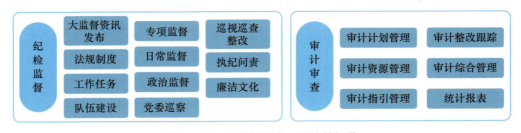

图3-46 大监督平台一期功能概览

（5）全面风险管理系统。根据风险管理统一管理的要求，**中核集团**中国核电规划建设了全面风险管理信息化平台，如图3-47所示。该平台利用大数据对风险事项进行前瞻性预测，能直观显示各风险事项的当前状态，提升中国核电及各成员单位风险管理效率和工作质量，实现风险管理系统与各业务领域信息系统相关联，进一步推进风险管理标准化和大数据分析应用，促进多平台信息共享和综合利用。

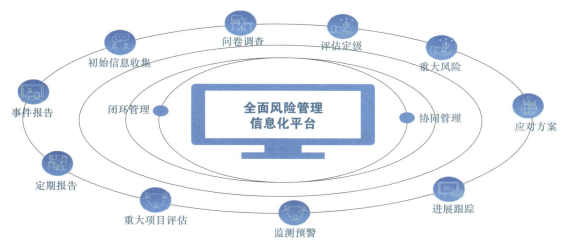

图 3-47　全面风险管理信息化平台

（6）综合计划管理系统。**中核集团**依托自主研发的工作流引擎实现中国核电及成员单位的 MKJ（目标—考核—激励）、嘉奖、绩效责任书、任期责任书、专项、岗位职责及综合计划等领域的日常管理工作的信息化。打通成员单位和本部数据交互的桥梁，提升中国核电板块内各单位 MKJ 管理工作的信息化，促进全板块管理协同，助力板块内精细化提升。2023 年完成秦山核电、漳州核电等 4 家单位的试点推广及上线。综合计划管理系统界面如图 3-48 所示。

图 3-48　综合计划管理系统界面

（三）发展趋势

随着 5G、物联网、数字孪生等技术的覆盖率提升，智能传感器、数字化系统改变了"聋哑"设备，将推动核电设备从"黑箱式"转向"透明化"运转，推动生产过程与电厂实现"虚实共生、以虚强实、以虚促实"，推动构建"全流程信息自感知、全要素事件自决策、全周期场景自迭代"的核电生产模式，打造未来核电的中国方案。各核电企业可通过将信息系统中沉淀的核电技术、工艺经验、行业知识、管理方法等"核电智慧"加以数字化、软件化复用，将有助于解决核电工业企业核心技术创新能力不强等问题，使平台真正成为核电优质解决方案的标杆。在"双循环"新发展格局下，对产业链上下游、国际客户进行核电数字化转型经验的商业化输出，对于增强产业协同、提升价值链地位具有重要意义，能够迸发出更大的经济潜能与社会价值。

第三节　电　建　数　字　化

电建行业把握数字化发展机遇，正在经历一场深刻的数字化转型变革，已呈现出积极且深入的态势。电建企业数字化工作坚持以企业战略为导向，以数字化、智能化和实用化为目标，聚焦电力建设领域，推动数据纵向贯通和业务横向集成，在业务数字化、管理数字化和数字产业化等领域取得了较为良好的成效。

一、业务数字化

业务数字化推动电建行业向集成化、精细化技术密集型转变，产业生态集成能力、产业链数据贯通能力成为企业核心竞争力，基于 BIM 的智能建造成为发展重点。电建企业业务数字化过程中主动适应工程建设全产业链一体化发展需求，形成贯通"规划—设计—建造—运营"的投建营"数字建造"体系，数字化技术被广泛应用于电建行业的项目规划、设计、施工和运维等各个环节，全面提升工程质量和效率。

（一）现状

数字化转型已经成为全社会的共识和共同行动，数字领军企业、国有企业和民营企业等纷纷入局，能源电力行业在数字技术研发和数字化业务发展方面持续加大投入，加快数字化发展，正在快速构建以工业 4.0、数字孪生模型为核心的智慧系统。通过 BIM 技术和数字化管理平台等，实现对工程项目全生命周期的数字化管理，提高项目建设效率和质量。**一是规划设计数字化技术能力有新进展**，以从根本上解决"卡脖子"问题为研究目标，探索图形平台底层技术，打造国产化建模工具以及工程专业设计软件，建立从下到上自主可控、贯穿多领域业务的产业生态链体系；**二是施工建设项目管理系统持续改进和深化应用**，制定项目履约质量监管指标，建立工程勘察、EPC 项目管理、知识库和辅助决策平台，促进项目管理科学化、数字化水平有效提升；**三是业务数字化经验分享和交流学习广泛开展**，关注各业务板块业务数字化经验梳理，加强企业间调研学习，示范场景现场交流，分享实施经验。

（二）典型成果

1. 规划设计

（1）数智一体化电网规划工作平台。**中国能建**洛斯达公司在分析新一代人工智能技术特点、电网规划业务场景及应用需求的基础上，对电网规划的关键技术进行研究，打造图数一体、在线交互、人工智能、高效创新的数智一体化电网规划工作平台，其架构如图 3-49 所示。该平台研发了多个辅助规划人工智能模型，提供规划数据智能识别提取、电站布点决策模型、站址路径智能规划模型等，涵盖新能源的中长期负荷预测、新能源并网管理等一系列基于人工智能和大数据的创新应用。该平台在国家电网多个网省、南方电网全网、内蒙古电网等地进行了推广应用，成为省域电网规划的日常工作平台，并通过长时间在一系列重大工程中进行应用，取得了极大的经济与社会效益。

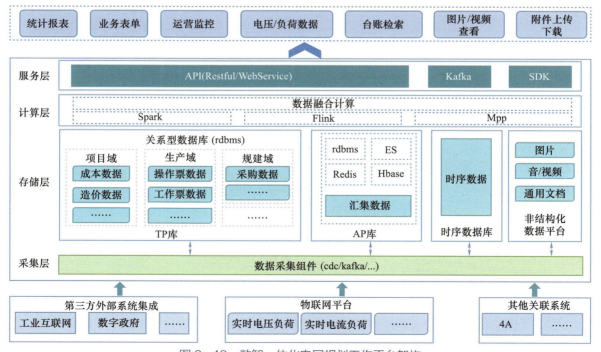

图 3-49　数智一体化电网规划工作平台架构

（2）输电线路数字化勘测设计系统。**中国能建**中南电力设计院的输电线路数字化勘测设计系统采用"正向"设计理念，利用一体化平台整合、管理、维护现有线路工程各类数据和资源，以三维地理信息系统（GIS）和信息模型（BIM）为支撑，通过全专业协同设计、三维校验、智能校审、自动生成成品等功能提高设计深度、质量和效率，提供输电线路全生命周期的数字化增值服务。输电线路数字化勘测设计系统整体架构如图 3–50 所示。设计成果可在桌面端、网页端、移动端共享，满足输电线路规划、勘测、设计、建管及运维各阶段的要求。通过系统应用，平均降低工程造价 3%～5%。

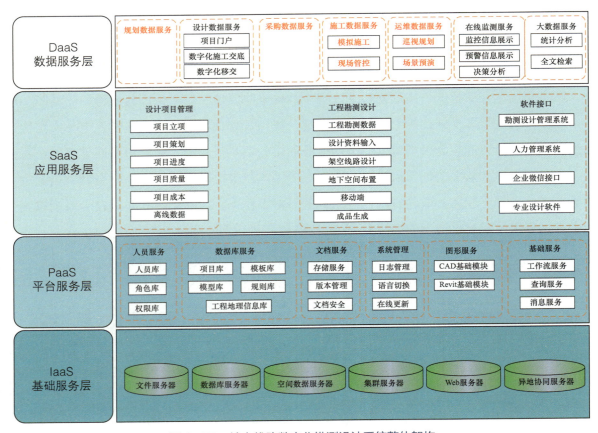

图 3–50　输电线路数字化勘测设计系统整体架构

（3）"能源＋"多场景融合模拟仿真。**中国能建**电力规划设计总院研发的"能源＋"多场景融合模拟仿真运行系统，基于"源网荷储"一体化的优化算法，以及智慧运行主站—各类场景子站的实际架构，解决交通、工业、新基建、清洁能源基地等不同场景特性各异的用能负荷、就地清洁能源以及大电网之间的绿色经济规划、优化调度问题。"能源＋"多场景融合模拟仿真运行系统架构如图 3–51 所示。该系统针对交通—高速公路、数据中心、工业—负极材料和铁合金、风光火储大型能源基地等应用场景，兼容考虑各场景负荷特性、可再生能源、储能、多点并网、送端和受端通道等不同要素，在规划阶段实现输入中长期信息获取生产模拟结果，并辅助调整可再生电源、储能容量等目标；在运营阶段实现输入短期预测信息指导各电源生产调度及储能充放电的目标。系统优化了"能源＋"项目前期规划的流程，相较于传统模式，整体提高生产效率约 40%；优化后新能源利用率显著提高，相对于传统大电网购电模式，优化后的终端用能成本可降低 20%以上。

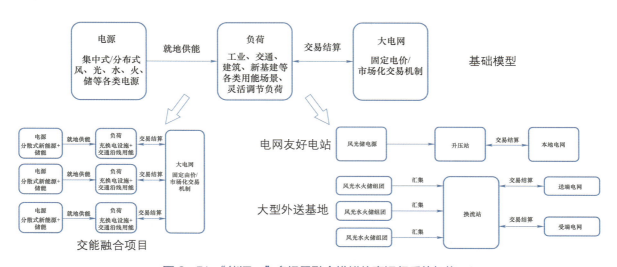

图 3-51　"能源＋"多场景融合模拟仿真运行系统架构

（4）鸾图基础平台。鸾图基础平台是由**中国电建**华东院的东慧（浙江）科技有限公司打造，以历经 30 多年不断优化和全球用户验证的核心驱动平台技术为基础，以华东院丰富的水电站工程和抽蓄电站项目为依托，结合 20 余年工程数字化实践经验形成的，具备国产化、本土化、智能化、端云协作等特点的安全可控、能用好用的二三维一体化设计软件，产品成熟度和技术能力比肩国际先进水平。基于鸾图基础平台打造的鸾图勘测、鸾图土建、鸾图机电专业产品囊括电力行业三维数字化设计应用需求，助力电力行业企业实现国产软件全面应用。鸾图基础平台及其衍生产品赋能电力工程三维数字化协同设计，建设工程范围勘测、土建、机电等全专业三维 BIM 模型，设计阶段基于模型完成设计方案比选、方案优化、工程量统计、二三维图纸输出等应用；在施工阶段开展地下厂房施工进度仿真与控制、基于 BIM 机电 4D 仿真、关键设备吊装方案验证、电缆敷设施工指导等 BIM 深化应用；运维阶段为数字孪生电站应用提供坚实的基础底座。三维协同设计示例如图 3-52 所示，图 3-53 和图 3-54 所示分别为 GIM（电网信息模型）加载和大体量模型总装。

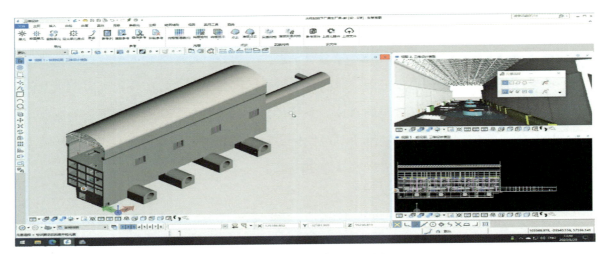

图 3-52　三维协同设计示例

图 3-53　GIM（电网信息模型）加载

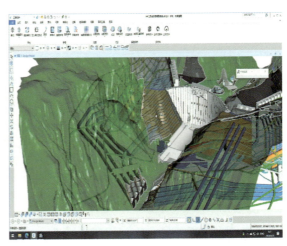

图 3-54　大体量模型总装

（5）抽水蓄能电站智能辅助选址关键技术及平台。传统抽水蓄能电站选址依赖人工手动在地形图肉眼选择上、下库，并量算相应高程、面积折算库容、水头、装机等参数，存在选点耗时长、易遗漏优良站点、门槛高、成果质量参差不齐等问题。在"3060"双碳背景下，抽水蓄能电站迎来爆发式增长，短期内筛选出建设条件优良抽水蓄能站址的需求迫切，在此形势下，亟需革新抽水蓄能选址技术。**中国电建**中南院开发了一整套集数据中心、站点普查优选核心算法、成果可视化/参数化输出等功能于一体的专题应用系统，成为首家实现抽水蓄能电站自动选点关键技术的单位。该系统界面友好、操作流程简便，已广泛应用于湖南、湖北、河南、广东、重庆、西藏、广西、海南 8 个省（市、区）的抽水蓄能选点规划，应用软件普查的纳入全国抽水蓄能中长期规划站点 100 余个，大幅度降低了劳动强度、提高了设计人员的工作效率和设计成果的精度。抽水蓄能电站智能辅助选址关键技术及平台如图 3-55 所示。

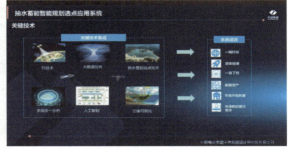

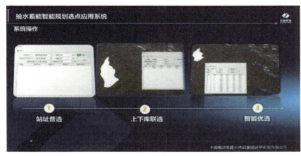

图 3-55　抽水蓄能电站智能辅助选址关键技术及平台

2. 施工建设

（1）面向一体化的 EPC 项目数字化管理平台在抽水蓄能电站的应用。**中国电建**北京华科软科技有限公司（以下简称"华科软公司"）建设的面向一体化的 EPC 项目数字化管理平台针对 EPC 工程总承包项目全生命周期、全工程、全要素、全干系人信息化、数字化管理的需求，充分利用 BIM 技术的信息完备性、信息关联性、信息一致性、协调性、模拟性以及可视化，在设计模型的基础上关联进度、合同、成本、工艺、质量等业务数据，形成综合 BIM 模型，为项目的进度管理、现场协调、成本控制等关键要素提供支撑，为项目管理的各业务阶段（包括项目启动阶段、项目初始阶段、项目设计、采购及施工阶段、项目试运行、验收及收尾阶段）的数据协同提供基础，解决传统管理模式下造成的数据孤岛，信息不对称，沟通不畅等问题，实现了基于统一 BIM 模型的数据融通、业务协同和项目全过程、全要素、全干系人数字化管理与可视化应用，提高了工程项目管理效率。该平台适用于水利水电领域，其在抽水蓄能电站的应用如图 3-56 所示，已在辽宁清原抽水蓄能电站全面应用，并在深圳龙岗、佛山顺德等水务工程推广，社会经济效益显著，具有较高的推广应用价值。华科软公司依托于该平台参建的"水电工程设计施工一体化数字关键技术研发与应用"荣获中国施工企业管理协会"2023 年工程建设科学技术进步奖"特等奖。

（2）数字孪生技术在山东潍坊抽水蓄能电站上水库施工中的应用。**中国电建**水电六局山东潍坊抽水蓄能电站为 I 等大（1）型工程，电站装机容量 120 万千瓦，设计年发电量 13.14 亿千瓦·时，设计年抽水电量 17.52 亿千瓦·时。上水库主要施工任务包括库岸库盆、堆石坝、

图 3-56 面向一体化的 EPC 项目管理平台在抽水蓄能电站的应用

进出水口、引水事故闸门井平台、场内道路、导流工程等。上水库开挖量 1500 余万立方米，填筑量 1300 余万立方米，加水量 136.2 万立方米，单层振动碾共计需碾压 72 万遍。土方平衡、填筑料含水率、施工设备管理、大坝碾压、施工道路是项目管理的难点重点。针对以上问题，项目部应用了无人机测绘技术，自动生成三维模型对比，自动分析开挖、填筑量变化，2 人 7 天完成了原始地形测绘，激光点云模型如图 3-57 所示。结合 BIM 模型，对上水库开挖、填筑实现精准控制，使现场施工有序、可控，并实现开挖、填筑精准平衡。引进了电矿用车，应用了无人运输技术，实现了零排放、电能回收，降低了施工成本和施工风险，大大提高了工作效率，无人驾驶纯电矿用车如图 3-58 所示。应用了填筑料智能加水系统，实现了含水率的动态管控，智能加水站界面如图 3-59 所示。应用了无人碾压技术，解决了漏碾、过碾问题，提高了工作效率。基于数字孪生技术，搭建了施工全过程数字化管控平台，实现了开挖、运输、加水、碾压施工全过程数字化管理，如图 3-60 所示，施工工期提前 1 年。

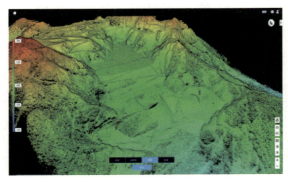

图 3-57 激光点云模型   图 3-58 无人驾驶纯电矿用车

图 3-59　智能加水站界面　　　　图 3-60　施工全过程数字化管理

（3）基于 BIM 技术的海上风电升压站建造。**中国能建**浙江火电建设有限公司在海上风电升压站工程的设计、制造、运输、吊装等建造阶段全面应用 BIM 技术：用 BIM 翻模的方式图纸审查，提高了设计变更的效率；利用 BIM 技术进行正向设计，严格把控材料的采购放量，从而使制作材料费能显著降低；依据 BIM 模型进行分片、组装碰撞检测，避免各部件组装过程中相互干涉，可提前发现问题并优化，对物体的吊点，支撑点的设置也更加准确，起吊后的变形量也有数值上的支持，使整体的装船、装车的安全性大幅增加；通过三维模型虚拟预拼装，比传统二维设计更好地避免施工阶段交叉干涉，从而极大地提高了生产和安装效率，降低安全事故发生的概率。升压站导管架整体滚装模拟如图 3-61 所示。经过 5 台机组的实践证明，运用 BIM 技术能使总工期缩短约 20%，节约人力约 30%，节省人工费用 100 万～250 万元，五台机组总人力成本减少约 900 万元。

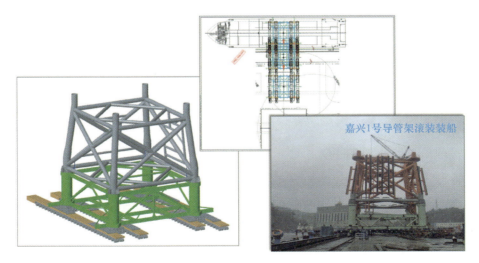

图 3-61　升压站导管架整体滚装模拟

3．运营监管

（1）火电厂智慧运营管理。**中国能建**西南院以自主研发的工业互联网平台为底座，建设 7 个智慧管控中心，包括数字孪生及全厂可视化中心、智能设备全生命周期管理中心、智能精益生产管控中心、智慧能耗管控中心、智慧经营及供应链管理中心、智慧安全及风险防范中心、数据资产转化及智慧决策中心，最终建设成覆盖电厂全生命周期、涵盖生产和管理的智慧电厂，总体架构如图 3-62 所示。各中心对电厂生产过程进行全方位监测和感知，通过智能控制策略、多目标优化、数据分析等技术手段，实现控制参数寻优和整定，完成生产过程重要参数的精细控制，最大限度实现机组全负荷范围的智能控制，并通过三维数字孪生实现设备运行状态、能耗情况及人员定位的可视化。平台通过燃烧优化，提高锅炉效率 0.5%，综合降低机组供电煤耗约 1.5 克/（千瓦·时）；通过设备可靠性维护，对维修成本有 2% 左右的正向改善；通过无人值守、5G+机器人、设备视频 AI 巡检，极大减少了人力资源投入。

图 3-62　智慧电厂总体架构

（2）横琴新区海绵城市第一批示范项目 BIM 应用与项目管控平台。**中国电建**昆明院以工程建设项目管理信息化集成为指导思想，基于 EPC 建设模式，构建项目管理平台，平台以精细化的项目管控为基础框架，以投资费控为核心、进度为主线、质量安全为目标，对项目建设进度、质量、投资 3 项指标实行有效管理与控制。该平台基于 GIS 大场景，融合用于工程建设的 BIM 数据，构建以 GIS+BIM 为载体的项目管控驱动模式，开发基于 BIM+GIS 的项目管控各阶段 BIM 应用功能，同时集成 EPC 项目管控的合同管理、进度管理、质量管理、安全管理、文件管理、风险管理、投资控制等多项功能，对参建各方进行"分级授权"，借助信息技术将工程建设全过程的数据与业主方、总包方的业务工作和管理体系相融合，实现贯穿设计、采购、施工过程中各个环节的数据集成，实现对 EPC 项目管理中组织、过程、应用、集成 4 个要素的管控，固化优化管理流程、提高 EPC 项目整体管理水平。工程进度可视化管控如图 3-63 所示，项目多维数据看板如图 3-64 所示。该平台还建立了模型编码、WBS、业务逻辑的一体化体系，实现了基于 SOA 的构件化开发框架，实现了 BIM 与项目管理的深度融合，实现了基于 3D GIS 大场景的多源海量 BIM 模型轻量化整合，如图 3-65 所示。

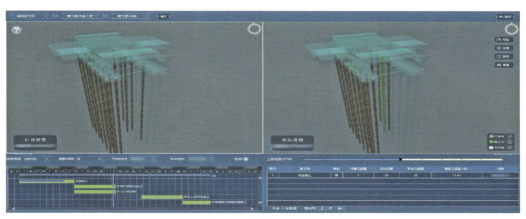

图 3-63　工程进度可视化管控

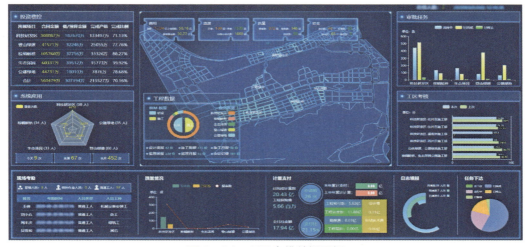

图 3-64　项目多维数据看板

图 3-65　基于 3D GIS 大场景的多源海量 BIM 模型轻量化整合

（三）发展趋势

随着数字化转型需求和技术的普及，电力建设项目业主越来越具有数字化思维。为更好适应新的形势需求，设计院进行三维设计、数字移交；施工单位在设计院的基础上进一步细化落地实施，实现智慧工地。因此"智慧"不只是基本建设，还涉及施工和运营管理，电力建设的业务数字化要加强数字技术与工程业务全过程、全要素、全方位深度融合，打造"投建营"一体化智能建造技术支撑体系，增强全链条业务协同能力建设、全流程数据贯通能力建设、全方位资源共享能力建设以及全生态融合发展能力建设，重新界定设计、施工、监理与业主之间的生产关系，重新界定工程各项投入要素的责任贡献，驱动传统工程向高端化、智能化、绿色化、服务化转型。

在电力建设规划设计、施工建设和运营阶段，**一是继续研究"BIM+"技术，与设计、施工、运营等全产业链深度融合。** 目前支撑前期智能选址、工程量预估、跨专业三维协同设计以及数字化移交等能力。未来，该技术还可以为项目的施工、竣工以及运维阶段提供场布优化、精益化施工、风险预估、工程量自动统计、互联可视化运维等能力，以实现项目全生命周期各阶段的数字化、智能化以及高效化，真正体现技术落地应用的价值。**二是提升项目管理数字化能力，围绕工程实现全过程数字化。** 加强"投资—规划—设计—建造—运营"的投建营"数字建造"体系建设，重点提升项目生产自动化能力，发挥集约化效应，全面提升工程质量和效率。**三是研究智慧电厂、智能电网、智慧工地、交能融合、智慧园区等数字孪生产品等各专业领域全面数字化转型最佳实践。** 建立新一代工程数字化生产线支撑平台，形成工程总策划中心、工程总策划平台、工程策划指导团队，支持"机械化换人、自动化减人、智能化管控、智慧化决策"。

二、管理数字化

电力建设行业管理数字化以加强科技自主可控、自主创新为基础，以"业务梳理、流程再造、管理提升、信息固化"为原则，进行人力资源管理、业财融合、供应链管理、党工团群管理、纪检巡视管理、科技创新管理、安全环保管理、协同办公管理、数据监管等综合管理平台建设和应用。

（一）现状

电力建设企业经过近年信息化建设，ERP 体系建设实现突破式进展，深度融合数字化技术与企业经营管理，加强示范引导、重点突破，精益化管理水平稳步提升，在综合办公、数据监管、核心资源配置等方面成效显著，逐步实现企业管理和核心业务管控集中、统一、全覆盖。**一是财务共享和司库管理体系建设成效显现。** 以财务共享及全球司库建设为示范，全面推进企业管理数字化建设集团化、一体化，建成财务共享系统报账管理、税务管理、共享管理等核心功能；建成司库管理系统账户管理、融资管理、资金预算等核心功能，初步实现资金业务数据集中管理，财务共享和司库管理体系一体化优势逐步显现。**二是业财一体化管控模式加快推进。**开展业财集成工作，促进业务系统与财务共享平台业财融合，打造数据驱动的业务集成新模式。**三是人力资源平台持续优化。**持续优化人事管理、招聘管理、干部管理、培训管理等核心功能，助力人才数字化培养。**四是供应链一体化管控逐步形成。**建成覆盖全球的公平、可共享的供应链管理平台，为企业设备物资采购降本增效提供有力支撑。

（二）典型成果

1. 人资管理

中国电建"区块链＋劳务实名制"创新管理融合应用平台基于先进的区块链技术，旨在切实保障农民工的合法权益，支撑中国电建积极践行社会责任。该平台由中国电建华科软公司承建，通过整合建筑工人的个人基本信息、项目参与情况、工资发放、合同以及考勤等关键数据，有效解决了建筑行业在工人管理方面存在的信息分散、不对称及缺乏透明度的问题。这一做法为建筑行业创造了一个安全、可信赖、透明的信息共享环境，显著提升了建筑工人职业信息的完整性和防篡改性。该项目是唯一一个由中央网信办联合十六部委在全国范围内开展的国家区块链创新应用试点活动中的建筑央企项目，且被人社部选为"区块链＋人社"领域的应用试点。自平台上线以来，已涵盖集团内 365 个项目，服务逾 50000 名工人。成功实现了劳务人员数据的区块链存证，保障了数据的安全可信流转，确保了用工数据的真实性与可追溯性，有效应对了市场监管挑战，并为保障农民工的合法权益提供了强有力的支持。"区块链＋劳务实名制"链上信息和通过移动端查看上链数据及生产验证报告分别如图 3-66 和图 3-67 所示。

图 3-66 "区块链＋劳务实名制" 链上信息

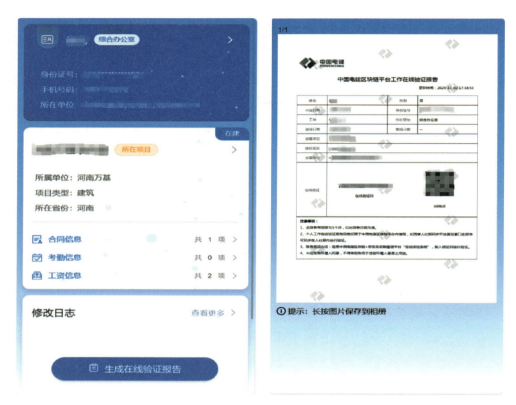

图 3-67 通过移动端查看上链数据及生产验证报告

2. 财务管理

中国能建按照"统一规划，统一部署，统一实施"的建设思路，搭建贯穿全集团的"234"财务一体化系统架构体系，建立财务中台和数据中台"2个中台"，连通战略支持层、管控层及运营层"3层应用"，完善战略支持及管控类、财务数据管理类、财务后台类及财务运营服务类"4类系统"，瞄准"以数字化驱动管理变革，实现企业管理数智化"目标，加快推进"业务+数字""财务+数字"赋能。目前，系统已实现了145家重点三级以上单位全覆盖，涵盖智能报账、财务核算、会计报表等10大模块近千项具体功能。同时，中国能建完成了业财一体化技术平台的建设，包括主数据平台、数据交换平台、接口发布评阅平台等，并根据所属企业信息化水平现状，按照"统一规划、统一标准、分步实施、注重实效"的原则，通过建立"申报一家完成一家"的机制，完成了三分之一的所属企业业财集成工作，每月约有3万余条主数据开展数据同步，推送近2万条业务单据，涉及金额上百亿。通过业财一体化集成融合，避免数据重复录入，流程重复审批，提高工作效率；同时在财务系统中能够反向查询业务系统单据，做到事前事中控制，规避资金支付风险。中国能建业财融合对接示意如图3-68所示。

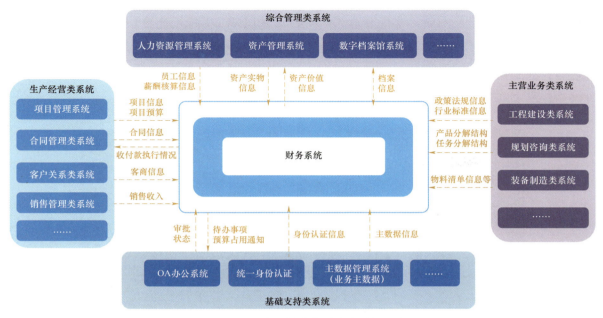

图 3-68　中国能建业财融合对接示意

中国电建围绕着集团公司财务共享"一个愿景、六大目标、三个阶段、两次转型"战略定位，开展财务共享及全球司库系统建设，严格按照国资委"一张网、一朵云、一个库"的要求，遵循"统推统建、兼顾个性"的原则开展系统建设。目前实现财务共享和全球司库管理，通过业财集成持续建设，形成业务与财务的双向融合，财务成为业务的"数字神经系统"，业务成为财务的"基因图谱系统"，打通数据通路，融消数据壁垒，实现"横到边、纵到底"的数据共享，推动企业财务转型，提升企业精细化管理水平。通过业务与财务双向融合，有序推进账户认证一体化、合同收款一体化、生产成本一体化、采购付款一体化、薪酬发放一体化、资金结算一体化、税务发票一体化、客商联查一体化的"价值创造型"财务共享体系的业财融合工作。业财融合工作稳步推进，效果初步呈现，财务管控环节前移，助力企业管理提升；业务财务数据共享，加强企业精细化管理；倒逼应用升级，提升业务系统应用深度和广度；增强部门联动，发挥内部流程核心价值；提升业财融合意识，培养业财融合人才。

3. 供应链管理

中国能建建设了"6P 一中心"供应链管理一体化平台，探索采购管理向两端延伸，采用标准、数据、架构、应用、管理"五统一"的设计理念，分别为能建客商 SMP（供应商管理子平台）、能建云采 EPP（电子采购子平台）、能建云商 ECP（电子商务子平台）、能建云造MSP（监造管理子平台）、能建云运 LMP（物流管理子平台）、能建云仓 WMP（仓储管理子平台）、供应链运营中心 SMC。"6P 一中心"供应链管理一体化平台展示界面如图 3-69 所示。该平台能从业务上实现对供应商、需求和采购计划、招标采购、合同、订单及履约、结算、供应链金融、物流、仓储、催交、监造、执行监控和分析等供应链模块一站式管理，同时对接公司内外部各类信息系统，实现穿透式、融合式管理；充分应用先进技术，吸收标杆企业的管理经验，实现了结构化招评标、电子合同、电子签章、智慧决策分析等功能，推动由传统采购管理向供应链管理蝶变。供应链一体化平台整体架构如图 3–70 所示，各子平台融合贯通，提供采购全生命周期的信息化、数字化支撑，构建供应链的生态闭环。

图 3–69 "6P 一中心"供应链管理一体化平台展示界面

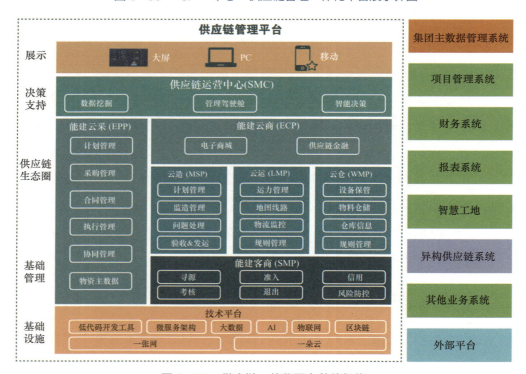

图 3–70 供应链一体化平台整体架构

4. 安环管理

中国电建围绕安全生产、职业健康及节约能源与生态环境保护集团全业务场景发展的需要，针对 HSE 管理工作点多面广、层级多、要素复杂、专业性强、管控风险大和标准要求高等难题，研发了覆盖工程建设、规划设计、装备制造、投资开发等多业务板块的 HSE 可视化智慧管理平台，实现了特大型电力工程企业集团 HSE 业务全要素、多层级、可视化智慧管理。平台由中国电建北京华科软科技有限公司承建，包括视图导航、目标职责、制度化管理、HSE投入、教育培训、设备设施、相关方管理、安全技术、作业管理、安全风险管控、隐患排查治理、职业健康、节能环保、应急管理、事故管理和持续改进 16 个安全管理标准化模块。HSE 可视化智慧管理体系如图 3–71 所示。

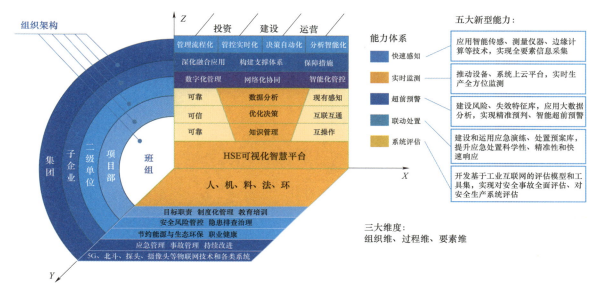

图 3–71 HSE 可视化智慧管理体系

该平台为实现"HSE 管理数字化、监督管控实时化、决策分析智能化、考核评价自动化"四化目标提供了有力的抓手，目前已在中国电建总部层级及子企业部署应用，整体应用效果良好，同时平台形成了多项专利技术等知识产权成果，并获得国资委发布"中央企业数字协同创新平台 35 项最佳实践成果之一""中国电力企业联合会 2023 年度电力科技创新大奖"等多项荣誉，其经济社会与生态环境效益显著，为电力行业高质量安全绿色发展做出积极贡献。

（三）发展趋势

电力建设企业管理数字化将继续加快集团级大平台应用建设，向集团化、一体化发展，用数据融通驱动业务贯通，赋能管理提升、降本增效，推动企业管理数字化、智能化升级，进一步依托管理数字化提升企业一体化智能管控能力建设，实现纵向总部与所属企业、横向各职能部门之间的流程贯通、数据共享、分级控权，实现管理活动控制、资源协调分配、经营风险控制，形成从"经验驱动决策"转向"数据驱动决策"，全方位提升企业感知洞察与精细化运营管控能力。

电力建设企业管理数字化坚持协同创新，促进资源整合，推动数据共享，以统一设计、统一平台建设为主导，推进共性需求规模化共建共享，用更少的投入创造更大的价值。**一是建优数字管理体系**，以数据驱动业务集成，推进人、财、物等核心资源数字化、一体化建设应用；**二是优化提升数字办公综合管理**，全面推进党工团群、纪检、巡视、法律、科技、战略、外事等各项管理流程"上线""进网"，大力推广"数字办公"，建立办文、办会、办事的一体化"网上办公大厅"，推进上下连通、左右贯通；**三是推进数据共享应用**，持续推进大数据平台、数据共享平台建设，加快系统间集成，打通信息孤岛，实现"数字通"；**四是建强数字决策体系**，持续推动数据价值化，开展财务数据智慧分析，挖掘数据价值，开展数据展示和分析利用，打造"数字大脑"，建立行业关键业务数据库和大数据模型，以"算"为基础，支持企业高质量发展。

三、数字产业化

电力建设行业数字产业化以价值为导向、以数据为核心，强化数字技术与主营业务深度融合，打造能够应对复杂场景的数字化、智能化、智慧化平台，以产业链上下游为对象进行市场化成果转化，形成新的增长点和数字经济领域的竞争优势。

（一）现状

电力建设企业基于管理数字化与业务数字化发展过程中形成的数字应用产品和技术能力，不断提升企业信息产业基础能力，利用数字化沉淀经验、靠前营销、精准估算，增加纯数字化新签合同，带动新增市场项目，进行对外提供服务赋能。一是打造"智慧电厂""智能电网""智慧水务""智慧能源""智慧城市"等数字工程产品，持续推进产业数字化创新；二是探索工程大数据、云计算、区块链等数字技术产品和应用；三是开发工程智库、知识库、行业专业库等工程数据产品。积极投入"东数西算""双碳"等国家战略领域建设，促进数字技术和实体经济深度融合，赋能传统产业转型升级，催生新产业、新业态、新模式。

（二）典型成果

1. 智慧能源

中国电建中南院研发的抽水蓄能电站数字化设计施工管控平台如图 3−72 所示。该平台以 BIM 正向设计为基础，结合 GIS 技术、BIM 技术、物联网、移动互联等新一代信息技术，深度融合抽水蓄能工程业务与信息技术应用，建立涵盖工程设计、施工建设、监控监测等主要业务的应用系统，实现 BIM 模型与现场监测信息及管控业务的有机融合，为施工建设管理提供决策支持，形成一套系统高效并适用于抽水蓄能工程设计施工管理一体化的应用平台。**一是制定抽水蓄能工程 BIM 编码体系**，为规范 IBM 模型各元素的命名、分类和属性等信息，为工程设计、施工和运营提供标准化的数据交流和管理方式，制定抽水蓄能工程 BIM 模型编码体系，涵盖模型分类及编码、模型设计、模型应用至模型交付全过程；**二是使用数字沙盘**，基于 UE4＋BIM＋CESIUM 技术实现模型融合、数据汇聚和分析，提供远程监管、大屏指挥、辅助决策能力；**三是使用全息仿真技术**，利用全息投影技术结合 BIM 模型建立动态、立体可视的虚拟仿真环境，直观呈现大坝浇筑全貌。

图 3-72 抽水蓄能电站数字化设计施工管控平台

2. 智慧城市

中国电建华东院建立的雄安新区电网数字化工程管理平台基于三维 GIS（地理信息系统）、EIM（工程信息模型）、IoT（物联网）、大数据等技术，集成电网现有业务系统，实现新区级电网项目群的数据、业务、管理的一体化升级。其综合管理界面如图 3-73 所示。该平台通过与雄安新区数字城市平台（CIM）的互联互通，实现对城市级电网项目的规划、设计、进度、质量、安全、物资、评价等建设过程全信息的综合管控，有效避免电网建设与城市建设发生冲突，缩短建设工期，减少管理成本。雄安河西 110 千伏变电站工程应用场景如图 3-74 所示。该平台根据用户在不同应用场景使用需求，打造电脑 PC 端、手机移动端和大屏展示端，分别覆盖规划管理、智慧工地、施工组织、综合项目列表和设计校核大屏等 40 多个应用场景，贯穿工程规划—设计—建设—竣工—移交运营的电网建设全周期，实现了从传统国家电网基建的节点管控到全过程精益化管理的转型升级。目前，该平台已接待国家电网系统内外不同层次调研近百余次，得到了广泛认可，已覆盖国家电网河北省各地市公司电网项目 84 个，管控项目总投资额超 40 亿元，逐步凸显出以 EIM 为核心的产业链和生态圈。

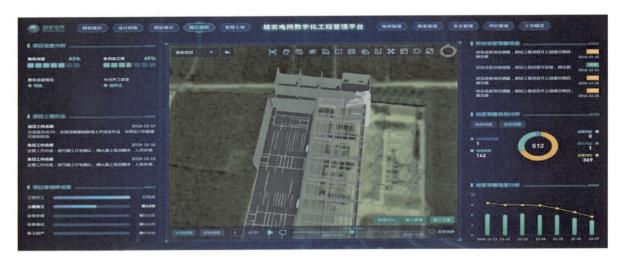

图 3-73　综合管理界面

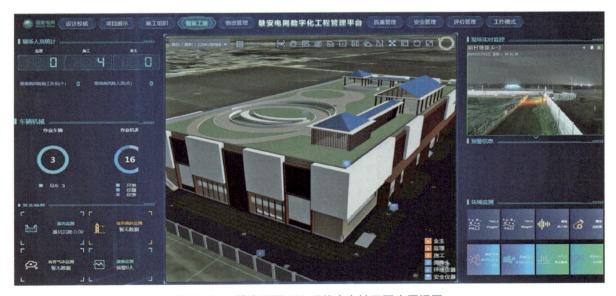

图 3-74　雄安河西 110 千伏变电站工程应用场景

3. 电力交易市场

中国能建中能智新公司研发了电力市场交易辅助决策系统，适应全国统一电力市场体系建设趋势，支撑新型电力系统建设，采用基于电力系统网络拓扑和人工智能两类主流技术路线，如图3-75所示，具备电力市场运行监测、电力市场仿真、合约管理、电力中长期/现货交易辅助决策、交易复盘等核心功能。产品具有自主知识产权、具备商业化应用条件，能够实现大规模电力系统的快速求解，对于3000节点、400台机组规模，能够在3～5分钟内完成优化求解。系统通过每时点电价预测偏差值与实际值的比值计算平均值，电价预测准确率在85%以上，达到行业领先水平。已被政府相关主管部门、各类市场主体在新型电力系统规划、电力市场设计、电力市场运行等领域予以应用。

图3-75　基于电力系统网络拓扑和人工智能两类主流技术路线

（三）发展趋势

数字产业化聚焦主营业务，利用数字化进一步读懂社会需求，创建一批能够占领市场制高点的产品，建立市场化机制，引导已有技术产品产出更大经济价值，增加新产业、新业态、新模式收入。积极参与工程建设数字化产品、能源大数据服务等新型业务，进一步加强数据获取与管理能力建设、数字化产业培育能力建设，借助市场化运营机制，与合作伙伴深度协同，实现生态化的发展，推动数字产业化取得实质性进展。

产品数字化重点关注业务工程交付产品的数字化能力和水平，利用数字化支撑企业传统业务产品的迭代升级，提升市场核心竞争力。系统策划数字产业化高质量发展。**一是培育工业（工程）软件和人工智能两大新一代信息技术战略性新兴产业**。依托行业与数据优势，聚焦能源产业链与价值链，推进传统产业改造升级，加快拓展数字化产品。**二是建立工程云**。持续推进全国电力规划实施监测预警平台、储能大数据平台、"粤碳云"平台等功能优化与应用。通过电力、算力、销力"三力"一体化推进，精细化、高标准服务国家"东数西算"工程，引领算力网电力网协同发展，为支撑国家"东数西算"和"双碳"目标贡献力量。**三是探索电力建设数字经济发展新模式**。电力建设过程中产生大量数据，研究此类数据作为生产要素产生数字经济的统计方法，建立数据接入标准和数据交易机制，让数据"供得出、流得动、用得好"，量化数据价值，不断创造新的经济增长极，实现数据赋能。倡导推进有条件的企业研发建设大数据平台，持续优化模型，提供更精准的预测、预警等服务，基于跨领域融合创新进一步提升大数据平台的智能化水平和应用能力。

第四节 电力装备数字化

电力装备是电力系统中的各种设备和装置，包括发电设备、输变电设备、配电设备等，它通过发电、输电、配电、变电和用电等环节的相互配合和协调，来实现电力系统的稳定运行和电能的高效利用。近年来，我国在大型发电、特高压输变电等领域已经达到世界领先水平。电力装备数字化是电力装备领域实现数字化转型的关键环节，技术更加先进、质量更加可靠、更加安全稳定的电力装备，对于提高电力生产效率、保障电网安全稳定运行、优化资源配置、推动绿色低碳发展等具有重要意义。电力装备制造是先进生产力与核心竞争力的关键所在，其数字化转型升级，一方面，通过研发的资源投入和产品的服务化拓展，来实现产品的迭代升级；另一方面，借力数字化、网络化和物联化等技术的发展，实现企业数字化运营能力和产业协同运营能力的阶段性提升，不断推进传统产业向高端化、绿色化、智能化转型。

一、产业数字化

电力装备制造企业深入贯彻中共中央、国务院关于新一代信息技术与制造业融合发展的决策部署，将数字化转型作为"十四五"战略发展重点，加速电力装备制造业数字基础设施建设，推进数字技术在生产过程、全生命周期管理、产业链供应链等关键环节的深度应用，企业数字化基础、技术创新、转型成效持续向好，已建成一批数字化车间、智能工厂。电力装备制造企业在转型过程中，着眼于自主技术创新能力提升，突破了一批关键技术、智能制造装备和工业软件。通过部署智能制造装备及控制系统，实现生产设备、检测装备、物流装备等实时控制和高效协作；注重将制造技术、工艺经验、工业知识沉淀为数据和机理模型，与先进制造装备相结合，建设知识库和模型库，自主研发各类相关工业应用软件，并注重数据应用新价值释放，构建"采集—汇聚—应用"的数据优化闭环，在智能工厂建设的各个领域展现出巨大赋能潜力；通过对设备加装智能传感装置和部署数据采集与监控系统，完成加工过程中异常识别和判断，提升机床利用率；通过对生产数据的分析，了解生产过程中的瓶颈和瓶颈环节，从而优化生产流程，提高生产效率。

（一）研发设计

1. 现状

一是研发设计数字化成效显著，协同研发设计能力逐步增强，不断探索在统一设计环境、设计标准情况下，实现基于研发设计云桌面的跨企业、跨地域研发设计协同；二是数字化设计仿真能力不断夯实，部分主营产品已全面应用三维软件，开展模块化、参数化设计和虚拟装配；三是积极运用云计算、大数据、人工智能等先进技术，推动研发设计的数字化、网络化、智能化。通过与高校、科研机构等合作，不断引进和培养数字化研发人才，为数字化转型提供了有力的人才保障。此外，数字化研发与产业发展的融合进一步发展。通过研发具有自主知识产权的数字化产品和解决方案，为能源、环保、交通等领域提供了高效、智能的装备和服务，推动了相关产业的升级和发展。

2. 典型成果

（1）产品三维协同设计应用推广。产品三维协同设计取得积极进展。完成三维一体化平台应用推广，初步建立了基于三维的设计、工艺、制造、检验的数字化管理体系；推进了主机业务应用三维协同设计系统，实现与 ERP 集成，并为下游的采购、生产、交付等业务环节提供数据支持。东方电气以洛宁机组为试点，完成了平台全流程应用及技术准备数据在生产现场的应用验证；在产品结构设计、工艺设计、检验设计环节，建设了以抽蓄机组和 660 兆瓦火电汽轮发电机为原型的知识库。机组模型设计知识库如图 3-76 所示。

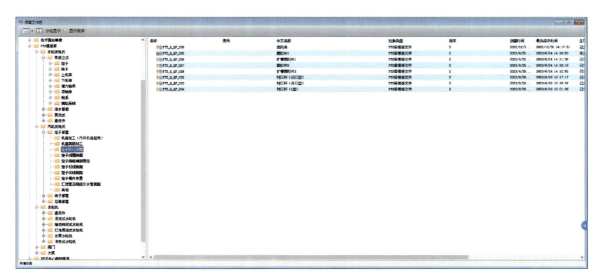

图 3-76　机组模型设计知识库

（2）产品仿真设计取得阶段性突破。为了提升研发工作的质量、效率、协同性，在结构分析的标准化、规范化、流程化、自动化、智能化、协同化，以及软件开发方面开展了研究探索，取得了阶段性成果。东方电气重点开展结构刚强度分析流程开发标准化、水电机组常规结构快速优化仿真分析系统开发、水力机械关键部件力学特性分析及工具平台研制，通过仿真计算过程标准化、规范化、参数化、流程化，为自动化、智能化仿真打下基础。

在数字化仿真方面，中国电气装备已建成国内首个高压开关多物理耦合仿真平台，集成多学科仿真软件、构建仿真云资源池，实现了高性能"云仿真""云建模""云渲染"，仿真效率提升十倍以上。中国电气装备所属西电集团升级二次设计软件 Superworks 与三维线束及布线软件，同时与 PLM 系统深度集成，优化二次设计排列图，完成 BOM 结构调整、BOM 分站下发、二次 BOM 提前发送等工作任务，实现排列图快速调用和检查便捷化。数字化研发的应用如图 3-77 所示。

结构刚强度分析流程开发标准化
- 完成抽水蓄能水力机械大部件（转轮除外）标准化、流程化、自动化计算；
- 计算效率提升至少6倍；
- 计算精度误差2%以内；
- 实现了结构化自动报告；
大幅提升效率，解决了计算分散性问题，实现了报告的结构化。

图 3-77　数字化研发的应用

3. 发展趋势

数字化产品设计与开发的前景充满机遇。AI 技术数字产品带来了新的设计理念和开发工具，也创造了对这些产品需求的新市场。通过分析用户数据，AI 可以帮助设计师和开发者更好地理解用户需求，从而创造出更加符合用户期待的产品和服务。新的交互方式的出现，如语音助手、增强现实（AR）和虚拟现实（VR）等为数字产品设计与开发开辟了新的领域，提供了新的用户体验和商业模式。数字产品开发更加依赖于数据驱动的决策，通过对大量用户数据的分析，可以更准确地预测市场趋势，做出更有针对性的设计和功能改进。研发团队更加关注保护用户隐私的同时，利用数据提升产品体验。

（二）生产制造

1. 现状

主要企业实现了核心产品生产过程的智能化和自动化。借助先进的制造执行系统（MES）、工业互联网等技术，实现了对生产过程进行实时监控和优化，提高生产效率和产品质量。通过数字化手段，实现了供应链、销售、服务等环节的协同和整合，形成全流程的数字化管理，提升整体运营效率。在业务数字化过程中也面临着一些挑战和困难，一方面，由于生产过程涉及多个环节和复杂的工艺流程，因此数字化难度较大，需要投入大量的资金和人力资源；另一方面，数据安全和隐私保护问题逐渐成为企业需要重点关注和解决的问题。

2. 典型成果

（1）核心制造的数字化车间。生产制造数字化成效明显。**东方电气集团**（简称"东方电气"）建成定子冲片"绿色无人车间"，挥发性有机物排放能够降低 70% 以上；建成国内领先的汽轮机叶片"黑灯产线"，设备利用率能够达到 90%，能源利用率提升 47%；建成行业首套容器全自动数字射线检测系统，检测效率提高达 80%；采用智能激光焊方式代替传统手工焊接方式，堆芯围筒激光智能焊接工作站实现生产线智能化，提高生产效率 50% 以上。东方电气的核心制造数字化车间如图 3-78 所示。以**中国电气装备**所属山东电工为代表的铁塔 MES 系统入选工业和信息化部工业软件优秀产品，并在多家铁塔制造企业实现推广。基于精益先行原则，积极开展黑灯工厂、无人化产线建设，铁塔板块角钢智能无人产线小线中线大线实现全系列规格角钢无人化加工全覆盖，变革了行业生产加工方式，可 24 小时不停产，加工效率大幅提升，实现机器代人和产能的持续爬坡。

叶片"黑灯"数字化车间

定子冲片"绿色无人车间"

联箱轻容数字化车间

高温部套焊接数字化车间

定子线圈数字化车间

风电主机数字化车间

图 3-78　东方电气的核心制造数字化车间

（2）真空灭弧室关键零件智能产线。**中国电气装备**所属西电集团通过攻克铜材断屑技术，深度融合工艺技术，引入先进的精益管理理念，建立一条真空灭弧室关键零件智能生产线，如图 3-79 所示，解决了断屑、工装、程序、检测等难题。从传统生产模式变转为"工位制、节拍化、单件流"的高效生产模式，实现标准零件生产节拍 76 秒，零件生产周期 5 天的行业优秀水平，产线在制品降低 60% 以上。通过在线运行监控系统、生产执行系统、智能检测系统等核心数字化手段应用，解决油水分离、设备降温、设备故障预警、质量预警、安全防护、跑冒滴漏等原有问题，有效提升产线运行稳定性及产品出产质量，实现投入产出率超过99.5%，成品率接近100%，产品一致性接近100%。

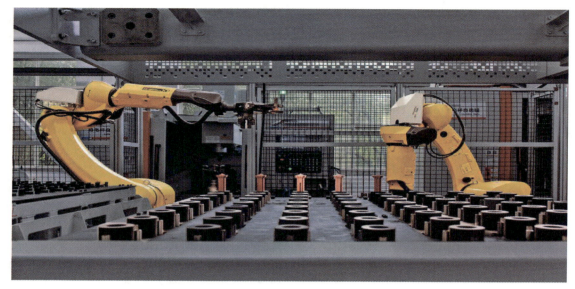

图 3-79　真空灭弧室关键零件智能生产线

（3）搭建高柔性连续流产线。**中国电气装备**所属西电集团通过智能制造装备硬件部署、工序模块化重组，搭建高柔性连续流产线，实现生产制造全流程打通、生产试验数据自动采集、设备资产及能源的平台化管控，建立了单件连续流作业模式，解决了电流互感器产品种类多、不同种类产品生产工艺不同的问题。通过 APS 高级计划排产，实现了智能柔性装配生产。建立 WMS 仓储管理系统并上线运行，通过精准配送计划、实现精细库存管理和高效物流配送，降低库存量。以流程驱动业务开展，与 ERP、ESB 和车间检验设备进行集成，实现任务自动生成、数据自动采集，提高业务效率。实施场景后操作人员从 22 人减少至 19 人，加工效率提升了 25%，产品一次交检合格率提升了 1.5%，年人均生产量增长 48%，产品生产节拍缩短 25%。

（4）智慧安装助力特高压工程建设。**中国电气装备**所属西电集团运用现代信息技术手段，提高关键工序及工艺标准化程度，提升变电设备现场安装水平与质量管理能力，加强主设备安装生命周期信息可追溯性，支撑特高压主设备质量管控体系建设，保证主设备安装质量始终处于"受控""能控""在控"的状态。建立完整的设备安装体系，全面提升工作效率。现场智慧安装与物联网智能化融合发展，实现了特高压变电站开关主设备现场安装全过程管控，提升了特高压产品安装质量管控数据的真实性、准确性和及时性。现场安装智慧管控平台如图 3-80 所示。

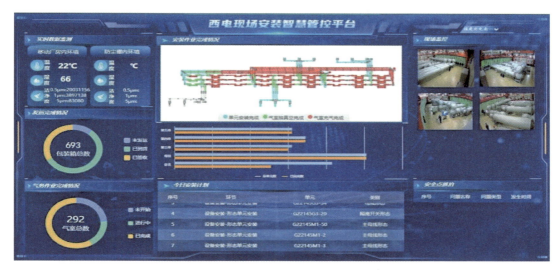

图 3-80　现场安装智慧管控平台

（5）智能协同作业——角钢智能无人生产线。**中国电气装备**所属山东电工电气集团的角钢智能无人生产线如图 3-81 所示。该生产线自主设计研制，对角钢仓储、物流、制孔、切角、打标、检验、成品码垛等加工工序的智能化生产逐一进行专项技术攻关。该生产线共投入 6 台智能机器人，实现自动解垛上料、自动搬运、自动切角及自动码垛等功能。创新开发运用线边背包式智能立体仓储系统、智能 3D 视觉识别技术、多机器人协同作业、智能传送分拣系统以及数字化控制系统等智能技术，成功实现了角钢加工控制系统智能化、生产过程无人化、多工序集成化，属于国内外行业首创，对推动输电铁塔制造业智能化进程和高质量发展有着重要意义。

图 3-81　角钢智能无人生产线

3. 发展趋势

智能制造将引领电力装备制造的革命。随着智能电网的建设和电力系统的智能化，未来电力装备将是功能强大的智能装置。智能制造将突破传统电力设备生产的限制，实现多品种、小批量、高质量、高效率的生产，提高电力设备的精度和稳定性；5G 技术将能够实现设备之间的互联互通和数据传输，使得现场运维和设备调试更加便捷和高效；新型材料将助力电力装备制造的转型，如 3D 打印、光纤增强塑料等，将大大提升电力装备的耐用性、稳定性和非接触式维护性。

（三）经营管理

1. 现状

积极采用数字化工具和技术来优化其管理流程，包括采用先进的制造执行系统（MES）、企业资源规划（ERP）系统以及供应链管理软件等工具，来实现生产、物流、销售等各环节的数据化、自动化和智能化管理。通过对生产数据、销售数据、客户反馈等信息的深入挖掘，更加准确地了解市场需求、产品性能以及运营效率等方面的情况，从而做出更加科学、精准的决策。然而，管理数字化仍面临一些挑战，一方面，由于电力装备制造流程复杂、产品种类多、定制化需求高，这给数字化管理带来了较大的难度；另一方面，部分企业对数字化转型的认识不足，缺乏明确的转型战略和规划，导致数字化管理推进缓慢。

2. 典型成果

（1）生产计划协同体系的构建。着力推进计划协同体系的构建。东方电气东方汽轮机有限公司的计划协同体系如图 3-82 所示，通过 MES 系统及时将生产进度、工单状态、任务状态、资源状态反馈到 APS，并根据 APS 排定的工序级作业任务，分配到指定工位，并拉动相

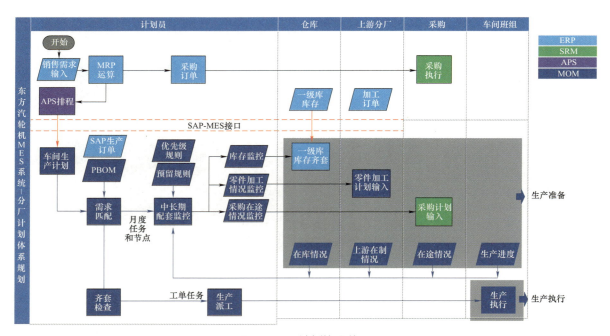

图 3-82 计划协同体系

应的物流准备，实现现场的准时化生产；根据车间实际计划和项目信息，滚动匹配各订单准确的需求时间，用于协调和监控上游生产、外协、采购计划，实现装配产线对前端零件供应的在线拉动，提前发现重大异常，保障了生产计划的稳定性。

（2）能源管理迈上新台阶。充分利用智慧能源管理系统平台，挖掘节能潜力，加强能源绩效管理，提升企业在能源方面的精细化管理。一是实现海量能源数据自动感知，8 种能源（或工质）近 1000 个设备仪表终端、20000 个数据测点的远程自动采集存储；二是降低人工成本 40%以上，实现自动报表统计、能源自动结算；三是提升管理效率 30%以上，打通能源与企业其他部门之间的信息孤岛，实现能源装备、生产车间、工艺部门、环保安全、企业管理、财务等多个业务部门数据共享、协同管理；四是助力企业节能减碳，公司万元产值综合能耗用能降 35.09%以下，二氧化碳排放量下降 21.94%。智慧能源全景智能感知如图 3−83 所示。

图 3−83 智慧能源全景智能感知

（3）安全生产风险管控更加人性化。**中国电气装备**所属山东电工电气集团自主开发安全生产风险管控平台，如图 3−84 所示。该平台主要实现安全管理业务目标、投入统计、隐患排查、应急、培训考试以及环保、职业健康管理业务的数字化管理，实现远程生产现场视频接入。支持对危险源进行网格化管理，通过二维码链接互动确保不同层级危险源巡检无死角。目前已实现集团本部及所属单位全覆盖应用，实现安全生产、环境保护、职业健康等安全业务规范管理，确保安全管理可视、可查、可追，助力安全稳定生产。

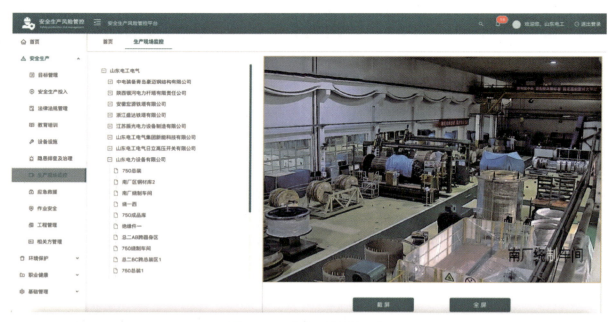

图 3-84 安全风险管控平台

（4）B2B 电商平台。**中国电气装备**自主开发 B2B 电商平台，如图 3-85 所示。其核心功能包括零部件超市、询价采购、产品销售专区、运营管理后台等模块。实现采购供应全流程信息化、智能化，保障采购供应业务服务"不间断"、监督"无盲区"。该平台面向发、输、变、配、用及新能源等电力系统各环节，整合电气装备产业链各方资源，构建平台化、智慧化、生态化的数字化信用体系，打造集招采、交易、物流、金融及技术等综合服务为一体的电气装备大宗物资交易平台。

图 3-85 B2B 电商平台

3. 发展趋势

企业通过收集和分析大量的运营数据，实现数据驱动的决策模式。这种模式有助于企业更准确地把握市场动态、优化生产流程、降低运营成本，并提升产品质量和客户满意度。由于数字化管理的逐步推进，使得企业能够对各个环节实现精细化管理，通过数字化手段，企业可以实现对供应链的实时监控和优化，及时发现并解决问题，提升运营效率。

大部分企业开始构建数字化平台，整合内外部资源，实现平台化运营，这有助于企业提升协同效率。加强与互联网、大数据、人工智能等行业的跨界融合，通过技术创新和业务模式创新，推动企业实现转型升级。

二、数字产业化

电力装备制造行业在传统工业领域技术知识沉淀基础上，利用新一代信息技术，加快数字化转型工作，不断创造新产业新业态，从实体的生产制造基地、生产设备供应商转向数字化业务解决方案供应商等。通过产品的服务来价值延伸，依托产品数字化和智能化，为企业的远程运维支持、用户运维能力保障及运维过程与制造过程协同提供成套的、场景可定制的、功能可配置的运维与能力保持支撑技术和工具化系统平台。

（一）现状

数字化装备行业，特别是数字化制造领域，经历了显著的发展，电力装备领域通过人工智能、大数据、物联网等数字技术应用，围绕智能研发、智能生产、智能服务等新经营发展模式，扎实推进"数实"融合，持续推动电力装备行业数字经济创新发展。电力装备企业具有广泛的数字化转型需求，为数字技术应用提供业务场景，加快技术创新、模式创新与传统制造行业相融合，构建数字产业新发展集群。

（二）典型成果

随着新型电力系统建设和"双碳"目标实施，数字技术如人工智能、区块链、边缘计算等与电力系统的融合应用正在改变电力系统的结构和技术特征。电力装备制造企业结合电力行业数字化发展趋势，以新一代信息技术与核电业务深度融合为主线，突出数据驱动、平台服务和创新应用，以数字化培育新动能，探索5G、集成电路、人工智能、大数据、云计算、区块链等数字化产品探索。

1. 数字化产品

（1）高端工业控制（PLC）平台。**中国电气装备**所属许继电气研发的高端工业控制（PLC）平台，实现从硬件芯片到操作系统以及编程环境和运行时系统，拥有自主知识产权并能够独立生产的高端可编程逻辑控制器，具有更高的安全性、稳定性和可靠性，并且可以更好地满足国内市场的需求，如图3-86所示。在已有HCM3000控制保护平台，HCM5000控制保护

平台及 HCM5000G 控制保护平台研发基础上，研制高端工业控制（PLC）平台和大中型 PLC
两个产品系列。

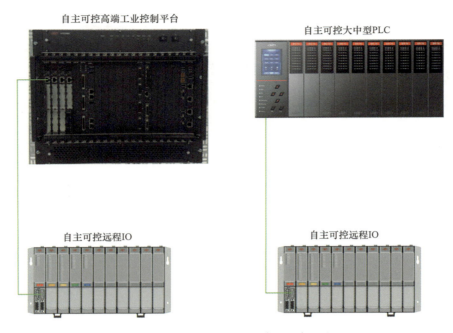

图 3-86 高端工业控制（PLC）平台

1）高端工业控制（PLC）平台。GLE3000 高端工业控制平台技术路线源于西门子的高端
大型工业控制平台 SIMADYN D，该平台除应于用高压直流输电领域外，还可应用于冶金，
石化、轨交，核电等需要多 CPU 并行运行计算且快速响应的大型闭环控制系统中。

2）大中型 PLC。GLC3000 主要对标西门子 SIMATIC S7-1500/400 开发，在外观尺寸、
模块功能分配、使用方式上尽量与其保持一致；采用完全自主可控芯片和操作系统设计，计
算能力强，支持 Profinet 现场总线，还支持 Profibus-DP、EtherCAT 等主流现场总线，带点能
力覆盖大中型 PLC；支持多核 AMP 模式和多主处理器并行计算。

（2）工业边缘侧产品。**东方电气**基于自主可控 5G 模组，开发了 5G 工业边缘计算网关产
品，如图 3-87 所示，通过高性能边缘通用控制器、实时工业以太网/TSN，构建起自主的 5G+能
源装备工业互联网应用层与边缘层技术研发平台，在边缘侧实现数据接入、协议转换、边缘
数据处理/AI 分析、数据传输等功能。目前已应用于锅炉蛇形管焊接数据采集。

2. 数字化技术服务

（1）IES8210 数字特高压变电站系统。**中国电气装备**所属许继电气自主研发的 IES8210
数字特高压变电站系统，如图 3-88 所示。该系统围绕远程运维、人工智能、数字孪生几个
体系，实现了设备信息监视、全景总览、预警决策、班组信息管理及现场作业五大类应用。

通过对汇聚接入的监测数据进行标准化建模，实现了特高压站设备主动预警和智能诊断。该系统目前已在泰州、盱眙、张北等 6 座特高压变电站建设投运，IES8210 数字特高压变电站系统大大提升了设备智能化、业务数字化、管理精益化水平，有力推进了电力设备管理的转型升级，保障了特高压变电站安全稳定运行，市场前景广阔。

图 3-87　5G 工业边缘计算网关产品

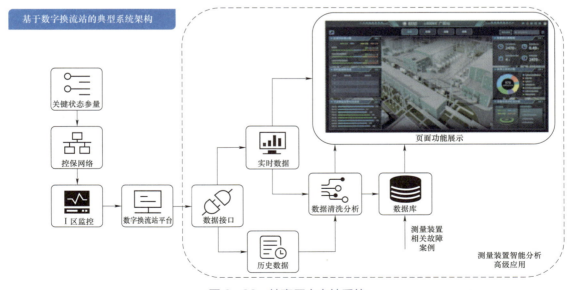

图 3-88　特高压变电站系统

（2）电气装备数字孪生平台。**中国电气装备**所属山东电工电气集团自主研发的电气装备数字孪生平台是一套通用的数字孪生基础平台，从连接层、数据层、映射层、仿真层及决策层实现对电力能源数字孪生业务场景的开发、交付和运维支撑，以满足数字孪生业务的纵向深入和横向拓展。该平台面向综合能源、智能制造、配电感知等领域的数字孪生体，建立设备故障诊断分析预测模型，在虚拟环境中实现仿真、测试和优化，预测潜在问题并进行改进，从而减少了传统验证方式的时间和成本，降低投入的成本，提高生产效率。电气装备数字孪生平台界面如图 3-89 所示。

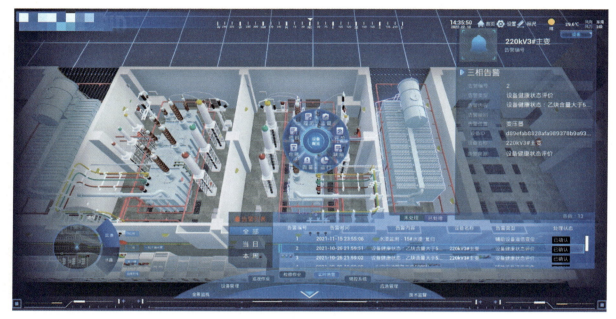

图 3-89　电气装备数字孪生平台界面

3. 发展趋势

未来，电力装备数字化发展主要包括设备数字化和网络数字化。设备数字化主要体现在数字技术应用从主网向配网延伸，逐步覆盖电力系统发、输、变、配、用全环节；设备数字化从设备外特性向内特性深化发展，逐步实现设备结构、设备元件的数字化，设备信息采集更为全面、准确、高频、智能。在网络数字化方面，网络、算力、数据和算法的发展进步，新一代人工智能算法在新能源设备建模、设备缺陷识别、负荷预测、网络优化等领域具有广阔的发展空间。新型电力系统背景下，数字技术将逐步覆盖源、网、荷、储等全环节，构建新型电力系统在信息空间的完整映射，支撑系统具备更大范围的资源配置能力、灵活调节能力、安全管控与保障能力和快速响应能力，并满足碳排放、碳交易、信用等级评估、城市治理等多元化的外部需求。

综上所述，电力装备制造企业的数字化转型是一个全方位、多层次的过程，涉及技术创新、生产流程优化、服务模式升级以及产业生态构建等多个方面。随着数字技术的不断进步，这些趋势将为电力装备制造企业带来新的发展机遇。

第五节 新兴产业数字化

一、源网荷储

（一）现状

新能源发展方式以西南地区的"水风光储"、三北地区的"风光火储"为主，华中、华东部分地区通过"源网荷储"开发较为分散的新能源资源。如何科学规划各类型多能互补基地、"源网荷储"互动，成为行业前沿热点。"源网荷储"协同是新型电力系统的基本形态特征，旨在全面提升新型电力系统全环节可观、可测、可调、可控水平，提高电网资源配置能力、清洁能源消纳能力、多元负荷承载能力。

（二）典型成果

1. 国家电网"源网荷储"协同互动

2023 年，重点聚焦虚拟电厂资源调控、低压分布式光伏调控、空调负荷调控、车网互动、微电网互动管理等典型场景，评出首批 23 个"百佳"示范重点培育项目，取得良好示范效应。

虚拟电厂是"互联网＋源网荷储"的数字化能源管理系统，通过"聚合＋通信"的方式，把散落在用户端的充电桩、空调、储能等分布式资源整合起来并实现协调优化，以作为特殊电厂参与电网运行和电力市场，好比"看不见的电厂"。虚拟电厂运行原理如图 3-90 所示。虚拟电厂调控与运营平台是实现用户负荷资源良好互动的"中枢"。随着新型电力系统建设的不断推进，虚拟电厂在全国范围内快速发展，多个省份加速布局相关项目。截至目前，国网冀北电力、国网山西电力、国网上海电力、国网江苏电力等均开展了虚拟电厂试点建设。国网冀北电力虚拟电厂作为第三方主体聚合用户，实现持续在线响应电网 AGC 调控指令，接入资源包含蓄热式电采暖、可调节工商业、智慧楼宇、智能家居、用户侧储能等。每年 11 月到次年 3 月以报量报价的方式参与华北调峰辅助服务市场，主要是在后夜风电大发、电网低谷调峰困难时段，调动资源迅速拉升低谷用电负荷。国网山西电力在国内率先实现现货市场下的虚拟电厂运营模式，创新探索需求响应的市场化形态，打破传统"邀约式"虚拟电厂，步入虚拟电厂第二阶段"交易型"，通过市场化手段实现电网系统的电力平衡灵活调节，一方面平抑峰谷差，提升电网安全保障水平；另一方面促进新能源消纳，降低"三弃"电量，为打造源荷良好互动的新型电力系统发挥了积极的示范作用。国网上海电力建设上海黄浦区商业建筑虚拟电厂示范项目，截至 2023 年，平台接入商业建筑的覆盖率超过 50%，覆盖楼宇空调、照明、充电桩、储能电池等多品类资源。2023 年，申报虚拟电厂领域首个正式立项的国家标准《虚拟电厂资源配置与评估技术规范》，6 月首次接入数据中心型用户资源，7 月全面启动虚拟电厂实测能力验证，上海虚拟电厂技术正式进入实用化元年。国网江苏电力在扬州、苏州、泰州打造县域级虚拟电厂。扬州虚拟电厂项目一期由高邮市人民政府与国网扬州供电公司共同倡议，国网信通产业集团负责开发建设，基于"绿心"高邮城市综合能源服务平台实施，一期"绿心"虚拟电厂已初步接入 11 家工商业用户，负荷总计 35.6 万千瓦，涵盖楼宇空调、工业、电动汽车。通过虚拟电厂协调调控，最大调节容量 3.1 万千瓦，最长调节持续时间 2 小时。

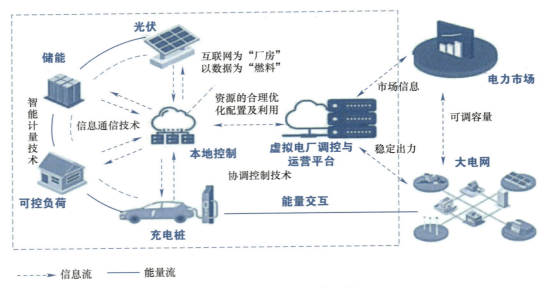

图 3-90 虚拟电厂运行原理

国家电网加快车网互动建设，通过聚合公共桩、个人桩、V2G 设施等各类可调负荷资源，打造统一聚合精准预测与调控能力，组合参与需求响应、辅助服务、绿电交易等电力市场，实现电动汽车与电网高效协调互动，助力电网平稳运行，促进新能源汽车与可再生能源融合发展。支撑上海、浙江、四川 3 省参与迎峰度夏电力保供，聚合充电站 1100 个、充电桩 8074 个，参与削峰需求响应与削峰辅助服务 36 次，削峰电量 15 万千瓦·时。

2. 南方电网虚拟电厂运行管理平台

南方电网深圳供电局建成国内首个网地一体虚拟电厂运营管理平台，平台采用"互联网＋5G＋智能网关"的先进通信技术，打通了电网调度系统与聚合商平台接口，实现电网调度系统与用户侧可调节资源的双向通信，可满足电网调度对聚合商平台实时调节指令、在线实时监控等技术要求，为用户侧可调节资源参与市场交易、负荷侧响应，实现电网削峰填谷提供坚强技术保障。目前已接入分布式储能、数据中心、充电站、地铁等类型负荷聚合商 14 家，接入容量达 87 万千瓦。未来深圳虚拟电厂将加快推动分布式光伏、用户侧储能、V2G等分布式能源接入虚拟电厂集中管理，探索开展分布式能源市场化交易平台建设、运营和管理，研究分布式能源交易及消纳量的核算、监测和认证，配合开展绿电交易业务，并提供相关服务等工作。预计到 2025 年，深圳将建成具备 100 万千瓦级可调节能力的虚拟电厂，逐步形成年度最大负荷 5%左右的稳定调节能力。

3. 中广核虚拟电厂运营管理平台

中广核新能源基于云计算和大数据平台构架，以山东、深圳、上海为试点搭建了多区域、多市场、多品种的虚拟电厂统一运营管理平台，如图 3-91 所示。该平台完成可控负荷、充电桩、储能、分布式能源等多类型共计 106 万千瓦的资源接入，通过平台的聚合和协调控制技术实现各类资源作为一个整体参与需求响应、辅助服务和电能量交易，实现了实时接收调度指令并对高灵敏度资源的实时优化调度，促进电网安全、稳定运行。平台应用至今累计为电网贡献调节量近 2500 兆瓦·时，削峰综合节能量约 300 兆瓦·时。

图 3-91 中广核虚拟电厂运营管理平台

4. 多能互补、"源网荷储"两个一体化关键技术及平台

中国电建中南院应用数学优化算法、启发式经验策略法、大数据等技术手段，实现了多能互补容量配置领域的技术突破，系统性地构建了一套多能互补容量配置计算的技术实现路径，在"水风光储""风光储""风光水储""风光火储"等多种多能互补模式工程级应用领域作出了积极探索。成果经国内西藏藏东南"风光水储"、广西红水河、河南三门峡"风光火储"多能互补基地、非洲重点国别高比例可再生能源多能互补等项目验证，有效支撑了全国十余个省区的多能互补项目规划，在规划进度和质量控制中产生了良好的经济效益和环境效益。中南院自研的"源网荷储"配置模型可用于风光蓄火氢热储等多能源电源配置，广泛应用于全国各地上百个"源网荷储"规划项目，服务于前期、规划、可研阶段的数值模型配置计算。多能互补、"源网荷储"两个一体化关键技术及平台如图3-92所示。

图 3-92　多能互补、"源网荷储"两个一体化关键技术及平台

5. "源网荷储"智慧联合控制平台

中国能建中能智新公司搭建的"源网荷储"智慧联合控制平台充分利用物联网、大数据和人工智能技术，聚合风、光、水、火、储及可调负荷等多种资源，一方面满足运营范围内"源网荷储"资源的统一调控与管理，实现新能源最大化消纳，降低生产成本；另一方面为"源网荷储"项目作为整体参与电网需求响应、辅助服务及现货交易等多种场景下优化运行提供支持，使系统"全面可测、精确可控、自主可调"。该平台具备主辅设备监视控制、电能计量、电能质量监测、故障信息系统、次同步振荡监测等监测监视及控制功能，同时基于风光功率预测、负荷预测、发用电计划、负荷辅助决策及一体化联合控制等高级功能，为系统提供调峰、调频、调压、惯量响应等调节能力，满足项目并网运行的相关要求，实现"源网荷储"项目各发电单元及可调负荷统筹优化协调控制及智慧辅助决策应用，对内实现智慧控制，对

外实现电网友好。"源网荷储"智慧联合控制平台产品功能架构如图 3-93 所示。

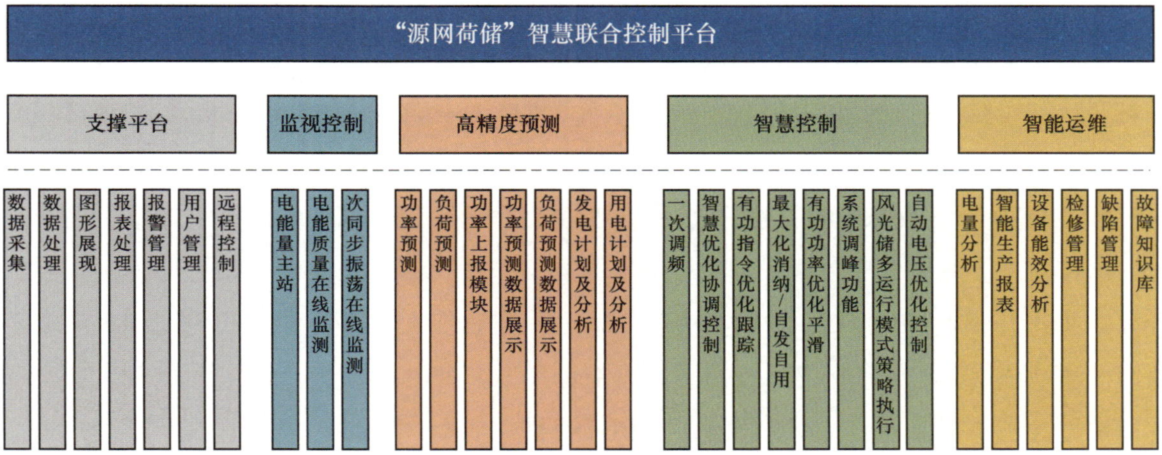

图 3-93　"源网荷储"智慧联合控制平台产品功能架构

（三）发展趋势

围绕建设新型能源体系和新型电力系统的总目标，探索多能源品种和"源网荷储"协同调度机制。依托多能互补发展模式，探索流域水风光一体化基地联合调度机制以及"风光水火储"多品种电源一体化协同调度机制，提升大型可再生能源基地整体调节性能。推动"源网荷储"一体化、负荷聚合商等主体作为整体接入公用电网并接受电网统一调度，实现内部多主体的协同优化，进一步推进区域（省）级、市（县）级、园区（居民区）级"源网荷储"一体化协同发展。

二、能源＋服务

（一）现状

随着社会经济的快速发展，传统的单体式能源业务已逐渐难以满足多样化的用能需求，以电为中心、融合多种能源形式的一体化综合能源服务业务已成为"能源＋服务"的重要发展方向。通过平台化发展模式，应用"云大物移智链"等新一代数字技术，整合多种能源资源和服务，为用户提供集中、高效、智能的能源管理平台，发挥着愈发重要的作用。

（二）典型成果

1. 国家电网智慧能源服务平台（能源＋产业链）

国家电网推广建设智慧能源服务平台，深度融合"能源＋信息"技术，协同互动"电源、电网、负荷和储能"电力供应链，智慧互联"能源服务、用能管理、设备制造、技术支持"等能源产业链，协同互济"电、气、热、冷"等能源形式，打造全社会用能信息广泛采集、客户能效在线分析、用能优化科学决策、需求响应实时管理、"源网荷储"协调互动等功能。促进客户侧用能清洁化、智能化、高效化，推进"电为中心、网为平台"的综合能源服务业务发展，提升客户用能获得感。

2. 国家电网企业级气象数据服务中心（能源＋气象）

国家电网企业级气象数据服务中心是各类气象数据汇聚共享的重要设施，实现各类气象数据的统一汇聚，提供精准、专业、开放共享的气象数据与分析服务，具备跨时序、多尺度、全覆盖的基础气象服务能力及电网设备融合分析能力。国家电网完成企业级气象数据服务中心顶层设计、平台建设、数据共享分发、场景构建等工作，建成企业级气象数据服务中心，接入中国气象局、地震局实况观测、气象预报等权威公共气象数据 334 项，汇聚七大气象灾害监测（预警）中心覆冰、舞动、山火等电力专业气象数据 65 项，并将气象数据分发至国家电网 27 家省公司气象中心，构建了气象数据统一汇聚管理、统一分发共享机制，沉淀 33 项公共气象服务，叠加电网一张图实现设备影响范围分析，支撑输电线路防雨雪冰冻、气象支撑应急指挥等场景应用，发挥了重要作用。国家电网企业级气象数据服务中心界面如图 3-94 所示。

图 3-94　国家电网企业级气象数据服务中心界面

3. 交能融合智慧能源管控系统（能源＋交通）

中国能建广东院面向交能融合、建能融合及园区综合能源等典型场景研发了交能融合智慧能源管控系统（能源＋交通），该系统利用人工智能等技术，通过对区域内数字孪生全景监控、碳排放多维度监测实现智慧能源全景监测；通过光伏发电全路域调控、服务区绿电调控、电动汽车充电负荷预测实现"源网荷储"一体化；通过交通流量预测、车能协同运行、重点车辆管控、光伏电站智能运维实现车路能智慧运维管理。该系统通过实现高速公路"源网荷储"协调调度、交通能源设施智能运维、零碳服务区智慧能源调控等应用，大幅提高绿色能源自洽比例，在山东枣菏高速交能融合示范项目中应用实践，综合降低交通能源运维成本约20%。山东枣菏高速交能融合示范项目全景如图 3–95 所示。

图 3–95　山东枣菏高速交能融合示范项目全景

（三）发展趋势

"能源＋服务"正迈向智能化、绿色化、综合化和市场化，以满足日益增长的高效、绿色、智能等用能需求。通过运用新一代数字技术，实现能源系统的智能优化和管理，促进能源的高效利用和节能减排。在此过程中，"能源＋服务"也面临着技术创新、政策适应和市场变化等挑战，能源行业应进一步加强技术创新、持续优化业务模式，为用户提供更加智能、绿色、高效的综合用能服务。

第四章

数据赋能业务发展

数字经济时代，数据要素的合理流通和充分利用，是推动产业变革、提升生产力水平的关键因素。2024 年政府工作报告强调，要深入推进数字经济创新发展，促进数字技术和实体经济深度融合，深化大数据、人工智能等研发应用，健全数据基础制度，大力推动数据开发开放和流通使用，对加快构建以数据为关键要素的数字经济、发展新质生产力提出了更高要求。2024 年 1 月 1 日，财政部发布的《企业数据资源相关会计处理暂行规定》正式开始实施，从政策角度将数据资产明确入表。中国高度重视数据资源的整合共享和开发利用，作出组建国家数据局的决策部署，赋予国家数据局协调推进数据基础制度建设，统筹推进数字中国、数字经济、数字社会规划和建设，协调推进数字基础设施、负责数据领域国际合作等职责，以更好统筹发展和安全，充分发挥数据的基础资源作用和创新引擎作用，不断做强做优做大数字经济，发展新质生产力，为促进高质量发展、构建新发展格局提供有力支撑。

第一节　数　据　治　理

数据治理是企业实现数据资产最大化价值的关键环节。通过构建完善的数据管理框架、制定统一的数据标准和规范、确保数据质量和安全，数据治理能够有效提升数据的准确性、可用性和可靠性。它不仅能够促进企业内部数据的共享与协同，优化业务流程，还能为企业的战略决策和业务创新提供有力支持。数据治理的成功实施，是企业数字化转型的基石，有助于企业实现更高效、智能地运营和持续发展。

数据治理在电力行业开展的意义深远且重大，它不仅是电力行业数字化转型的基石，更是推动行业创新、提升运营效率和服务质量的关键所在。**电力行业开展数据治理的意义在于**，随着电力行业对数据依赖程度的日益加深，数据治理的重要性愈发凸显。面对日益复杂的数据环境和多变的业务需求，如何进一步提炼和总结这些实践经验，提升数据治理水平，已成为电力行业数字化转型的重要课题。在确保数据质量、保障数据安全以及实现数据价值最大化等方面，电力企业通过融合行业优秀实践理念，经过多年尝试与积累，逐渐展现出各自的数据治理亮点。

（一）明确数据治理顶层规划

电力行业通过明确数据治理的顶层规划，构建统一、高效、安全的数据治理体系，实现数据资产的全面管理、优化利用和价值最大化，推动电力行业数字化转型和智能化升级。为企业提供了全局性、战略性的视角，以明确数据治理的目标、方向和原则，并为治理工作提供了系统性和前瞻性的指导。通过顶层规划，电力行业领军企业能够确保数据治理的整体性，有效防止数据孤岛和重复建设，从而提高数据治理的效率和效果，为企业创造更大价值。国家能源集团通过强化数据治理，构建"1+M+N"数据体系和"分域分级""双域长负责"治理模式，荣获 DCMM 优化级五级认证及多项殊荣，以"筑体系、促三化"为目标形成特色数据管理体系，引领行业智能化运营新典范。国家电网以"三融三化"为战略指引，强化设计引领，实施"十大工程"，聚焦生产和业务支撑，推动数字化转型和高质量发展。中核集团以数据标准一致、安全可控为目标，参照 DCMM 和 DSMM 标准建立数据治理体系，推动数据标准化和协同化应用，规划数据平台能力，形成可推广的数据管理体系及解决方案。中国华能通过规划治理体系、建立共享流程、实施试点项目、交流学习等方式，锻炼了团队，探索了有效机制，完善了组织机制与标准规范，确保数据管理权责明确。随着数据管理流程的落实和协同加强，电力行业将夯实数据治理基础，提升运营效率，实现数字化转型和高质量发展，并持续创新以应对未来挑战和机遇。

（二）构建数据治理组织

电力行业通过构建包括决策层、管理层和执行层在内的数据治理组织，确保数据治理的顺利实施和持续优化，为行业的数字化转型和高质量发展提供有力支撑。数据治理组织的角色是不可或缺的。通过完善数据治理组织体系、强化数字化建设、优化工作机构及推进自主可控应用，显著提升了数据治理水平，为数字化转型和高质量发展提供了坚实支撑，奠定了企业可持续发展的基础。国家能源集团通过"双域长负责，分域管控，分级治理"强化数据治理、完善制度机制，通过"云—边—端"扩容数据湖、"全量归集、统一管理"建立数据中台与卓越运营机制，构建了高效、完善的数据治理体系，有力支撑了企业数字化转型和高质量发展。中国大唐通过成立"数字大唐"领导小组、调整机构、优化岗位和增强网络安全措施，全面加强了数字化管理机制体制，推动数字化转型进程。中国华能通过优化数字化组织机构、成立数字化中心、增设直属单位科技信息部，强化了数字化专业力量，完善数据治理制度，推动数字化转型和高质量发展。**国家电投**成立自主可控应用领导小组并设立首席网络安全官，以一体化管理推进自主可控、数字化转型和网络安全，彰显坚定决心，为公司持续发展奠定坚实基础。**中广核**通过建立数据治理委员会、数据治理办公室和数据运营中心构成的组织体系，实现了数据管理的高效有序开展，形成了横向协同、纵向管控的一体化格局。数据治理组织在数据治理中居核心地位，作为策划者、推动者及守护者，确保数据标准化、规范化利用，协调数据共享流通，构建高效数据治理体系，助力企业数字化转型和可持续发展。

（三）建立健全数据治理制度

电力行业通过建立健全数据治理制度，确保了数据的有效管理、安全使用和高效利用，**为行业的数字化转型和可持续发展提供了坚实的制度保障。**在数据治理中扮演着至关重要的角色。完善的制度体系是确保数据质量、安全和有效利用的基础，为企业的数字化转型和高质量发展提供了坚实的制度保障。**国家能源集团**通过编制《数据资产管理办法》及系列数据制度规范，全面覆盖数据战略、治理、架构、应用、安全、质量、标准与全生命周期，为数据管理提供坚实支撑，推动集团高质量发展。**南方电网**积极贯彻国家战略，制定并推进数字化转型，成功构建云数一体的技术平台，实现多方互联互通，形成高效数字化运营体系，为持续发展和行业转型贡献力量。**中国华能**通过构建稳健的网络安全防线，实施"五个不"要求，布局"四个一"重点工作，推动自主可控能力，全面提升网络安全防护水平，确保电力网络安全稳定。**中国华电**修订数字化管理办法，构建完善制度体系，强化网络安全能力建设，通过监测预警和应急预案，确保网络安全，为数字化工作提供坚实保障。**中广核**基于 DAMA 数据管理知识体系理论和数据管理能力成熟度评估国家标准，参考业界先进实践，基于中广核数据治理现状，构建了"1+9+N"数据管理制度体系，全面促进数据管理规范化、标准化和高效化，为企业数字化转型和高质量发展提供坚实保障。完善的制度体系是保障数据质量、安全和有效利用的关键，通过明确职责、规范流程、提供监督评估机制，推动数据治理水平提升和企业数字化转型。

（四）构建多层次技术架构

电力行业通过构建感知、网络、平台与应用等多层次的技术架构，实现数据的智能化采集、高效传输、集中管理与智能应用，为高效运营和智能化转型提供了坚实的技术支撑。技术架构的稳固建立是电力行业数据治理的基石，确保数据质量、安全及流通，提供先进技术支持和工具，最大化数据价值，提升治理效率，为决策制定和业务创新提供有力支撑。**国家能源集团**成功推进数据湖建设，构建统一数据治理体系，实现数据资产集中管理，提升数据价值，支持业务发展和数字化转型。**中国大唐**通过数据管控，构建了全面业务数据指标库，实现了新能源监控升级与数据湖建设，为科学决策和 AI 应用奠定了坚实基础。**中国华能**以物资采购为试点，通过数据共享平台，完成核心数据指标的拆解和认证，构建全面数据资产目录，统一数据标准，实现数据质量持续监测，为数据分析、挖掘和业务创新奠定坚实基础。**中国电建**在国资国企在线监管平台升级、数据体系建设、农民工实名制信息平台及生产安全应急管理数字化建设等方面均表现卓越，荣获多项行业内外大奖，展现了其在数字化管理领域的领先地位。**南方电网**成功构建电力人工智能样本库，突破算力技术瓶颈，上线数百项 AI 组件并推进大模型研发，为电力行业智能化奠定坚实基础。技术架构是数据治理的基石，确保数据质量、安全性和流通性，通过先进技术支撑数据有效管理、分析和利用，最大化数据价值，支持企业决策和业务创新。

（五）提升数据质量

电力行业通过优化数据采集、处理、存储和分析等流程提升数据质量，确保数据的准确性、完整性、一致性和时效性，以支撑电力业务的决策分析和智能电网的高效运行。高质量数据驱动电力系统安全、高效运行，支持科学决策、优化资源配置、提升运营效率及客户满意度，是电力行业发展的核心动力。**国家能源集团**通过专项治理显著提升数据质量，优化数据结构和模型，释放数据价值，实现更高效的数据服务，为业务数字化管控提供坚实支撑。**国家电网**践行"以用促治"原则，围绕核心业务开展常态化数据治理，优化基础数据质量，提升全员数据治理意识，为数字化转型提供高质量数据支撑。**中国华能**聚焦数智化转型，通过精准研判、优化数据管理、发掘数据价值，构建智慧能源管理平台，强化数据安全与人才培养，全面提升数据治理质量，推动公司高质量发展。**中国大唐**依托数据共享服务平台，构建全面数据治理体系，实现数据质量实时监控与业务融合，确保数据治理质量高效支撑企业决策与发展。**中核集团**通过持续优化数据管理，构建高效数据质量提升机制，实现主数据质量显著提升，同时发挥数字技术驱动作用，推动公司数字化转型与数字化能力提升。数据质量是电力行业实现智能化、高效化运营的核心支撑，对于保障电力供应稳定、提升能源利用效率具有举足轻重的地位。**广东能源**开展数据标准化、元数据和主数据管理工作，进行关键业务系统数据治理，建成集团主数据库以及覆盖多业务域的主题库和专题库，治理集团组织架构、通讯录、发电机组、机组负荷、承包商等业务数据，归集 36 个信息系统的管控业务数据"入湖"，发布集团数据资源目录和共享清单。

（六）强化安全措施

电力行业通过**强化数据加密、访问控制等数据安全措施，有效保障电力数据的安全性和完整性，确保电力系统的稳定运行和业务的连续性**。数据安全在电力企业运营中至关重要，保障数据完整性、可用性和保密性，关乎业务连续性、企业声誉及合规性。电力企业需实施严谨的数据安全策略，确保核心资产和客户隐私安全。**国家能源集团**完善数据安全管理体系，确立核心原则，制定分级管控策略，建立多方参与的安全组织，通过技术手段保障数据湖安全，确保数据治理和安全管理工作的有效实施。**国家电网**制定全面数据安全防护方案，强化关键场景安全能力，完成数据安全风险评估，为业务稳健发展提供坚实的数据安全基础。**中国华电**通过自主可控的华电链建设，基于长安链的区块链基础设施，成功搭建集团内部标准服务平台，实现数据互信、安全与隐私保护，推动数字化领域领先发展。**中核集团**以数据安全可控为目标，深度对标 DSMM 标准建立数据管控和保障机制，确保数据保密、完整、可用，同时规划满足创新需求的数据平台能力，构建全面高效的数据安全管理体系，支撑集团及核能行业的数据安全。**广东能源**通过强化网络安全主体责任、完善管理体系、提升风险感知与处置能力，并响应信息技术应用创新要求，全面提升数据安全防护能力，为企业稳健发展筑牢安全防线。数据安全是企业数据治理的核心，确保数据完整性、可用性和保密性，预防风险，保护资产，增强数据可信度，为业务运营和决策奠定坚实基础。

综上所述，数据治理是电力行业数字化转型的基石，其成效不仅关乎企业的运营效率，更影响着行业的可持续发展。作为电力行业数字化转型的核心支撑，其重要性不言而喻。不仅是提升企业运营效率的关键，更是推动行业可持续发展的重要保障。这个过程需要企业长期且持续地投入和运营，确保数据在源头到应用的每一个环节都得到全面、有效地治理。

第二节　数　据　管　理

坚持以数据为中心，质量优先为原则，持续细化数据管理及数据治理组织、制度及流程，通过常态化的数据治理组织，建立数据管理和数据治理集中管理的长效机制，规范数据管控流程；紧密结合实际业务需求，通过数据共享及分析应用发现数据质量缺陷，提升数据质量，促进数据标准统一，保障数据共享和数据应用的安全性，提升企业运营效率和管理水平，推动企业创新和可持续发展。数据管理体系框架如图 4-1 所示。

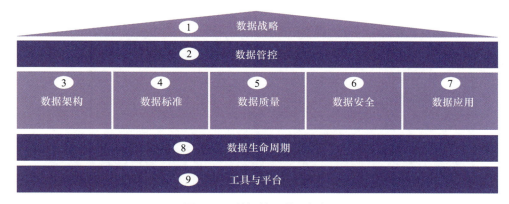

图 4-1　数据管理体系框架

一、数据战略及管控体系

电力行业将数据资产视为企业的重要战略资源，将数据战略作为推动产业升级和提升竞争力的核心。数据战略是数据管理的基础，是企业为了实现其业务目标而制定的关于数据管理和使用的长期计划，它定义了企业如何获取、使用和管理数据以支持其业务目标。数据战略的目标是提升数据质量、实现数据价值的最大化，并为企业数字化转型提供支撑。数据战略涵盖了数据治理的各个方面，包括数据的收集、存储、处理、分析和利用等。**国家电网**依托公司数字化领导小组，成立公司数据管理委员会，设立数字化部数据管理处、各部门数据处及国家电网大数据中心等组织机构和人员岗位，印发以《公司数据管理办法》为基础的制度体系，明确各部门、各单位的职责分工，实现数据管理体系对各层级、各专业的全覆盖。**中国华能**发布了《中国华能集团有限公司数据治理体系框架规划》，明确了"一纲三策"等相关内容，为集团的数据管理工作建立了路标。**中国大唐**设立数据管理处，负责数据顶层管理工作。**中国华电**加快推进数据标准化工作，编制印发发电板块生产运营管理数据标准规范，梳理生产运营管理数据指标。统筹推进数据治理工作，编制《数据管理办法》和工作方案。**国家能源集团**加强数据治理，制定整体方案，明确"1＋M＋N"数据体系和"分域分级""双域长负责"数据治理模式，以"筑体系、促三化"为目标，形成了一套具有国家能源集团特色的数据管理体系。**中核集团**成立数创中心，中核工程建立数字化转型项目部，以新型组织加速转型建设。**中广核**成立数据治理委员会、数据治理办公室和数据运营中心，横向建立业务部门与数据管理技术部门协同联动机制，纵向发挥领域的垂直管控作用，保障公司数据管理各项工作的高效开展。**东方电气**优化数据组织与管理，健全数据资源管理机制，实现"数据同源、规范共享、应用统一和服务集中"，数据分类、目录构建、数据整合与标准化等，确保数据的有序性和规范性。**中国电建**编制发布《公司数据管理制度》《集团管控数据管理暂行办法》等，从数据接入、传输、存储、应用、共享、安全和质量等方面进行规范管理。**内蒙**

古电力围绕电力数据生产要素，明确"13N"大数据发展总体框架（"1 个管理体系、3 个支撑平台、N 个数字应用"），数据管理体系初步构建。

二、数据架构及标准

数据架构是组织信息和数据管理的蓝图，描述了企业数据的结构、组织和关系，它关注数据的逻辑和物理表示，以及数据如何在系统中流动和转换，是业务与应用系统建设的重要桥梁。数据标准是为了确保数据在不同系统之间能够相互通信和共享而制定的规则，是确保数据一致性、规范性和可用性的关键。数据架构及标准共同组成了一个坚实的数据管理基础，通过构建和遵循现代化的数据架构及标准，有效支撑企业的数据驱动决策和业务发展，提升企业运营效率。**中核集团**围绕主数据、交易数据开展了系统性的数据标准规范建设；完成人力资源（人员、组织等）、财务、物料、项目、客户、供应商等主数据的标准化工作。**中广核**根据企业数据管理现状，以 DAMA 国家标准为指导，借鉴行业先进实践，从"管理办法—管理标准—技术/业务规范"3 个梯次设计制度框架，形成"1＋9＋N"的数据管理制度体系框架；发布《集团数据资产管理制度》《集团数据标准管理办法》《集团数据认责管理办法》等 15 份制度文件，按照"数据驱动"理念，统筹制定数据标准和规范，统一数据定义、数据结构和开发规范。**中国电建**编制《中国电建大数据体系实施方案》，策划数据体系建设，研究数据管理能力成熟度评估模型，推动关键环节和重点场景的大数据应用。发布《中国电建集团管控数据指标体系 V3.0》，涵盖 1045 个数据采集指标，实现集团管控数据指标的标准统一、来源统一、口径统一。**中国电气装备**以打造集团运营监控系统为契机，面向人财物、研产销全面搭建运营监控指标体系，梳理明确各项指标数据来源、归口管理；开展主数据治理，发布集团级主数据标准，实现中国电气装备重组后真正意义上的数据语言"车同轨、书同文"。**广东能源**构建了"1＋4＋N"的数据资源管理体系，即 1 套数据资源管理办法、4 套数据资源管理领域相关管理规范、N 套落地模板，从顶层规划到落地实施对各项数据管理活动提出要求，为数据资源全生命周期管理提供了体系化的工作指引。

三、数据质量管理

数据质量是数据管理工作的生命线，直接影响到数据分析和业务决策的有效性。高质量的数据是做出更好决策的基础，一个有效的数据管理工作必须确保数据的准确性、完整性、一致性和可用性。数据质量管理涉及数据采集、处理、分发和使用的全过程，对信息进行管理监督，它是一个循环管理过程，旨在通过可靠的数据提升数据使用价值，并最终为企业赢得经济效益。**国家电网**按照"以用促治"的工作原则，围绕公司重点业务方向，基于"需求频繁、应用广泛"的客户档案、组织人员等基础数据，对接专业和基层应用中反映的突出问题，建立常态化问题监测与闭环管控机制，组织基层单位开展源端整治工作，切实提升公司全员数据治理意识和基础数据质量水平。**南方电网**优化数据质量管理机制，从"被动式、运动式"演进为"主动式、常态化"，以鲜度、活度创新构建"数据健康度"指数，有效保障数据质量。**中国华能**通过试点项目，培养了内部数据治理团队力量，实践了数据治理方法论，探索了数据治理的工作机制，为集团后续数据治理更广泛地开展提供了建设力量、理论指导和实战经验。**中国三峡集团**全面推进数据治理，建设数据资产目录，发布《业务指标库》，实现数据资源库"动态更新、可查可看"。开展主数据管理、数据质量管理等工作，提升数据质量水平。**中核集团**在数据管理治理体系方面建立了数据治理专职组织、统一的主数据管理平台、完善的数据管理制度。**中国能建**持续清洗完善主数据，主数据数量已达 285 万条，有力支撑公司业财一体化运行。**东方电气**建立数据资源目录线上管理机制，实施数据质量的监控与改进，建立数据质量监控机制，定期检查和评估数据质量，发现问题及时改进。由信息技术中心运用多源对比、关联分析、快速校核等手段，提高数据可信溯源和校核纠错能力，以应用效果倒逼数据质量提升。**广东能源**通过数据驱动、探索贯穿了数据采、审、看、用全环节的创新应用，使全集团均参与到数据流通的全环节，以用促改提升数据质量，推进数字化转型。

京能集团成立了数据治理组织机构，自主开发了底层通信监测平台和数据治理逻辑。通过实时掌握全资产通信状况，有效治理数据异常，确保了数据的准确性和可靠性。此外，智慧监管中心还通过数据同源、管理同标的方式，实现了数据、技术、应用的统一出口和统一管理，提高了数据治理的效率和效果。

四、数据共享及分析应用

数据应用是利用数据支持业务分析、管理决策和发展预测的过程。大数据应用是基于海量数据，通过数据分析获取更多深入的、有价值的信息，以提升组织运营效率和管理水平。数据应用管理体系是确保大数据应用全过程工作有序、高效开展的管理框架。**南方电网**推进数据颗粒归仓、全面"入湖"；深化省地数据放权，赋能基层业务；加速数据流通，深度服务政府民生，积极探索电力数据市场交易模式，创造数据资产利润增长点。**中国华能**根据集团及区域日常数据分析和应用建设的需要，结合集团现状，以现有资源为基础，初步建立了一套数据共享的工作流程规范。**中国华电**正式上线运行数据平台，实现 ERP、燃料、财务共享、市场营销等业务数据集成共享，提高了数据服务能力，打通了"数据"壁垒。推进统一报送平台建设，采用分级部署、分级应用模式，实现数据统一填报、汇总上报、数据报送等功能，打通了数据集成的"最后一公里"，解决了基层重复填报和多头报送问题。

中国能建上线了数字资产平台，开展财务数据智慧分析系统和司库监控管理系统建设，深度挖掘财务数据价值。**广东能源**上线数看驾驶舱应用，发布 12 个主题，使集团管理层直观全面掌握集团运营情况，为决策分析提供强而有力的支撑，进一步提升经营管理水平和业务洞察能力。**内蒙古电力**构建营配、营财等 9 个跨业务数据融合应用场景，促进营配、营财业务协同和数据贯通。

五、数据安全管理

数据安全是保护数据免受未经授权的访问、泄漏、损坏或丢失的风险的过程。数据安全管理包括数据的规划、建设、运营和评估等方面，旨在确保企业数据安全合规底线，提高数据风险管理，并实现业务和安全的平衡。**南方电网**保障数据安全。加强容灾备份，公司以及广东、广西、贵州、云南电网公司五家单位通过数据安全管理成熟度（DSMM）三级认证，实现统建信息系统全覆盖。**中国三峡集团**发布《数据资产管理办法》《数据安全管理办法》等系列制度，加强数据安全管理，确保不发生重大数据安全事故。**中国能建**开展数据灾备系统、数据中心监控管理平台等基础平台建设，处理"IT 反馈通道"问题 2.2 万条，数字运维团队组建方案获批并启动。

第三节　数　据　应　用

为充分发挥数据要素乘数效应，赋能经济社会发展，2023 年 12 月 31 日，国家数据局等 17 个部门联合印发《"数据要素×"三年行动计划》。"数据要素×"行动聚焦工业制造、现代农业、金融服务、城市治理、绿色低碳等 12 个行业和领域，通过开展试点、举办大赛、征集案例等方式，挖掘并推广一批典型应用场景，以此深化数据的协同优化、复用增效、融合创新，为不断释放数据要素价值营造更广阔的空间。国家数据局将围绕优化数据要素市场化配置，加快推进数字基础设施建设，加快完善数据要素基础制度体系，不断激发数据要素开发利用活力，不断培育壮大数据产业生态，更好推动高质量发展和高水平安全的良性互动。

在当前政策鼓励下，能源电力企业主动顺应能源革命与数字革命深度融合的发展要求，创新开展能源电力大数据应用，对服务政府精准施策和行业有序发展、推动自身精益管理和提质增效、满足居民美好用电需求具有重大意义。

电力行业以电力数据特征为出发点，利用数据挖掘、机器学习等先进的数字技术，面向典型业务场景开展电力数据应用，其价值表现为**电力数据要素×数字政府、电力数据要素×数**

字经济、电力数据要素×居民服务、电力数据要素×低碳经济、电力数据要素×人工智能 5 个方面。

一、电力数据要素×数字政府

在国家治理现代化的背景下，"数字政府"是政府应用数字技术履行职能而展现的一种政府运行模式。"数字政府"更加侧重社会治理、城市管理、经济调控、行业监管等政府职能的数字化。数字电网作为城市智能化发展的客观需要，是数字城市建设的重要内容。数字电网与数字政府相融共生，通过借助电力数据要素，保证了城市管理更全面、顶层设计更科学、公共服务能力更强劲、城市治理更智慧；通过融合政府数据，使得联合审批流程更高效、电网规划更科学、供电服务更可靠。

电力数据应用在服务数字政府方面全面体现了服务经济社会高质量发展的可行性和有效性。

一是赋能社会治理，协同政府相关部门促进行业整体发展，驱动区域协调发展提供更精细的决策参考。南方电网的"散乱污"治理、中国电建的数字城市 CIM 平台建设等辅助城市治理的优秀大数据实践，通过电力数据和政府政务数据融合，监测甄别异常情况，辅助政府开展治理工作，提高工作效率。

二是协同城市管理，推动政企数据共享联动，支撑城市资源运行监测、预测预警、指挥调度和决策支持。国家电网的"电力+水资源"大数据应用、中国电建的现代城市数字化水域治理的一体化平台、南方电网的"电力助应急"，通过电力数据与政务数据相结合，利用大数据分析技术手段，促进资源调配与治理的及时性和精准性，实现资源管、用、治能力体系和能力提升，助力城市精细化动态管理，提升城市管理成效和改善市民生活质量。

三是赋能乡村振兴，通过数据，综合分析乡村产业发展态势和居民电气化水平提升情况，为乡村精准治理与帮扶提供支撑。国家电网的"电力看乡村振兴"应用和南方电网的"电力看经济应用"，促进电力与相关社会数据融合与综合应用，将电力数据与发展主题紧密结合，为电网规划建设、巩固拓展脱贫攻坚成果、全面推进乡村振兴提供支撑。

（一）"散乱污"治理应用

南方电网通过电力数据和政府政务数据融合，获取企业的用电情况、用电负荷等相关数据以及政府环保部门的政务数据，如企业的排污许可证信息、环保检查记录等，采用数据挖掘和分析技术，建立个性化应用模型，构建电力数据与政府政务数据融合个性化应用（"散乱污"治理），如图 4-2 所示。该应用对散乱污企业进行持续的电量监控，结合电力系统的电量数据和政务系统的"散乱污"监控名单，以实现对"散乱污"企业的治理，为政府环保部门提供数据支持和决策依据，使政府环保部门能够更加精确地监测和管理"散乱污"企业，提高治理效果。该应用通过对 675 家重点监测企业进行用电情况分析，根据排污行为、行业集中度、时空分布等特征构建企业排污画像模型，协助用电排查超过 500 余次，散乱污企业的发现率提高 20%，治理效果得到明显改善；环境保护工作的响应速度提高 30%，能够更及时地处理环境问题；政府环保部门的工作效率提高 15%，减少了人力资源的浪费。

图 4-2 电力数据与政府政务数据融合个性化应用（"散乱污"治理）

（二）数字城市 CIM 平台

中国电建率先提出 CIM 理念，打造了"智慧城市"基底、"数字城市 CIM 平台"，建成了基于城市全信息模型的数字城市，为城市地面、地上、地下基础设施建设提供一体化、可视化的数字技术服务。雄安新区城市信息模型（CIM）平台是按照雄安新区"一中心四平台"的智能城市空间框架的要求，以数字孪生为理念，坚持数字城市与现实城市的同步规划、同步建设，构建起新区的三维空间信息模型，形成雄安新区数字空间底座。雄安·容东智慧体验中心，以 CIM 为底座，采取现代化数字视觉技术，集"雄安规划、城市发布、行业发展、电建全球、电建雄安"于一体的招商运营展示体验中心，该技术还应用于深圳前海、珠海横琴、浙江未来社区等 14 个智慧城市建设项目；建立了"智慧管廊""轨道交通""智慧高速"等智能建造平台，应用于杭州大江东地下综合管廊、深圳地铁、成都地铁、武汉环城高速等 21 项重大城市基础设施项目。

（三）"电力＋水资源"大数据应用

国家电网与中华人民共和国水利部合作针对地下水取用管理方面面临的农灌机井数量多、计量装置安装率低等计量难题，推进"电力＋水资源"大数据应用，提出"以电折水"计量方法，研究构建以区域网格为单位的"以电折水"系数体系及用电用水监测、异常用水监测等应用场景，及时预警机井超额用水、停用机井复用等异常情况，助力水利部门及时掌握重点关注区域地下水取用情况。在地下水取用量较多的北方 10 省完成典型场景推广应用，实现 7.9 万个村、137 余万眼农灌机井在线监测，预计每三年为政府节省一次性农灌机井计量设备投资超 70 亿元。国网河北电力开展基于大数据的农业灌溉用户用电分析与应用服务，全面提升河北农业灌溉用户用电体验。农灌机井"以电折水"计量精度至 90% 以上，工作成果被河北省水利厅全面应用。

（四）现代城市数字化水域治理的一体化平台

中国电建以传统主业发展为优势，建立了"智慧流域""智慧水务""智慧生态"等数字化平台，为流域治理、城市水务管理与城乡生态建设等提供全面数字化服务，助力管水、用水、治水能力体系和能力提升建设，其中深圳茅洲河项目全国首创"高强度持续投入、全流域系统治理、大兵团联合作战""地方政府＋大型央企"的水污染治理 EPC 创新治理模式，打造了现代城市数字化水域治理的一体化平台，同时也为全国重点流域 62 项工程提供了系统性支撑服务。

（五）电力助应急

南方电网锚定动态资源与动态需求高效匹配目标，进一步完善战前、战时和实时态多维度信息供给与智能分析，同时全面实现电力数据和政务数据双向流通赋能，推动数据多场景应用、多主体复用、多元数据融合，打造系列电力助应急应用，覆盖广东省 1.2 亿人口，全面支撑对防风防汛、高温应急等核心场景工作全过程的穿透性、牵引性和实效性管理，实现应急指挥救援体系从灾后抢修向"平时预、灾前防、灾中守、灾后抢"转变；助力打造全国首个超大规模省域"一网统管"治理体系应急指挥专题，实现应急工作从事后整治向事前预防转型，向广东省政府开放数据，实时支撑广东省应急管理厅、能源局、政数局等政府单位的重要应用，为全省应急指挥、防灾减灾、停复电监测、应急物资调度提供实时数据保障。应急大数据分析服务如图 4-3 所示。

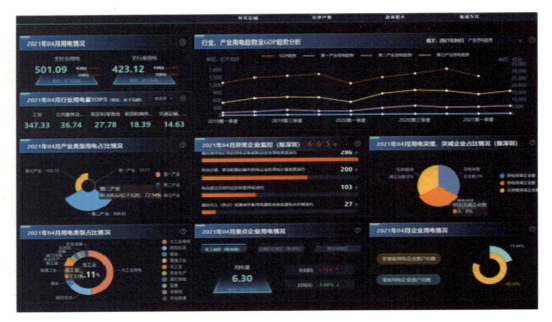

图 4-3 应急大数据分析服务

（六）"电力看乡村振兴"数字产品

国家电网将居民电量、行业电量、负荷等数据进行加工计算，按照国家行政区划、国民经济行业分类等标准，融合行业增加值、人口等外部数据，以技术为手段，以辅助政府推动乡村振兴发展为目的，依托能源大数据中心，开展乡村振兴大数据应用实施，围绕着产业兴旺、生态宜居、乡风文明、治理有效、生活富裕 5 个维度，梳理形成评价指标 60 余项，构建形成乡村振兴电力指标体系，从电力视角综合分析乡村产业发展态势和居民电气化水平提升情况。

（七）电力看经济应用

南方电网电力看经济应用系统助力巩固脱贫攻坚成果，同乡村振兴有效衔接。建立省一地一县三级农业用电数据观测模型，为农村经济社会快速发展提供充足的电力保障。运用"电力+政务"大数据分析产业发展趋势，促进农村养殖业等特色产业发展，助力多家企业扩产能、增效益。建立重点用户用电数据库，助力地方政府动态监测贫困村、贫困户及各产业用电情况，支撑政府准确掌握扶贫工作成效。电力看经济应用系统为全区脱贫攻坚成效检验提供精准数据支撑，受到自治区领导充分肯定。人民日报、人民网、中国新闻网等媒体对成果应用情况及效果进行了报道。先后有 40 多个县（市、区）党委政府向公司发来感谢信，高度肯定项目的精准规划为广西农村电网跨越式提升作出的突出贡献。基于电力看经济应用系统开发的电力扶贫数据模型成功应用于农村智能电网规划建设，该成果荣获广西壮族自治区 2022 年科技进步奖、中电联 2022 年电力科技创新奖。电力看经济应用系统界面如图 4–4 所示。

图 4–4　电力看经济应用系统界面

（八）基于太阳辐照指数的金融保险应用

广东能源通过锚定太阳辐射量、水库来水量指标，应对光伏、水电等新能源发电产业受气候周期波动影响而引起的发电量波动，用可预计的保险成本应对不可预计的经营波动，增强抗风险能力。通过引入光伏电站站内辐照仪历史数据、本地电站辐照仪及发电量数据和国内气象数据，替代国外卫星数据，摆脱对国外数据的依赖；创新性采用电站辐照仪实际数据加发电量反算和第三方气象校验算法，采用数据补零处理和数据超限预处理，提高数据准确性。目前已开出全国首个"来水量发电指数"保单，累计太阳辐射发电保单 22 张，提供保障超 2500 万元，确保集团长期稳健经营。广东能源基于太阳辐照指数的金融保险应用如图 4–5 所示。

图 4–5　广东能源基于太阳辐照指数的金融保险应用

二、电力数据要素×数字经济

数字经济是继农业经济、工业经济之后的主要经济形态，是以数据资源为关键要素，以现代信息网络为主要载体，以信息通信技术融合应用、全要素数字化转型为重要推动力，促进公平与效率更加统一的新经济形态。数据要素是数字经济深化发展的核心引擎。电力大数据能够真实反映企业和社会的经济发展水平和趋势，具有比传统经济统计数据的采集更及时，对经济社会运行状况的反映更客观，数据颗粒度更精细等独特优点。电力数据对提高生产效率的乘数作用不断凸显，整合电力数据与金融数据资源，助力普惠金融服务，加快产业链数据价值协同，推动增值产品交易合作，强化企业全流程数据贯通，辅助生产效能提升，赋能企业产能增效，为经济社会数字化发展带来强劲动力。

一是促进行业融合，整合电力大数据、银行金融服务资源，构建"电力数据征信画像，共筑社会风控体系"，助力金融机构精准服务。南方电网的"电力贷"产品应用，支持企业增信，化解融资难题，促进普惠金融发展，辅助金融行业数字化转型，解决中小微企业融资难，促进社会经济的发展。

二是变现数据价值，整合产业链数据资源，满足对外市场化需求，实现数据价值的变现，推动大数据增值服务产品流通。南方电网的"基于数据资产凭证的大数据增值服务应用"和"基于数据中心数据工厂打造先锋电力数据产品"，多维增值数据价值，辅助企业挖掘数据要素价值，促进数据产品应用融合发展。

三是赋能企业生产，监控生产运营状态，改善运营管理流程，助力产能提升。国家电网的"宏观经济运行情况分析""小微企业运行监测分析"，**南方电网**的"遵义电酿酒""电力大数据乡村旅游产业发展分析""电力基因图谱数据应用产品"，支撑能效分析与提升，促进能源消费端智慧用能，为企业打造最佳用电方案，降低用能成本、提升企业减排效应。

（一）宏观经济运行情况分析

国家电网针对政府部门对经济走势研判敏捷性、准确性持续增强，决策时效性、科学性不断提升等需求，与国研中心合作，基于国家电网经营区 26 个省份客户用电数据，从整体、产业、区域、主导行业等维度，分析宏观经济运行情况及变化趋势。常态化向中办、国办报送电力看宏观经济运行情况相关分析报告 11 期，获得中央领导批示肯定 19 次，助力党中央准确研判宏观经济走向。

（二）电力大数据乡村旅游产业发展分析

南方电网通过对电力数据进行采集、整理和分析，为乡村旅游产业的发展提供数据支持和决策参考。在乡村旅游企业中，该产品可以帮助企业优化用电，提高用电效率，降低用电成本。对于地方政府来说，该产品可以提供乡村旅游产业的用电情况和发展趋势，为政府制定乡村旅游规划和政策提供决策依据。对于电力系统管理部门来说，该产品可以帮助评估电力供应能力，优化电力调度和资源配置。通过使用该产品，乡村旅游企业的用电效率提高了10%，地方政府制定的乡村旅游规划的准确性提高了15%，电力系统的供需平衡度提高了8%，通过开展电力乡村数据分析，助力国家乡村振兴战略实施，为政府管理部门提供数据支撑，辅助政府科学决策。电力大数据乡村旅游产业发展分析如图4-6所示。

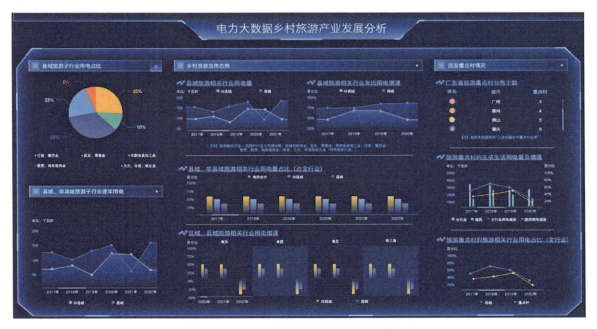

图4-6　电力大数据乡村旅游产业发展分析

（三）小微企业运行监测分析

国家电网针对小微企业量大面广、监测统计难等问题，与工业和信息化部合作，基于国家电网经营区4700余万家小微企业、5.6万家专精特新企业和7900余家"小巨人"企业电量数据，分析小微企业增长趋势、结构分布等情况，为政府掌握小微企业整体运行态势及重点企业运行情况提供重要支撑。常态化向工业和信息化部报送小微企业用电情况报告39期、专精特新中小企业用电分析报告20期，获得中央领导批示肯定29次。

（四）"电力贷"产品应用

南方电网凭借数据资源的优势，在金融机构与中小微企业之间"搭台唱戏"，融合能源电力与金融行业，充分发挥银电联动、数字赋能的作用，精准对接企业融资需求，在依法合规、安全可靠、风险可控的前提下，开发"电力贷"产品，如图 4-7 所示。该产品通过利用电网掌握的电力大数据，对银行所属区域内的生产经营企业进行大数据巡航分析，基于用户用电量、负荷情况、缴费情况等指标，结合金融机构的贷款需求，建立了一套风险评估模型和贷款审批流程，精准判断借款人信用状况，为金融机构提供更科学的贷款决策依据。通过使用"电力贷"产品，金融机构的贷款违约率下降了 10%，贷款审批时间缩短了 30%，借款人对于贷款过程的满意度提高了 20%。"电力贷"产品助力金融机构能够更准确地评估借款人的信用状况和还款能力，降低贷款风险。同时，产品的自动化贷款审批流程也能够提高贷款决策的效率，加快贷款发放的速度。

图 4-7 "电力贷"产品

（五）基于数据资产凭证的大数据增值服务应用

以客户需求为导向，积极联合商业银行推进电力数据深化应用，以"电费贷"场景为业务场景切入口，发布了首张全国公共数据资产凭证，实现了数据资产流通场景成功探索实践。2021 年 10 月 16 日，广东省数据资产凭证化启动活动暨全国首张公共数据资产凭证发布会在广州召开，现场发布了全国首张公共数据资产凭证，该实体凭证由南方电网广东电网公司出具，标志着广东省数据要素市场化配置改革率先破题，以数据资产凭证实现跨域互信互认、互联互通。企业信贷场景数据资产凭证有力整合了电力大数据资源和银行金融服务资源，有效破除社会主体间数据流通的体制机制障碍，降低交易成本，提高数据流通的业务效率，切实解决中小微企业融资困难，服务实体经济发展。由此，建立了南方电网公司作为"数据资产凭证首发者"的品牌形象。数据资产凭证业务模式如图 4-8 所示，南方电网现已在南方五省区内全面推广数据资产凭证业务模式，已促成 25 单数据交易合作。

（六）基于数据中心数据工厂打造先锋电力数据产品

在"数据二十条"及《数字中国建设整体布局规划》政策实施背景下，国家提出关于征

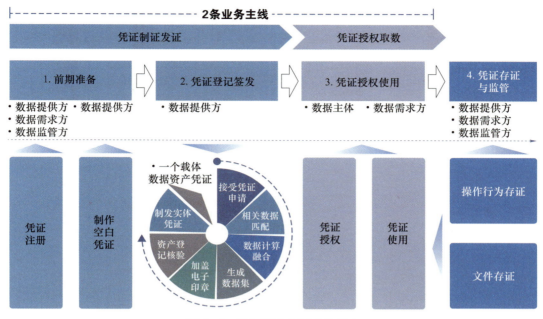

图4-8　数据资产凭证业务模式

信体系建设的重大决策部署，推动解决中小微企业融资难、融资贵问题。贵阳大数据交易所建设并上架全国首个"电力数据专区"。在此基础上，2023 年完成全国首笔基于"数据产品交易价格计算器"估价的场内交易，打通数据要素流通全环节，在实践数据要素"三权分置"上打造"贵州样板"。在深圳数交所等交易平台上线"企业用电行为分析"电力数据产品并获得数据商认证，率先打通跨省场内数据交易渠道。获得全国首个能源行业数据要素 OID 子节点授权，发出首批能源数据要素 OID 子节点登记凭证，在能源数据确权登记上占据先发优势。"企业用电行为分析"电力数据产品如图 4-9 所示，该产品遵循网省公司通用技术规范，实现对内部营销、计量等专业数据的抽象、建模和产品打造。通过自营门户和交易平台对数据交易、数据流通安全等进行监管，以管理手段结合技术条件实现监管整体把控。一方面基于渠道优势形成需求聚集效益，提升交易效率和成功率；另一方面数据产品合法合规性、数据交易安全性、交易双方资质、交易双方信用情况等都受交易平台监管、审查，降低双方数据交易信用门槛，保障了数据产品交易安全。

（七）"遵义电酿酒"应用

南方电网基于企业用电数据分析，支撑酿酒企业采用"电酿酒"方式精准控制酿酒工艺的提升，实现用电报装、设备采购、设备安装、设备调试到运行维护一条龙服务，保证企业集中精力投入白酒产品的开发、生产，从而提升经济价值含量，实现了双赢。酿酒企业电能替代展示如图 4-10 所示。"电酿酒"项目已签订 11 家企业。电酿酒与气酿酒相比，产生 1 吨蒸汽减少 0.16 吨二氧化碳排放，每年可减少 32 万吨二氧化碳排放，降低酿酒企业用能成本，稳定的蒸汽流量为客户提升 6%的出酒率，解决酱香白酒土地资源紧张的难题。

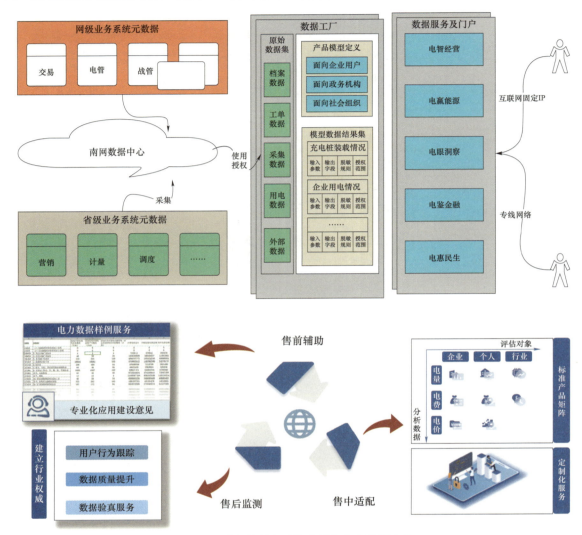

图 4-9 "企业用电行为分析"电力数据产品

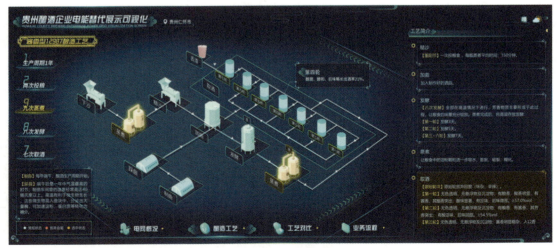

图 4-10 酿酒企业电能替代展示

（八）电力基因图谱数据应用产品

南方电网为满足政府、能源公司等单位和电力行业相关群体对电力生态环境和能源利用情况的需求，优化电力资源配置，保障经济可持续发展，结合用电数据和其他外部经济数据，构建深圳经济电力基因图谱数据应用产品。通过对电力供应、消费、输配等关键节点进行监控和分析，用户可以了解深圳市的电力生态环境，以及电力资源的分布和利用情况。通过该产品的使用，深圳市电力消费效率提升了 10%，由于电力资源配置优化，电力供应持续稳定，停电事件减少了 30%，帮助用户定位电力供应和消费的瓶颈，优化电力资源配置，提高电力利用效率，避免供需不平衡导致的电力波动和停电现象。此外，该产品还具备监测电力环境的功能，用户可以对电力生态系统的发展趋势有更准确的了解。

（九）电力公共信息平台

电力公共信息平台是**中电联**"国际一流"行业协会行动和高端智库建设的重要一环。中电联行业数据平台（见图 4-11）通过与电力统计、可靠性统计等系统配合，集成协会各成员单位及外部各类数据资源，汇聚全国电力能源大数据，构建了中电联的集中统计信息数据库，基于可信数据空间体系，打造了更精准、实时、高效的一站式的集中数据存储、检索、分析和利用的智能平台，有效解决了数据流通主体间的安全和信任问题，为各方提供更加开放透明的电力生产、电力交易、电力消费等数据信息，促进数据流通、数据治理、数据共享、数据应用与数据交易，释放电力行业数据要素价值。自 2023 年 11 月上线试运行以来，为中电

图 4-11　中电联行业数据平台

联用户、行业用户及市场用户 9000 余人提供了 1200 余份数据分析报告产品、500 余万条结构化数据。通过平台建立了多方安全、可信、可追溯的基础环境，充分发挥了电力行业海量数据规模和丰富应用场景优势，将行业内的隐性知识与经验进行集成与串联，将数据作为行业创新的核心动力，使跨地区、跨领域的专家团队之间通过专业化、开放式的创新网络实现深度交互与智慧共享，从而增强数据创新服务的生产能力，增强满足电力企业数据需求的服务能力，增强新能源新业态发展的指导能力，助力能源数字化转型进程和转型成效。

三、电力数据要素×居民服务

数据作为新型生产要素，已成为社会数字化、网络化、智能化的基础，大数据改变着人们的生产方式、生活方式和社会治理方式，也对企业服务提出了更高要求。电力数据要素服务基础民生，聚焦便民服务和基层社区智慧化治理，推动了和谐社区建设，聚焦数据赋能服务的新模式，为人民美好生活充电。

一是服务民生建设，聚焦基层民生问题，服务基础民生保障，促进和谐社会建设。南方电网的智慧"养老"服务，国家电网的"电力关爱码"，动态掌握有意愿接受服务的老年群体信息数据，对用电异常老人进行在线预警推送，为老人提供关怀与帮助。

二是推动便捷用电，满足便民生活需求，提升居民用电便捷性、获得感与满意度。南方电网的跨域数据联办共享产品，对不动产登记数据和水电气网业务数据进行联办和共享，通过"电水气全业务全线上联办"，实现"数据多跑路、群众少跑腿"，提升了用电服务能力和水平。

（一）智慧"养老"服务

南方电网创新养老机构景气指数模型和空置分析模型，基于企业电力档案、用能数据、负荷、孤寡独居老人各时段用电数据特征等大数据，从用电突变情况、用电量大小、季节环境影响、周期性规律等因素，为不同类型的独居老人"画像"，并进行指标可视化展示。实现远程判断老人生活状态，对用电异常老人进行在线预警推送等功能，实现电力数据与 1800 多家外部养老机构数据的跨域融合，辅助民政管理部门筛选亏损停业等养老机构，助力政府优化民生服务。

（二）电力关爱码

国家电网电力关爱码可通过用电情况变化，自动生成红、黄、绿三色码，及时研判并预警突发情况。其中，绿码表示用电无异常，黄码表示需要注意，红码表示需重点关注，以此守护老人生活安全。电力关爱码接入了浙政钉平台，当出现红、黄码时，异常信息会以钉消息通知到乡镇管理员、村社网格员和电力志愿者，通过定位系统，三方工作人员可及时赶到现场处理异常情况、提供关爱服务。电力大数据关爱独居老人的应用，正在杭州上城区、拱墅区、余杭区、滨江区内多个街道实践推广，覆盖老人近 2000 户。

（三）跨域数据联办共享产品

南方电网为提升个人用户的用电体验，简化用户办理电力业务的流程，减少用户的时间和精力成本，对不动产登记数据和水电气网业务数据进行联办和共享，即基于用户的不动产登记信息，与水电气网业务数据进行关联，建立个人用户的电力用电档案，同时，通过数据分析和算法模型，为用户提供个性化的用电方案和智能用电建议。用户还可以通过该产品查询自己的电费、用电量的分析情况，了解自己的用电行为，并根据系统提供的用电优化建议进行调整。该产品能根据用户的历史用电数据进行预测，提前提醒用户可能存在的用电问题。用户可以通过手机 App 或者网页端进行操作和查询，降低用户用电成本，提升了用电安全性和用户用电体验。通过该产品的使用为个人用户提供便捷的电力服务，提高用户的用电体验和满意度，用电成本降低 50%，用户办事效率提升 80%。

四、电力数据要素×绿色低碳

绿碳经济，也称为绿色低碳经济，是一种以可持续发展为目标，通过提高资源利用效率、减少对环境的影响、降低碳排放等手段实现经济增长的模式。它强调在经济发展的过程中注重环境保护、节约能源资源、减少温室气体排放，以实现经济繁荣与生态环境的协调发展。电力数据与绿碳经济之间存在着密切的关系。在绿碳经济的背景下，电力数据的应用和管理对于推动能源转型、提高能源效率、减少碳排放等方面具有重要意义。

一是提升综合能源服务能力，及时发现企业用能风险与隐患，提供供电优化服务。南方电网的"综合能源服务管理平台"和**中国电建**的"智慧能源平台"，根据企业用电情况和能源消耗分析，及时发现用电设备异常和安全隐患，为企业提供精准并可持续的供电服务优化方案，实现企业节能降耗，打造客户用电新体验，为客户开启安全、节能、高效的现代化用能方式。

二是辅助企业节能减排，实时汇聚企业能耗排放数据，科学分析能耗排放趋势。南方电网的"工业园区企业用能监测""穗碳计算器"以及**国家电网**的"绿色电力消费认证应用"，均基于电碳数据分析，深化碳评价结果运用，推进绿色低碳发展，建立重点用户用电数据库，多维度刻画当地经济运行状态，透视城市发展格局，为政府促进行业整体发展、健全区域协调发展提供更精细的决策参考。

三是实现能耗监测监管，将电碳产业数据与政府治理进行结合，构建"智慧能源"应用与平台，帮助政府对相关产业行业有效洞察和监管。国家电网"支撑杭州亚运会绿电交易溯源""碳数据库应用""电力看环保监测平台""能耗监测大数据应用"等应用,实现与业务系统高效联动处置能力,构建智慧能源运营新模式,提升电网灵活调控能力,提升了政府对节能减排政策制定和过程监控的数字化、智能化水平。

四是助力"双碳"战略目标,检测"双碳"整体发展,为国家研判趋势、制定政策、推动工作提供数据支撑。南方电网的"'双碳大脑'双碳监测平台"和**国家电网**的"全国碳排放监测分析服务平台",均以电力数据为主体,聚焦政府碳管理业务痛点,依托"双碳大数据"分析能力,结合政府碳达峰路径实现碳全景管控,分析相关关键指标,为国家开展碳监测、碳治理、碳交易及能耗双控提供决策参谋。

(一)全国碳排放监测分析服务平台

国家电网贯彻落实国家"碳达峰、碳中和"重大战略部署,基于目前国家对碳排放相关数据"看不到,摸不着,测不准"的现状,受发展改革委委托,建成全国碳排放监测分析服务平台,研究构建"电—碳计算模型",实现全球碳排放概览,全国及 31 个省份、7 大行业能源消费及碳排放监测,碳排放与能源结构关系、碳排放与经济脱钩等分析应用,为国家研判趋势、制定政策、推动工作提供数据支撑。平台高质量通过发展改革委验收,研究构建的"电—碳计算模型"获评"国际首创",总体技术水平获评"国际领先",获得发展改革委高度肯定平台建设成果。国网浙江电力开展碳效码、碳普惠等碳中和服务支撑,接入规上企业数据 4.9 万余家,发放绿色金融贷款超 650 亿元。

(二)"双碳大脑"双碳监测平台

南方电网联合深圳市政府相关部门共同打造"双碳大脑"双碳监测平台,以电力数据为主体,聚焦政府碳管理业务痛点,依托"双碳大数据"分析能力,结合政府碳达峰路径实现碳全景管控,计算电碳排放量、电碳排放强度、能耗总量、电耗强度四大指标,服务生态环境局、住建局和工信局。为市、区两级政府开展碳监测、碳治理、碳交易及能耗双控提供决策参谋。辅助碳排放考核全市 800 多家管控单位,开展分类能耗及碳限额管理 33000 多栋公共建筑,能耗及碳排放监测 1000 多个工业园区。"双碳大脑"服务生态体系如图 4-12 所示。

(三)能耗监测大数据应用

国家电网落实发展改革委"利用电力大数据测算分区域、分行业以及重点企业能耗情况"来函要求,针对能耗监测统计数据发布滞后、数据多来自手工填报、季度/月度数据缺失、监测技术尚未成熟等问题,研究构建宏观及微观"电—能分析模型",实现全国及分地区、分行业以及重点用能企业的能耗情况监测分析,打造能耗监测大数据应用场景,有效支撑节能形

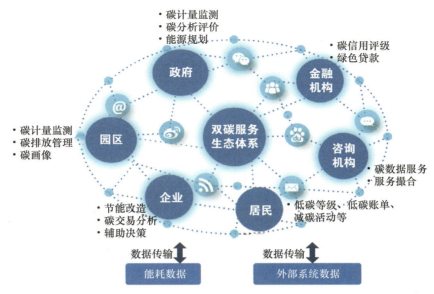

图 4-12　"双碳大脑"服务生态体系

势分析研判和工作推进。实现全国及分地区、分行业、重点企业能源消费精准测算，与国家统计局发布的数据平均偏差率分别为 0.36%、1.89%、1.02% 和小于 7%，相关工作获得发展改革委高度肯定，认为阶段性成果"超出预期"。国网山东电力打造重点能耗企业监测平台，实现 5000 余家重点用能企业在线监测，累计为山东省政府提供数据服务 5.3 万次。

（四）工业园区企业用能监测

南方电网通过电力大数据对园区企业用电情况、用电成本、用电波动、异常用电等多维度指标评价，评估园区企业经营状况、异常情况，实现区域园区能源深度感知、分析。着力解决园区获取企业用电信息不及时、数据维护困难及整理分析烦琐等问题，辅助园区企业节能降本，推动园区经济实现"碳达峰、碳中和"目标。工业园区企业用能监测如图 4-13 所示。

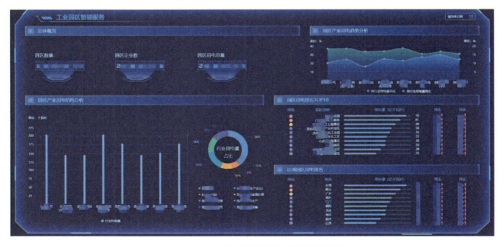

图 4-13　工业园区企业用能监测

（五）穗碳计算器

南方电网联合广州市工业和信息化局打造"穗碳计算器"（其界面见图 4-14），为企业提供 CO_2 排放量、能源消费量计算和管理服务，从南方电网定期同步企业用电数据，提供行业排名，方便企业了解其在当前行业的能耗水平，解决企业（单位）碳排放摸查困难的问题，降低碳排放计算和管理成本，助力企业节能减排。"穗碳计算器"创新了能源和碳排放测算管理方式，统一科学算法模型，实现企业能耗数据的追踪溯源。

图 4-14 "穗碳计算器"界面

（六）南方电网深圳市碳数据库应用

"双碳"目标是党中央决策部署的一项重大战略任务。精确、可靠的碳数据是实现"双碳"目标的基础，但目前各领域碳数据披露不足，且无统一获取碳数据的入口，成为政府和各监管机构制定"双碳"方针政策的一大障碍。以提升用户使用体验为指导思想进行深圳市碳数据库设计，向用户展示符合需求的碳相关数据，通过首页登录/注册、查询结果、企业碳排详情等模块的设计，使不同用户无须专业操作指导即可快速查看企业碳数据。深圳市碳数据库获取多模态碳排数据及必要相关数据，涵盖深圳市企业碳排放数据、深圳市企业电力数据、深圳市企业产品生命周期碳排数据、深圳市企业碳抵消措施等数据，数据来源主要包括深圳供电局双碳大脑平台、碳卫星数据、ERA-5 环境数据、企业基本信息和经营数据。深圳市碳数据库提供统一的查询入口及准确、可靠的碳排放相关数据，解决了深圳市各领域碳数据披露不足且无统一获取碳数据的入口的痛点问题，为监管机构定向制定合理可行的方针、政策提供客观、可信的决策依据创造相应的社会效益。南方电网深圳市碳数据库应用架构如图 4-15 所示。

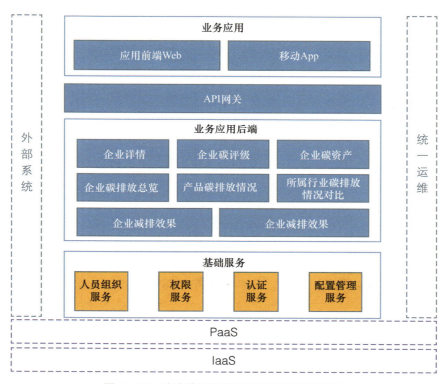

图 4-15　南方电网深圳市碳数据库应用架构

（七）电碳管理及辅助决策平台智瞰分析应用

为响应国家的能源战略，依托企业自身的数据资源，**南方电网**探索建设新型电力系统珠海先行示范区，建成覆盖"发输变配用储"的全环节区域电碳网络，实现电网全环节实时电碳数据监测和不同层级的电碳数据计算。应用通过数据挖掘、机器学习等，对历史运行数据与实时监测数据进行深入研判与计算，为政府提供宏观的电力系统能耗与碳排放监测分析。

同时，基于大数据分析，为政府的"双碳"管理提供更加直观的电力碳排放展示与预警。通过 GIS 技术，实现电力用户的空间分布展示与碳排放重点区域的定位，构建电力系统碳排放预警机制，当碳排放超过阈值时，及时提示政府采取针对性调控措施。基于 CIM 模型不同电压等级电网的网络结构特点，将电网的不同电压等级、不同场景分别进行针对性的建模，并开发出与之相适应的碳流计算方法，同时根据不同场景的特点和需求提出创新性的应用。基于大型城市电网的分层碳流追踪技术，将碳潮流追踪计算的设备、线路等数据结果，再通过多层级电碳流域聚类算法进行二次加工计算，并将最终计算结果应用到城市、区域、园区、企业用户 4 种不同层级对象中。电碳管理及辅助决策平台智瞰分析应用如图 4-16 所示。

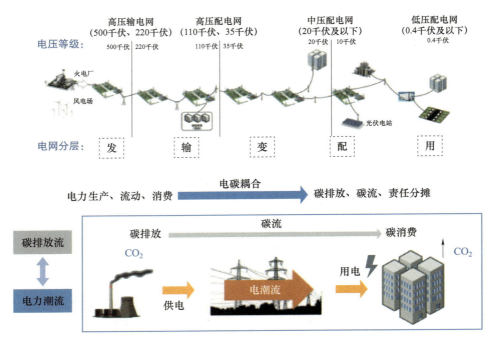

图 4-16　电碳管理及辅助决策平台智瞰分析应用

（八）基于区块链的绿色电力消费认证应用

国家电网基于区块链分布式存储、智能合约等技术，实现了绿色电力交易账户信息记录、交易信息保存、流通踪迹溯源和监审过程透明，设计业内首个基于区块链的绿色电力消费凭证，推出二维码溯源服务，优化绿证及绿电消费认证核发机制，为解决绿电与绿证重复计算、推动绿电碳抵消提供可靠方案。

（九）支撑杭州亚运会绿电交易溯源

国家电网通过区块链的去中心化、多点共识技术，打通杭州亚运会绿电"生产—传输—

交易—消纳"全链条信息流、数据流、绿电流，实现亚运绿电全链条海量数据跨类型、跨部门、跨系统、跨逻辑数据融合共享与上链存证，保障亚运绿电溯源信息的真实性和可信性；通过区块链智能合约技术，以上链可信数据为基础，以绿电交易合同、可再生能源电厂发电量、亚运场馆消纳电量等数据为变量，以数据之间的逻辑比对关系为规则，构建"绿电100%证明"智能合约功能模块，消除人为干预因素，为亚运场馆按月自动出具基于区块链的绿电100%消纳证明。

（十）电力看环保监测平台

国家电网为推动解决重点企业污染防治设备投入多、资金投入大、建设周期长，"散乱污"企业隐蔽性强、不易监管、难以认定等难题，国家电网与生态环境部签署战略合作协议，联合打造电力看环保监测平台，通过分析污染源企业24小时电量数据，研究构建"散乱污"企业分析识别、夜间违规偷排企业监测、管控期违规生产监测等应用场景，助力生态环境部门精准治污、科学治污。场景在国家电网经营区域内全面应用，实现95万余家重点污染源企业在线监测，降低各级环保部门现场核查超390万人次/年，节约企业监测设备采购成本超145亿元，有效发挥"事中监控、事后震慑"作用。（全国）电力大数据助力污染防治攻坚如图4-17所示。国网四川电力开展减排企业违规生产监测，实时在线监测10余万减排企业在重污染天气管控时段的生产用电情况，发现疑似违规生产企业1.6万余家。

图4-17　（全国）电力大数据助力污染防治攻坚

（十一）综合能源服务管理平台

南方电网打造综合能源服务管理平台，根据企业用电情况和能源消耗分析，及时发现用电设备异常和安全隐患，为企业提供精准并可持续的供电服务优化方案，实现企业节能降耗，打造客户用电新体验，为客户开启安全、节能、高效的现代化用能方式。在电力市场化交易业务中，提供购售电决策分析、供电局保供电和安全运行辅助、企业安全用电和经济用电优化等方案。2023 年 1—11 月对 279 家单位用电情况分析，开展配电室远程监控，线上推送设备异常告警信息 2 万余条，帮助企业节约人工成本 10%～20%，降低设备故障隐患 10%～30%，协助企业故障排查 2.95 万次。企业综合能源解决方案如图 4-18 所示。

图 4-18　企业综合能源解决方案

（十二）智慧能源平台

中国电建着眼"碳达峰、碳中和"目标，有效发挥全产业链一体化优势，从电厂、电网、用电等工程建设的数字化，到清洁能源、综合能源、智慧能源、能源大数据等复杂场景的全面数字化，建立了"数字电网""数字水电""数字风电""数字光伏""数字抽蓄""智慧能源""能源大数据"等数字化平台，应用于白鹤滩、雄安电网、辽宁清原抽水蓄能、浙江省海上风电、中亚五国可再生能源规划等 89 个重大项目，巩固并提升全球能源行业的领跑者地位。

（十三）广东能源智慧运行应用

广东能源开展"智慧运行"项目试点及推广应用，将惠州天然气发电公司智慧运行平台的核心功能模块在集团数据中台重构复现，实现运行台账、图形化分析、故障诊断等功能。

当前智慧运行应用已在中山电厂推广试用，通过模板进行样式选取，从中台拉取相关参数，可实现 2 周内完成上线，电厂智慧运行应用界面如图 4－19 所示。目前共积累了 51 个运维案例，未来计划推广至各电厂，实现生产信息集中监控和分析诊断，支持运维经验沉淀和共享，为安全生产保驾护航。

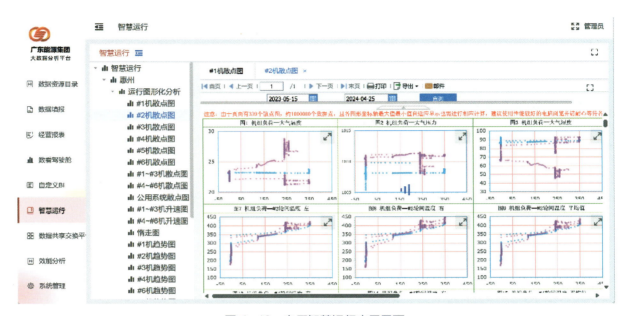

图 4－19　电厂智慧运行应用界面

五、电力数据要素×人工智能

随着新型电力系统建设加快推进，人工智能在电力系统中应用规模更大、范围更广、场景更丰富。以 ChatGPT 为代表的生成式人工智能技术也掀起了新一轮创新发展浪潮，推动应用模式从单一专业应用向"通用＋专业应用融合"转变。电力行业人工智能技术应用将紧跟技术发展趋势，坚持问题导向和系统观念，结合新型能源体系和新型电力系统建设需求，做好"人工智能＋"整体规划布局，集中内外部人工智能优势力量，打造人工智能协同应用生态，加速构建电力行业人工智能视觉、语义大模型，优化形成以大模型为核心、专用模型融合的应用体系。

一是协同企业生产，聚焦设备巡检、电网运行等高频业务场景，深化人工智能规模化应用。国家电网的"输电无人机智能巡检""变电智能巡检""配网带电作业机器人""现场作业智能管控"、**南方电网**的"基于人工智能技术的现场作业违章行为智能监控应用"以及中国电建的"地质 AI 工程师"，探索 AI for Science 在源荷预测、配调智能辅助等场景应用，着力提升自主学习、自动计算与智能决策能力，提高电网智能化水平，支撑新型电力系统建设和电网高质量发展。

二是辅助企业运营，聚焦运营管理、客户服务等业务场景，提高企业经营效率，满足客户需求。南方电网的"电碳管理及辅助决策平台智瞰分析应用""'云景'数字化运营管控平台""基于 AI 的客户服务投诉风险预警智能管家"，精准定位服务与业务问题，以数据驱动管理优化，提升企业管理水平。

三是对外提供算力、数据和模型服务，降低算力使用成本和门槛，带动产业链上下游协同发展。南方电网的"人工智能创新平台"，以高价值电力场景为牵引，带动电力人工智能产业生态创新发展，促进人工智能高质量发展。

（一）风电场智能运行

东方电气智慧风电产品将人工智能算法部署于风电场内部，与风机控制系统产生联动，使得算法模型取得更准确的效果。通过诊断预警并结合机组有监督容差运行，实现停机倒计时，改变被动式运维模式，构建新型的预约运维模式，降低运维损失，有效提升运维效率。研究运维排程技术，利用最优运维排程算法形成全服务产业链"管家式"智能协同体系，提升风场的运营效率，降低运维成本，进一步提升智能化和综合效益水平。风电的数据挖掘应用如图 4-20 所示。

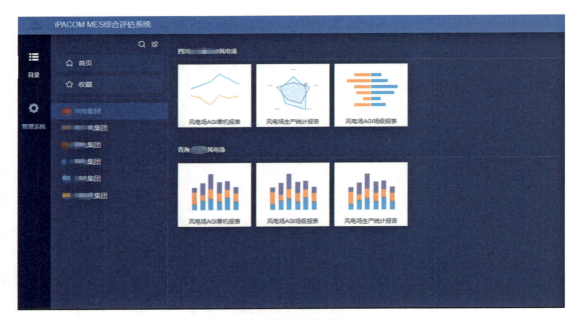

图 4-20　风电的数据挖掘应用

（二）输电无人机智能巡检

聚焦输电无人机巡检全环节、全链条解决需求问题，推动图像识别、视觉导航等人工智能技术深度嵌入输电巡检业务流程，驻场攻关形成可复制可推广典型设计，实施种子模型"揭榜挂帅", 分批次开展推广应用, 有效提升运检质效、降低作业风险。依托"无人机巡检管控系统", 试点实现巡检监管、任务制定、图像上传、智能分析、结果反馈的全流程贯通, 通过智能识别处理巡检图像, 有效缩短巡检图像审核时间, 有效降低一线班组劳动强度, 保障输电线路安全运行。输电无人机智能巡检应用如图4-21所示。

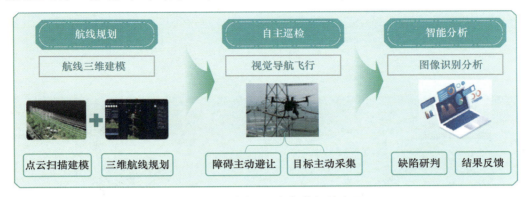

图4-21　输电无人机智能巡检应用

（三）变电智能巡视

聚焦"采、传、存、用"全环节, 依托高清摄像机、巡视机器人、无人机、数字化表计、声纹装置、传感器等各类感知终端, 对设备运行状态进行巡视和状态采集, 通过对多源数据的多模态融合汇聚分析, 及时发现变电设备隐患缺陷; 利用"可见光+红外+声纹+在线监测"融合分析, 实现设备缺陷、设备状态、安全风险的自动识别, 支撑开展变电站智能巡视, 有效发现并处置变电设备隐患, 提升变电智能巡检质效。变电智能巡视应用如图4-22所示。

图4-22　变电智能巡视应用

（四）配网带电作业机器人

利用机器人开展配网一类、二类带电作业，通过语义理解、多源感知、动态路径实时规划等技术，实现作业任务流程步骤自主生成、作业目标精确定位、机械臂实时避障，有效降低一线班组劳动强度，减少了配网带电作业风险。配网带电作业机器人应用如图4-23所示。

图 4-23　配网带电作业机器人应用

（五）客户服务投诉风险预警智能管家

随着现代供电服务体系建设的逐步深入，对电力企业的供电服务提出了更高的要求，现阶段，南方电网的95598客户服务主要依靠人工客服处理，对未来客户工单无有效预知手段，客户服务工作具有简单、重复性高、烦琐等特点。结合数据挖掘与深度学习技术，使用气象数据、电网运行数据、电力负荷、前期工单数量等数据作为输入，建立了基于深度神经网络的95598客服工单风险智能预测模型，实现了对未来7天内客服工单数量和已发工单提级风险投诉预测。基于95598供电服务热线语音平台，通过95598来电附加数据，呼叫信令同步传递老年人属性，实现95598主动识别老年人来电与人工座席优先响应。基于95598供电服务热线语音平台，设置一定规则，通过语音IVR自动精准外呼，有工单客户自动精准主动外呼回拨，对问题闭环回访。基于 AI 的客户服务投诉风险预警智能管家原理及应用成效如图4-24所示。

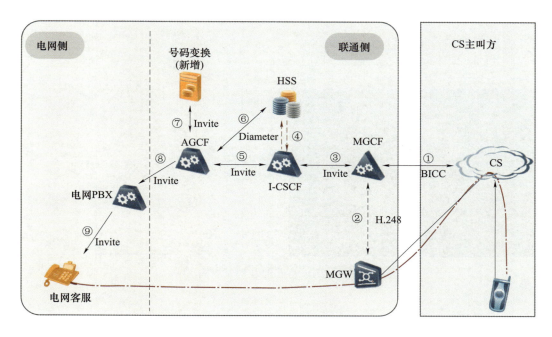

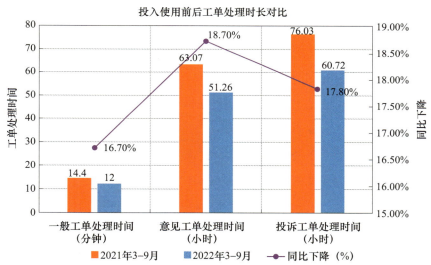

图 4-24　基于 AI 的客户服务投诉风险预警智能管家原理及应用成效

（六）地质 AI 工程师

针对传统人工地质编录效率慢、智能化不足的问题，中国电建中南院研发的地质 AI 工程师通过智造移动式智能设备，深度融合人工智能，是一款集快速采集、实时建模、AI 地质要素识别和工程超欠挖分析、AI 不稳定块体搜索和计算等多功能于一体的地质勘探系统，其界面如如图 4-25 所示。地质 AI 工程师引进勘探先进技术，将拔高工程智能化水平、革新地质勘探传统管理办法。地质 AI 工程师通过自研激光雷达及一体化计算设备，可快速采集数据，三维实时建模还原工程实景，并通过云端深度融合 AI 识别、AI 自主计算技术，在移动端实现了地质要素 AI 识别、工程超欠挖智能分析、不稳定块体自动搜索及稳定性分析等功能，为工程项目质量管控和进度管控进行赋能。

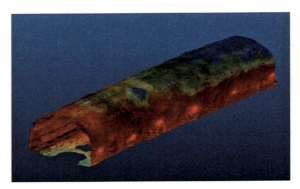 

图 4-25　地质 AI 工程师界面

（七）现场作业智能管控

遴选具备推广条件的应用场景，形成标准化典型设计方案，打通安全生产风险监督管理平台与统一视频平台、"两库一平台"等技术中台全环节应用链路，实现人员作业违章和现场安全风险智能识别，提高作业安全管控水平。

安全生产工作涉及公司底线红线，事关公司本质型安全企业建设目标。当前，**南方电网**通过"线上+线下"方式严查各类作业现场违规行为，但目前的监督依赖人力，线上监督方式仅采用人工在系统后台逐个抽查现场视频的监督方式，存在工作效率低、监督覆盖面小等不足。基于南方电网人工智能平台、流程自动化技术，开发现场作业人员违规行为智能监控工具，实现自动获取智慧安监系统、并定位到作业监控视频元素，抓取智慧安监系统上的视频流，调用南方电网人工智能平台的安全工地识别组件和自主训练的违章行为识别模型算法，开展违章行为监控。如果发现人员存在违章行为（如现场不戴安全帽、不穿工作服等），立即固化违章证据，发出警告声及时提醒安全督查大队视频监控中心工作人员，并发送短信提醒单位负责人。现场作业智能管控应用界面和现场作业违章行为智能监控应用界面分别如图 4-26 和图 4-27 所示。

（八）"云景"数字化运营管控平台

南方电网的"云景"数字化运营管控平台是一个集成了"云计算、大数据、物联网、移动互联网、人工智能"等多种新技术的功能全面的数字运营管控平台，是充分发挥数据作为

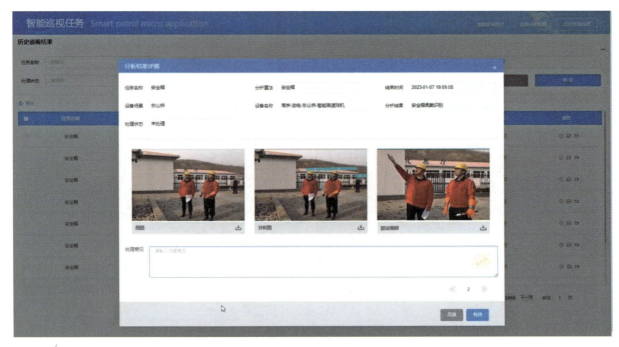

图 4-26　现场作业智能管控应用界面

图 4-27　现场作业违章行为智能监控应用界面

生产要素的价值承载平台，如图 4-28 所示。相较于其他同类型平台，"云景"数字化运营管控平台提供了一种更直观的业务展示形式，通过"一屏总览"，直观呈现出南方电网的主责主业，紧紧抓住主线业务发展情况，通过数据与地图联动，网省地县所层层下钻，实时触达一线作业现场；拥有多维度的管理规范，汇聚全量指标体系，以"1 个入口、3 个视角、5 个层级、7 个维度"支撑公司指标体系—规范、在线管理；提供自助分析工具，通过模板及案例，支持用户按需构建数据模型，以"数据+工具"赋能基层，打造"全员参与"数字化运营生态；能够实现更精准的过程监控，提供"战略运行管控"，围绕"网省地"及专业域管控衔接企业运营管控与专业运营管控，辅助南方电网各单位以个性化监控指标或主题开展监控；构建"安全生产指挥中心"，对生产监控、设备运行、作业风险、智能作业、生产指挥等进行分析研判、预测预警和辅助决策，对重点工作流程进行监督、管控，对智能设备进行操作（如无人机、巡视机器人等），实现业务协同及管理穿透；具备更全面的解决方案，构建"现代供电服务体系"，建立完善用户价值体系、组织能力体系、生态伙伴体系和评价反馈体系，为用户提供一揽子用电用能解决方案。

图 4-28 "云景"数字化运营管控平台

（九）人工智能创新平台

南方电网发布了自主研发的电力行业人工智能创新平台（简称"人工智能平台"），发布了人工智能平台的首个产品——电力行业首个自主可控电力大模型，先面向南方电网系统应用。人工智能平台已经建成，可面向用户提供训练、微调、部署等服务，是算法模型的训练工厂。平台融合了电力样本集、模型库、训练环境、算力资源等，为开发者提供灵活、易用的一站式模型服务产品，将 AI 赛事运营、算力券发放等分散事项统一到一个平台中实施，为各类 AI 业务提供了统一载体。平台的发布标志着全面服务电力行业上下游生态的体系化服务能力基本形成，有利于产业链上下游用户基于平台便捷开展模型训练、数据融合创新等，促进行业智能化转型，带动人工智能产业发展。

中核集团同方知网携手华为，以知网大规模高质量专业知识数据集为基础，成功打造中华知识大模型（简称"华知大模型"），有效解决通用大模型可信度低、专业知识性差等突出问题。华知大模型采用从芯片、技术到应用的全链路国产化底座，实现了算法、算力和数据的全面自主可控，消除不可控风险，促进了可持续发展。同时，华知大模型通过与向量知识库增强检索和可信溯源相结合，弥补大模型知识幻觉、信息过时等方面的不足，有效扩展大模型能力。在电力行业，华知大模型已落地国家电投和中核集团等多家企业，有效促进行业经验沉淀，提高工作效率。同时，基于华知大模型正在研发核电设备运维垂直大模型，为核电站（厂）的设备运行管理和检修维护业务进行赋能。华知大模型整体架构如

图 4-29 所示。

图 4-29 华知大模型整体架构

第五章

网络与信息安全

第一节 网络与信息安全管理

电力行业始终认真落实网络安全相关的法律、法规及制度要求、落实国家网络与信息安全信息通报工作总结会议和电力行业网络与信息安全联席会议精神，提高政治站位，压紧压实网络安全主体责任，重点开展健全网络安全审查管理制度、建立健全网络安全责任制、落实国家关基保护要求、等级保护要求、建立网络安全事件应急预案、组织网络安全宣传教育和培训工作，强化网络安全实战对抗和重大活动安全保障等相关工作，提升防范化解重大网络安全风险能力，高质量完成各类国家级网络安全实战演习任务，圆满完成了全国两会、攻防演习专项工作等多次重要时段网络安全保障任务，未发生网络安全事件，整体网络安全态势平稳可控。

一、建立健全网络与信息安全管理机制体制

电力企业作为关键信息基础设施运营者应当在网络与信息安全等级保护的基础上，采取技术保护措施和其他必要措施，应对网络与信息安全事件，防范网络攻击和违法犯罪活动，保障关键信息基础设施安全稳定运行，维护数据的完整性、保密性和可用性。**一是**建立健全网络与信息安全保护制度和责任制，实行"一把手负责制"，明确运营者主要负责人负总责，保障人、财、物投入。强化监督体系，开展安全运行监督，规范事件定级、调查、问责全环节。建立工业控制系统安全测评检查和漏洞发布制度，同时进一步加强工业控制系统信息安全工作的组织领导，将重要工业控制系统信息安全责任逐一落实到具体部门、岗位和人员，确保领导到位、机构到位、人员到位、措施到位、资金到位。**二是**设置专门安全管理机构，履行安全保护职责，参与本单位与网络安全和信息化有关的决策，并对机构负责人和关键岗位人员进行安全背景审查。**三是**对关键信息基础设施每年进行网络与信息安全检测和风险评估，充分识别和发现了重要系统存在的安全风险，将发现的问题纳入管理行动项并进行了整

改与闭环管理。**四是**完善网络与信息安全实时监测、通报预警、应急处置、安全防护、指挥调度的工作机制，构建了纵横联通、协同联动的全方位、立体化网络与信息安全通报工作体系，为及时消除风险、加强主动防范提供了重要保障，为维护关键信息基础设施、重要网络和数据安全发挥了关键作用。**五是**开展安全审查管理，优先采购安全可信的网络产品和服务。印发关于加强网络与信息安全审查管理工作的通知，健全网络与信息安全审查预判评审机制和流程，针对批次数字化设备和服务招标采购开展网络与信息安全审查预判评审，实现"应审尽审"；针对具体项目开展网络与信息安全审查申报并全部通过，实现"应报尽报"。**六是**开展网络与信息安全宣传教育工作，发布《关于组织开展 2023 年网络安全宣传周有关活动的通知》要求，开展"以网络安全为人民，网络安全靠人民"等主题宣传活动，增强了全员网络安全意识，提高了网络与信息安全防护技能，使全体员工牢固梳理安全第一的思想，增强自我防范意识，培养员工的自我防护能力，确保网络与信息安全。

二、持续优化网络与信息安全顶层设计

加强网络与信息安全制度体系建设，明确了电力网络与信息安全"五个不"要求，即工控系统不被攻占、网络边界不被渗透突破、网页不被侵占篡改、数据信息不被窃取盗用、供应链不被作为跳板，制定"综合管控平台、技术创新中心、专业人才队伍、专家咨询机制"的工作体系和目标。**一是**完善网络与信息安全相关规章制度，制定发布《网络安全与信息化管理规定》《网络安全管理办法》《党委（党组）网络安全工作责任制实施办法》《广域网接入管理标准》《核工业数据中心网络安全运维管理规范》等工作制度和管理标准办法，建立涵盖管理网和生产网的制度体系，保证工作有章可循；**二是**构建网络安全技术体系，建立网络安全重点实验室（电力领域分中心），共建网络安全联合实验室、信息技术应用创新实验室和测试验证基地，形成了纵向到底、横向到边的安全架构，自主可控综合能力不断提升；**三是**参照中央网信办《国家网络安全事件应急预案》，发布《网络安全事件应急预案》，明确网络安全相关单位职责，明确网络安全事件、预警分类分级标准，规范事件、预警处置流程。

三、加强网络与信息安全人才队伍建设

一是建立网络与信息安全人才库，包含红队、蓝队、专家 3 种类型专业人才。培育尖兵部队和红蓝队伍，选拔首席网络安全专家。积极组织开展创新创效大赛，通过网络安全方案评选、CTF 比赛等形式，遴选优秀方案和优秀人才。

二是常态化开展网络安全技术培训工作，开展网络安全基础培训和网络安全靶场实训等多层次、多维度网络安全培训班，进一步提升员工安全意识，提高岗位人员技术能力。积极参加第一期关键信息基础设施安全保护大讲堂，围绕实战化检验网络安全防护体系有效性、

实战行动下攻击技术总结与演进、网络安全实战经验分享等内容开展培训，组织网络安全相关工作人员参加培训，深入学习关基保护有关知识，提升相关工作水平。

三是组织开展网络安全意识培训，举办宣传活动。组织网络安全从业人员参加国资委网络安全万人培训、应急演练培训、CISP 认证取证培训，提升网络安全从业人员的政策理解、专业技术等能力。借助国家网络安全宣传周，采用线上线下相结合方式，组织开展网络安全科普宣传、在线答题、学习云课堂、微信宣传、现场培训等形式多样、内容丰富的网络安全宣传活动，加强全员对网络安全的防范意识。

四、圆满完成各类重大活动保障工作

一是圆满完成重要时期网络安全保障工作。电力行业认真贯彻落实国家上级主管部门关于网络安全工作的相关要求，在 2023 年编制下发了重要时段网络安全保障工作要求，选派优秀网络安全专家，通过远程支撑＋现场保障的方式，认真落实重保期间全时全域的监测值守和应急响应，圆满完成了全国两会、攻防演习专项工作、亚运（残运）会、大运会、"一带一路"国际高峰论坛、上海进博会等多次重要时段的网络安全保障工作，未发生任何影响业务的网络与信息系统异常事件，确保了稳定的网络安全局面，多次获得国资委、能源局等上级通报表扬。

二是网络安全竞赛成绩屡创新高。圆满完成网络安全攻防演习，参演攻击队得分再创历史新高，攻防两端能力更加均衡，获评网络和信息安全信息通报优秀单位；积极参加"第二届全国工业和信息化技术技能大赛""第五届中央企业网络安全大赛"和"网鼎杯"等国家级网络安全赛事，获得第二届全国工业和信息化技术技能大赛一等奖等多项荣誉奖项，保持央企领先水平。

五、建立健全数据安全治理体系

一是建立数据全生命周期安全保障体系。以基础数据为抓手，聚焦设备资产、客户服务、电力能量流 3 个领域，厘清数据和业务的影响关系，全面梳理数据的产生、流转等全环节信息，制定电力数据运营的制度、分级分类标准和数据使用规范，贯穿数据接入安全、数据传输安全、数据存储安全、数据共享安全、数据运营安全、数据开发安全各环节。

二是建立并优化跨网络分区的数据安全交换通道。完善数据交换策略，通过敏感数据保护、安全审计、数据安全治理等方式智能化保障电力数据在各能源链间的安全、合规流动。加强容灾备份，广东电网、广西电网、贵州电网、云南电网等单位通过数据安全管理成熟度（DSMM）三级认证，完成 30 个网级统建核心系统风险评估，等保三级以上全覆盖，完成 165 套网级系统接入备份，实现统建信息系统全覆盖。

第二节 网络与信息安全技术

一、关键信息基础设施网络安全防护

电力行业积极构建关键信息基础设施安全防护架构，全面落实《电力监控系统安全防护规定》（发改委〔2014〕第 14 号令）、《关键信息基础设施安全保护条例》《信息安全技术　关键信息基础设施安全保护要求》等政策防护要求，坚持"安全分区、网络专用、横向隔离、纵向认证"的原则，保障电力系统的安全。针对电力系统面临的主要安全风险，构建资产本体确定性防护、系统边界柔性动态、态势感知的防护理念，辅以本体安全、边界安全、终端安全、5G 涉控安全、供应链安全、安全运维等技术手段，形成电力系统关键信息基础设施网络安全防护架构，实现环境更可信、架构更柔性、数据更合规、接入更安全、装备更自主、平台更实战的电力系统数字化安防体系。

建设统一密码服务平台，构建网络、设备、应用的身份标识统筹管理体系与全场景全环节的网络身份认证体系，为基于网络、设备、应用身份的动态访问控制奠定基础，实现身份认证机制在人机交互、物联交互、数据共享的全场景覆盖，达到设备上线即可发现、设备接入就能识别身份、设备未注册就无法访问业务的防护效果。

在主机、操作系统、中间件、应用软件等层面加强系统及设备自身的本体安全，首先，优先采用自主可控、安全可信的产品及服务；其次，应用可信验证等技术加强关键服务器、业务前置、安全装置等重要设备防护，建立可信的业务执行环境，杜绝恶意代码注入和执行，并满足网络安全等级等保 2.0 标准要求。

在边界部署软件定义安全专用装置，并通过容器化改造，整合移动类、视频类、采集类等多种安全接入能力，提供安全接入能力资源池，支持多种业务终端的统一安全接入认证；部署防火墙、入侵检测防御设备、应用层防火墙等多种硬件防护设备，通过建设边界软件定义网络安全能力，整合安全厂商的核心安全检测引擎，实现多种类、多品牌防护能力的软件化部署和集中管理。

采用控制报文签名、通信数据加密、通信双向认证、设备可信免疫、安全监测等技术手段加强防护，支撑配电自动化、分布式电源调控、精准负荷控制、配网区域保护等涉控新业态安全，保障专网承载电力控制类业务的安全，防范黑客及恶意代码等对电力控制类业务攻击及侵害。

二、全场景网络安全防护体系

电力行业积极构建全场景网络安全防护体系，以应对日益复杂的网络安全挑战。体系涵盖了从发电、输电、变电到配电和用电的每一个环节，确保电力系统的稳定运行和数据的安全传输，保障电力供应的可靠性和安全性。这一举措对于维护国家基础设施安全、推动能源电力行业的可持续发展具有重要意义。

国家电网遵循"依法合规、开放可信、实战对抗、联动防御"的安全策略，以"一"个全场景态势感知平台为核心，充分应用密码、靶场"二"大基础设施，驱动网架边界、资产本体、数据应用"三"重防护，打造并依托红、蓝、产、研"四"支安全队伍，建立情报态势分析、实时监测响应、防御联动处置、攻击渗透检查、实战对抗演练"五"类安全核心业务应用，建设全场景网络安全防护体系，保障新型电力系统网络安全。**南方电网**深化技术体系，联合建立网络安全重点实验室（电力领域分中心）；完成全业务域典型布防设计，升级"五道防线"，强化新兴业务、国际业务、供应链等薄弱环节安全布防。**中国华能**总体布局"四个一"重点工作。统筹制定《集团公司网络安全提升工作方案》，明确电力网络安全"综合管控平台、技术创新中心、专业人才队伍、专家咨询机制""四个一"的工作体系和目标。**中国大唐**落实《电力行业网络安全"十四五"行动计划》，建立健全网络安全责任制，印发多项网络安全制度，完成了上级监管平台数据接入与集团公司态势感知平台建设，加强网络安全监测预警，构建网络安全综合防控系统。**国家能源集团**持续收敛集团公司互联网暴露面，加强互联网出口监测与防御，完成86家二级单位、800多家三级/四级单位互联网出口归并和集中防护。构建"三纵五横"纵深立体防御体系，建成云防护、蜜网防护、统一防病毒等10余项集团统建系统，全面保障集团网络空间安全。**中核集团**推进核工业数据中心网络安全二期项目建设，根据集团一张网规划，完成一、二区划分、互联网区云建设等工作，推动一张网项目建设。**中广核**在网络安全技术方面，基于上级监管部门对于网络安全的相关要求，集团网络整体上划分为3网6区。并完善和强化网络隔离与安全监测措施，建立纵深防御体系，保障电站生产系统绝对安全。具体包括三四区物理断开以及管理大区办公内网与办公外网实施强隔离措施。**中国电建**搭建集团级威胁诱捕系统（蜜网平台），主动防御、精准防御能力进一步增强。开展互联网系统安全治理专项行动，针对九大突出安全隐患对426个互联网应用开展评估整改，发现问题系统266个，消除隐患229项，缩小边界威胁暴露面。**广东能源**坚持"实战化、体系化、常态化"的原则，加强互联网应用安全防护和检测，初步建立了横向到边、纵向到底的立体网络安全防护体系；部署集团云平台安全防护系统，具备分层分域安全防护、灵活扩展和自动化管理能力，为云平台应用系统和数据提供安全保障。**京能集团**开展了统一互联网收口工作，主要覆盖办公内网和办公外网，对整体网络连接方式进行优化调整，进一步加强了网络安全监测和保障。**内蒙古电力**技防体系不断完善。网络安全业务分析系统上线运行，完成外网入侵防御、防病毒网关、全流量存储及溯源分析系统建设，优化调整设备防护策略。推进零信任访问控制系统、蜜罐等项目建设。

三、构建态势感知平台

建设全场景网络安全态势感知平台管控管理信息类业务系统，在态势感知广度方面，感知能力进一步向新能源、新负荷、新装备、新应用延伸。在深度方面，由面向主机设备、网络边界的监测，逐步深入到业务和数据的安全监测，实现覆盖全业务、全场景、全终端的网络安全监测感知预警。强化实战对抗能力提升，在态势感知平台的全场景感知基础上，结合智能化分析，融合基础库、实时监测数据，整合安全分析能力与响应措施，强化应对安全威胁的联动和编排能力，在监测到安全威胁时，可以实现分级精准处置，对网络攻击行为联合实施反制，快速恢复业务，提升体系化运营效率和技术对抗能力。

国家电网推动新一代全场景网络安全态势感知平台（S6000 2.0）深化应用，有效支撑两级网监中心标准化运营，开展自动化拦截率专项工作，监测并拦截网络攻击 4.75 亿次，拦截率达到 90% 以上，显著提升全场景态势感知能力和自动化拦截率水平。**中国华能**持续强化网络态势感知安全运营平台能力，基本完成态势感知运营平台开发工作并通过功能测试，累计发布 11 个版本，定制开发 122 项功能。选定系统内 16 家单位开展试点工作，分析设备安全预警 3271324 项，完成应急处置 3324 项，威胁排查 1041 次，漏洞整改 265 项。累计发布 11 期 43 次漏洞预警，其中紧急预警 1 次，高危预警 21 次，中危预警 19 次，极大促进漏洞日常整改工作。**中国大唐**借助"云大物移智链"等新技术建成了工控安全监测与诊断中心，利用攻防演练、风险评估、安全检查、态势感知监测等多种方式常态化开展网络安全风险排查和隐患治理工作。**国家能源集团**全面提升集团网络安全态势能力，建成覆盖"两个互联网出口、三个数据中心、八个广域网节点"的管理网态势感知平台和覆盖煤、电、化、运全业务板块的工控网态势感知平台，全年拦截恶意攻击 400 余万次，处置网络安全告警事件 1 万多例。**中核集团**建立中国核电整网态势感知平台，拓展监测范围，及时发布隐患及漏洞信息，具备监控和汇集核电整网网络安全信息、分析研判整体态势的能力。加强网络监测分析和溯源追踪体系建设，有效提升主动防御能力。**中广核**建设集团安全监测指挥中心，推动构建跨层级、跨区域的多级监测预警和协同联动处置，形成多级协同指挥工作机制，实现集团网络安全工作上下贯通、左右联动，持续为下属单位赋能。**广东能源**持续开展网络安全态势感知平台安全监测和深化应用，实现网络安全态势实时监测、安全风险隐患及时发现、安全告警事件快速处置，有力提升集团网络安全态势管控和应急处置水平，构建了"各单位自主管控，全集团联防联控"的全天候全方位网络安全整体防护格局。

四、核心装备技术自主可控

落实供应链安全防护，加强网络安全核心技术装备自主可控、推进核心系统基础软硬件国产化替代，加强信息通信技术"断供"风险管控，建立供应链产品、企业的准入机制，落实供应商管理与评价，推进常态化运行管理，加强重要软硬件分销物流管控，实现供应链全环节可信可溯，防范供应链风险。

中国华能坚定构建自主可控综合能力。开展关键技术攻关，推动实现火风水电站工控系统的国产化和核心生产控制系统的安全自主可控，以集团研发的基于 PK 体系的睿渥系列电力生产控制系统（DCS）和信息监控系统（SIS）为对象，制定了全国产工控系统安全评测方案，分为生产现场实网评测、实验室综合评测、沙盘推演 3 部分进行；牵头 15 家科研院所、高校和龙头企业组建了发电领域电力基础设施网络安全创新联合体；推进综合办公系统、管理信息系统、经营管理系统自主可控工作。**中国华电**打造基于自主可控（长安链）区块链基础设施（以下简称"华电链"），搭建了集团内标准服务平台，制定完成技术规范、技术要求、标准服务模式，实现所有模块自主研发，支持网络集中管控环境下大规模动态组网，提供丰富的加密算法实现数据资产的隐私保护，满足业务过程全流程的数据验证、保真和溯源需求，可有效解决多方数据互信、数据安全和隐私保护的问题，为大规模、高效率的业务场景提供可信数据支撑。"华电睿蓝"成为国内首套搭载 E2000 的自主可控 DCS，在华电龙游电厂投入应用，系统整体性能迭代升级。G50 燃机首（套）示范应用项目顺利通过"72＋24"小时试运行。**国家能源集团**根据国家"自主可控"要求，国能链基于北京市委、市政府牵头研发的国产自主可控开源项目长安链开展建设，BaaS 平台采用集团自研方式完成。核心模块全部自研，构建了完整的国密算法体系，拥有完善的权限管控机制和完备的隐私保护机制，支持安全的存储模式，兼容主流国产处理器及操作系统，构建了完全自主、可控、安全的区块链技术底座。**国家电投**自主可控替代相关工作取得明显成效。制定自主可控工作方案，开展综合办公类系统和经营管理类系统试点改造实施以及自主可控云桌面试点建设。圆满完成火电机组 DCS 自主可控研发与 3 台套火电机组 DCS 试点应用。2023 年底，接受中央网信办、国家能源局、国资委的自主可控工作现场检查，相关工作获得肯定。**广东能源**发布信创应用工作方案，统筹部署集团整体信创应用工作。推进网信基础设施和业务系统的信创应用，构建了"云平台＋国产操作系统＋国产数据库＋云安全防护"的信创云技术底座；建成集团自主可控虚拟化平台；编写计算机终端信创应用实施指引，指导各管理单位开展计算机终端信创替代工作。

五、新技术网络与信息安全研究探索

电力行业积极投身新技术网络安全研究与探索，以应对数字化转型过程中的新型安全挑战。随着智能电网、物联网设备和大数据等技术的广泛应用，电力系统的网络安全问题变得尤为重要。行业正在推动对加密技术、区块链、人工智能等前沿技术的研究，以增强网络的防御能力，提高对网络攻击的识别和响应速度。

国家电网保障新型电力系统网络安全。落实新型电力系统重大科技攻关工作部署，融合网络空间安全和地理学等多学科的理论方法，探索网络空间测度与认知方法，构建网络空间地理图谱，并基于网络空间地理图谱开展网络安全事件智能分析技术研究；研究分布式光伏、无人机等用户侧新型电力系统典型场景下安全风险，制定无人机业务应用网络安全防护技术方案。健全数据安全管理体系。制定公司数据安全总体防护方案，全面指导公司及所属各级单位数据安全防护工作开展。强化提升数据交互、分析、运维以及研发测试 4 个场景安全防护能力，完成 6 家单位数据安全风险评估。**中国大唐**组织系统发电企业专家开展新型电力系统网络安全防御提升专题研究，针对新型电力系统"源网荷储"全网协同调度新模式，以及电力市场交易等敏感数据的多方交互需求，全面分析当前所面临的网络安全风险，逐步形成常态化攻防安全、供应链安全、物联网安全、数据安全、新技术安全多维度防护一体的新型网络安全体系。**国家电投**持续完善国家级电力网络安全靶场。2023年按照"安全分区、网络专用"的原则对国家能源局挂牌的网络安全靶场进行了拓展优化，联合系统内单位开展了核电、风电、火电分靶场的基础设施建设，初步实现了靶场资源的共享调度。

第三节　网络与信息安全运营

随着数字化转型工作深入推进，网络安全空间面临的威胁不断增加。前期各企业技防措施以被动防御为主，缺乏对网络环境动态变化的应对能力，缺乏统一监测工作、集中响应机制，缺乏对事件的追踪溯源能力，需要由被动防御向主动防御转变，收集企业安全数据，获取全局威胁情报，利用技术手段深度分析潜在的风险，提升对威胁风险的预警控制能力，全面提升全网的安全防护能力。电力企业作为关键信息基础设施运营者，健全公司网络安全防护体系，从规划到落地，全面开展安全运营建设工作，将安全防护从"被动响应"的安全运维转变为"主动防御"安全运营，提高网络安全综合防御能力。

一、网络安全运营工作实施路径

电力行业高度重视安全运营工作，积极开展相关工作探索。基于现有安全防护体系，从顶层设计开始，在资产合规、监测响应的基础上，以"损失控制"为核心目标，持续开展安全态势的实时监控、告警信息的高级分析、技防措施的统一升级、安全策略的持续优化等工作，快速发现、快速响应、快速优化，实现安全防护的闭环管理，保障公司业务运行中的数据安全和运行安全，全面提升公司的信息安全防护水平。

一是开展网络安全实时监测。 加强监测能力的建设，增加对技防措施安全状态的实时监测，扩大监测数据的接入范围，做到网络安全涉及的对象和要素全覆盖实时监测，为态势感知、关联分析及调查取证提供多维度的数据支撑，全面提升电力企业网络安全风险态势感知能力。

二是开展网络安全情报高级分析。 基于情报的自动化匹配分析从而发现高级威胁，结合电力行业特性孵化出适用于企业的行业情报，基于行业情报自动匹配、精准定位风险威胁，完善高级分析措施，利用必要的高级威胁分析工具，结合人工智能、行为特征、安全场景等方式，对海量监测数据进行深度挖掘，洞悉高级威胁，提高威胁发现能力和对事件的跟踪溯源能力，第一时间感知发现攻击事件。

三是开展网络安全技防措施统一升级。 探索技防措施的统一升级方案，形成各电力企业安全可信的升级服务源，统一准备数据、数据验证，统一版本控制、统一频率规范，提高各相关企业安全设备升级工作效率，确保各单位安全设备稳定、高效运行。

四是持续优化网络安全技防策略。 依据国家标准和行业要求，结合实际业务应用，按照等级保护 2.0 等标准相关要求，明确持续监测、威胁情报、快速响应类的、具体的落地措施，持续完善技防措施，持续优化安全策略，以提升电力企业的网络安全防护水平，保障业务的安全稳定运行。

二、网络安全运营工作成果

国家电网持续探索网络安全运营工作。安全运营平台建设方面，推动新一代全场景网络安全态势感知平台（S6000 2.0）深化应用，有效支撑两级网监中心标准化运营，开展自动化拦截率专项工作，监测并拦截网络攻击 4.75 亿次，拦截率达到 90%以上，显著提升全场景态势感知能力和自动化拦截率水平。**网络安全实战对抗方面**，全年完成 4 期网络安全实战对抗、10 期跨区域联合演练，强化联防联控协作能力。**网络安全督查检查方面**，开展对外服务业务应用、财务金融类系统等重大网络安全及数据安全专项督查，有效提升公司网络安全防护能力。

南方电网持续优化安全保障体系。守牢安全运行底线方面，圆满完成全国两会、博鳌亚洲论坛年会等重要保供，获国家能源局等通报表扬；圆满完成 HW2023 网络攻防实战演习，承受"3 倍积分悬赏，开局即总攻"等高压考验，参演攻击队得分再创历史新高，攻防两端能力更加均衡；积极做好极端情况下数字化系统抗毁耐压技术储备。**深化技术体系方面，**联合建立网络安全重点实验室（电力领域分中心）；完成全业务域典型布防设计，升级"五道防线"，强化新兴业务、国际业务、供应链等薄弱环节安全布防。**强化安全运行支撑方面，**完成云盾平台建设，构建"监防管控服"一体化业务场景，初步实现"业务数字化、资产可视化"；依托国家级网络安全靶场首次举办 SD－2023 电力行业网络安全攻防实战演习，行业网络安全漏洞库落户南方电网，获国家能源局高度肯定。**重大时期网络安全保障方面，**网络安全保障更加有力，HW2023 实现"三不一零""三个不中断"和零失分的既定目标，防守成效央企领先。

内蒙古电力持续提升网络安全运营保障能力。重大保障方面，圆满完成全国两会、杭州亚（残）运会、"一带一路"国际合作高峰论坛网络安全重大保障工作。作为防守单位连续 2 次参加国家网络攻防实战演习，在实战对抗中，抵御外部网络攻击 107735 次，封禁恶意 IP 地址 51693 个，及时处置线索 2 条，再次取得较好成绩。**技防体系建设方面，**网络安全业务分析系统上线运行，完成溯源分析系统建设，优化调整设备防护策略。推进零信任访问控制系统、蜜罐等项目建设。完成巴彦淖尔等 4 家供电单位网络安全态势感知子平台建设，实现态势感知平台供电公司全覆盖。

中国华能持续发力安全运营工作。重大时期网络安全保障方面，认真落实重保期间全时域的监测值守和应急响应，圆满完成了全国两会、攻防演习专项工作、亚运（残运）会、大运会、"一带一路"峰会等 6 个重要时段的网络安全保障工作，确保了集团网络安全态势可控在控。**网络安全实验室建设方面，**有效支撑国家能源局国家级电力网络安全靶场高质量发展，参加国家级网络攻防实战演习和国家能源局组织的 SD－2023 电力行业网络安全攻防实战演习，入选国家能源局"赛马争先"智能发电及网络安全技术研发中心。**网络安全运营机制建设方面，**依托自研态势感知运营平台，分析研判的监测预警情报；依托企业微信 iHN＋威胁告警信息闭环管理群，实现预警信息的实时联络，建立威胁情报处置机制，构建监测预警、分析研判、应急处置全流程覆盖集团的联动联防应急响应机制。**网络安全攻防实战演习方面，**作为专项行动防守方，实战阶段成功监测及处置各类网络攻击 408.3 万余次，生产控制大区边界未被突破，内外网边界和内网服务未被攻破，靶点单位未被攻破。

中国大唐网络安全运营工作成效初显。重大活动网络安全保障方面，圆满完成了"亚运会""大运会"等重大网络安全保障任务，HW2023 网络攻防实战演习成绩优异。**应急管理体系建设方面，**制定并完善应急管理组织结构和应急管理标准规范，从事前（建立应急预案体系、日常技术保障、应急演练）、事中（预案选择、应急响应、预案评估）、事后（现场恢复、总结改进）以及贯穿整个应急过程的安全培训出发，构建了基于电力监控系统的网络安全事件应急处置体系。**网络安全指挥协调平台建设方面**，实现了网络安全指挥协调平台的应急处置功能，针对应急事件，通过相关的预案流程和指令下发、资源调度，从而实现对突发事件的快速处置，应对突发的相关安全事件，做到对应急事件的高效处理，流程闭环。

中国华电开展体系化的网络安全运营能力建设。深化网络安全统一管控，健全网络安全防护体系，强化网络安全能力建设和赋能基层单位，加强网络安全监测与预警，扎实开展网络安全保障和信息通报工作，建立网络安全事件应急预案，组织网络安全宣传教育和培训工作，未发生任何重大网络安全事件。

国家能源集团网络安全运营工作捷报频传。日常和重要时期网络安全保障，常态化开展网络安全检查，完成 19 家单位现场检查和问题整改。圆满完成 HW2023 网络攻防实战演习，分析处置 5000 余起攻击事件。加强关基安全保护，组织完成集团 6 家关基单位应急演练、20 余家单位风险排查，推进国家级关基防护试点示范项目建设，提升重点领域防护能力和运营水平，全年未发生一般及以上网络安全事件。**网络安全人才队伍建设方面**，培育多支集团红蓝军队伍，积极参加"网鼎杯"等国内大型网络安全赛事，获得国家级、行业级荣誉奖项 8 项。

国家电投常态开展网络安全运营工作。日常网络安全保障方面，全年监测互联网攻击 532 万余次，封禁恶意 IP 地址 61.8 万余个，劫持恶意域名 2.9 万余个；收到外部预警 183 份，均在规定时间内闭环处置。**重大活动网络安全保障方面**，完成全国两会、中亚峰会、成都大运会、杭州亚运会及亚残运会、"一带一路"高峰论坛等重要时期网络安全保障，受到通报表扬。**网络安全攻防实战演习方面**，参加国家级和地方网络攻防实战演习并组织内部演习。在国家网络安全攻防实战演习，取得"优异"成绩。组织开展内部网络攻防演习，对集团网络安全能力进行了全面检验和摸底，组织严格完成整改工作。

中国三峡集团加强网络安全运营工作。重要时期网络安全保障方面，连续 5 年获得国家网络安全攻防演习行动最高等次成绩，演习期间共抵御各类攻击 2.3 亿次（同比上升 254%），有效保障集团重要信息系统安全稳定运行。圆满完成全国两会等重要时期集团网络安全保障工作。**网络安全责任制方面**，实现集团党委网络安全责任 100%全覆盖。**落实等级保护制度方面**，常态化、滚动式开展国家等级保护备案、测评及建设整改。**关键信息基础设施安全保护方面**，顺利完成三峡船闸及升船机、向家坝改造工程国家网络安全审查。开展集团级关键信息基础设施认定，对集团级关键信息基础设施提级重点保护。

中核集团多方位开展网络安全运营工作。组织机制建设方面，从组织管理、防御保障、监测发现及应急处置等方面加强安全管理，形成了纵向到底、横向到边的安全架构，在网络安全工作组的指导下统筹开展各项工作。**网络安全演习和重大活动保障方面**，参加网络安全攻防演习，推动落实网络安全防护措施，保障重要时期网络安全，全年未发生被上级单位通报的网络安全事件，坚决守住网络安全底线，全面完成重点任务。

中广核扎实推进网络安全运营工作。组织机构建设方面，建设集团一级网络安全运行中心和重要成员公司二级网络安全运行中心，实现 7×24 小时的"实时监测、即时处置、按时完成、两级联动、反馈整改、持续提升"的管理机制，落实网络安全常态化、实战化保障要求。**网络安全运营管理平台建设方面**，满足国家网络安全相关法律与安全监管合规的要求，围绕集团安全管控需求，建设集团安全监测指挥中心，推动构建跨层级、跨区域的多级监测预警和协同联动处置，实现集团网络安全工作上下贯通、左右联动，持续为下属单位赋能。**网络安全保障方面**，2023 年共完成 9 次重要时期网络安全二级保障任务，精心部署各项网络安全保障工作，全心全力维护重要时期集团网络安全。在国家网络安全实战攻防演习期间，启动网络安全一级保障机制，实现靶标系统零失陷、集团重要系统零失陷的好成绩，被评为优秀防守单位。

中国电建安全运营能力不断提升。技防能力建设方面，搭建集团级威胁诱捕系统（蜜网平台），主动防御、精准防御能力进一步增强。开展互联网系统安全治理专项行动，针对九大突出安全隐患对 426 个互联网应用开展评估整改，发现问题系统 266 个，消除隐患 229 项，缩小边界威胁暴露面。**网络安全专项演习方面**，参加 HW2023 网络攻防实战演习，通过 15 天 24 小时的不间断值守，摆脱以往部分子企业被动"挨打"困境，成功将攻防对阵主战场前移至互联网边界，实现集团核心云与应用"零"失分的整体目标。**网络安全重保任务方面**，以统一互联网出口收缩为契机，整合人防技防能力，开展集约式防护，全网自我威胁监测与应急处置水平大幅提升，圆满完成"杭州亚残运会""一带一路"峰会等关键时期公司网安保障工作，活动期间零事故。

中国电力装备持续夯实网络安全运营能力。重大活动保障方面，加强数字化专项安全保障，围绕落实网络安全主体责任、完善网络安全管理体系、建立和完善网络安全应急处置体系、开展网络安全风险评估和隐患排查等方面，统筹推进集团网络安全工作，发布《网络安全建设规范指南》，通过演习提升集团公司网络安全防护水平。二十大等党和国家重大活动期间集团未发生网络安全事件。

东方电气网络安全运行能力持续加强。网络安全应急体系建设方面，发布《网络安全应急预案》，对网络事件进行分类分级，明确应急处置组织架构、预警及事件处置程序。**网络安全态势平台建设方面**，初步实现对网络安全的发展趋势预测和预警，主动出击，及时化解潜在网络安全风险，全年集团未发生较大及以上网络安全事件。

广东能源全面筑牢网络安全防线。组织保障建设方面，发布网络安全工作要点，建立完善集团网络与信息安全情况通报机制。**网络安全保障方面**，组织开展集团 49 家单位网络安全现场检查，圆满完成重要时期网络安全保障工作。**网络安全应急处置方面**，组织开展集团网络安全实战攻防演练活动；修订网络安全事件应急预案，开展网络安全应急演练活动。

浙能集团网络安全运营工作质效不断提升。重大活动保障方面，坚持网络安全隐患"动态"清零，全年未发生网络安全事件，圆满完成杭州亚运会、亚运（残运）会等重大活动期间网络安全保障。参加各级网络攻防实战演习 5 次，日均阻断攻击 80 万余次、封堵恶意 IP 近 200 个，连续 3 年在网络攻防实战演习中获"优异"评级。

京能集团切实做好网络安全运营工作。重大活动保障方面，持续加强京能集团及所属企业的网络安全管理工作，参加集团组织的 2023 年度网络安全攻防演练，圆满完成第三届"一带一路"国际合作高峰论坛网络安全保障工作，并部署安全措施，全年未发生网络安全事件。

第六章

数字化支撑与保障

第一节　数字基础设施

数字基础设施建设是指构建以数据创新为驱动、通信网络为基础、数据算力设施为核心的基础设施体系。这个体系主要包括以下几个方面：一是通信网络基础设施，如5G、F5G、IPv6＋、工业互联网等，用于实现数据的传输和交换，确保高性能网络运行，让远程实时协作成为现实；二是算力基础设施，包括人工智能、存储、计算、数据中心等，它们以数据为主要对象，支撑数据的全流程活动，如数据的采集与感知、实时传输等。此外，数字基础设施还包括云计算、物联网、区块链等新一代信息技术演化生成的基础设施。数字基础设施是数字经济的基石，数字化技术将为电力系统的智能化、数字化、高效化、网络化、清洁化及安全化提供支持，为实现清洁能源转型、提高电力系统的可靠性和安全性，以及降低能源成本等目标提供强大支持。因此，电力系统的相关机构和企业需要加强数字化技术的应用和创新，不断推动数字新基建在电力系统中的落地和发展。

一、数据中心建设

随着数字经济的快速增长，数据中心在电力行业中的整体规模和数量都在持续增加。这主要是为了满足电力行业对数据处理、存储和传输的日益增长的需求。在电力行业数据中心建设中，技术创新是推动其发展的关键因素。如采用云计算、大数据、人工智能等先进技术，可以提高数据处理能力、优化资源配置、提升运行效率。同时，这些技术的应用也为电力行业带来了更多的业务模式和服务创新。**国家电网**建成国内领先数据中心，建成国内领先的总部（北京、上海、西安）、省（市）电力公司两级数据中心，为公司各级数字化业务系统提供稳定可靠的底层计算、存储资源。积极落实国家数据中心节能降碳工作部署，选取9家试点单位开展数据中心节能降碳改造，北京数据中心成为国内首个获得能效等级一级认证的数据中心。国网安徽电力、国网甘肃电力获评绿色数据中心，如图6-1所示。**南方电网**基础设施

图 6-1 国网安徽电力、国网甘肃电力获评绿色数据中心

建设稳步推进。"3+1+X"基础设施全面推进,棠下数据中心正式投运,新增部署1000节点算力,贵安、惠蓄数据中心稍有滞后;海外数据中心有效支撑境外资产管理等境外系统安全稳定运行;分布式数据中心有序开展建设。**中国大唐**积极推进集团公司"两地两中心"建设,全面开展系统内外调研,制定《集团公司数据中心选址技术规范》,组织专家认真打分评审,形成选址报告。开展总部机房改造,算力、存储能力实现较大提升;印发《关于进一步加强信息机房管理的通知》,全面开展机房规范化治理,总部机房已取得初步成效,可靠性与规范化程度取得长足进步。**国家电投**建成集团公司新型数字化基础设施,贵安数据中心建成投用,一期项目建筑面积14000平方米,达到A级机房标准,能满足集团中长期数字化发展要求。**东方电气**网信基础设施底座平台的基础不断夯实。加快推进以云计算、工业互联网、5G、人工智能等代表的新一代网信基础设施的布局和建设。完成云计算数据中心建设规划,启动成都地区中心机房建设,实现集团总部园区无线网络全覆盖。

中核集团核工业数据中心按国标A级标准建设,占地1.5万平方米,建筑面积2.6万平方米。遵循"一次规划、分期投用"的原则,一期建成4个IT模块机房,506个标准机柜投入运行,300个标准机柜快速扩展能力,远期战略预留1200个标准机柜空间,如图6-2所示。核工业数据中心融合大数据、人工智能、核+北斗等先进技术,构建集中共享、安全高效、智能先进的"中核云"平台,推动集团公司信息化建设、数字化转型实现从分散到集中,从集中到集成、从集成到智能的跨越式发展。

图 6-2 中核集团核工业数据中心

中国能建广东省海上风电大数据中心是国内首个海上风电大数据中心，由广东院自主研发，采集储存了广东省海上风电规划、建设和运营数据，基于物联网、大数据、人工智能等技术和海量数据，开发了海上风电基础结构监测、风机预警、气象水文预报、船舶人员监控、智能运维等一系列智能应用，其平台界面如图 6-3 所示。该中心采用 Hadoop 分布式数据架构作为大数据中心支撑。并可通过网页、手机 App 及 API 等多种方式对外提供数据服务，以数字为枢纽，连接政府监管机构、投资方、设计咨询方、制造方、高校科研院所等相关方，打造共享、共商、共建的海上风电产业的数字生态系统，中心拥有多项软著和专利等自主知识产权，入选了工业和信息化部大数据产业发展试点示范项目。成果为广东省能源局、阳江发展和改革局等政府机构在海上风电的规划、建设和运营中发挥了重要作用。

图 6-3　广东省海上风电大数据中心平台界面

二、云平台建设

电力行业云平台建设在技术创新、市场规模、应用范围和管理模式等方面都取得了显著进展。未来，随着技术的不断发展和应用，电力行业云平台将在提高电力生产效率、保障电力安全、优化资源配置等方面发挥更加重要的作用。国家电网全面建成一体化国家电网云，平台架构坚强、支撑有力、响应敏捷，平台规模处于央企领先水平，支撑业务系统全面上云，实现资源全局调度、灵活共享、高效应用，服务公司数字化转型和高质量发展。国家电网云平台采用专有云模式，整体采用"一云多 Region"架构，覆盖三地数据中心及 27 家省公司，其技术优势如图 6-4 所示。2023 年圆满完成全网国家电网云平台建转运，完成国家电网云大版本升级，实现从规模建设向持续运营转变。南方电网云算力规模取得新突破，持续扩充南方电网云算力，整体规模达 1 万节点，存储、内存利用率分别超 80%、60%；开展云边协同

图6-4　国家电网云平台技术优势

技术路线论证和验证测试，开展云数一体机设计与云边协同软件研发，在深圳试点"电力+算力"研究与应用，初步形成云边协同的核心架构。**国家能源集团**推进国能云建设。完成国能云建设总体工作方案制定和立项，提出建设分布式混合一朵云，企业云支持集团公司应用上云、数据上云、服务上云、设备上云；行业云汇聚集团优势数字化成果，部署岗位标准化作业管理、融合通班组管理、煤炭数质量上链存证等云上应用，助力集团数字化成果外化赋能。**国家电投**云计算平台（电投云）投入运行，为集团各应用平台提供高效、灵活、可靠的计算和存储资源。**中国电建**新型数字基础设施供给能力持续提升。编制《公司行业云及数据中心规划方案》，构建"5+N"数据中心模式，统筹各项业务上网上链上云，重点研发行业"工程云"建设。**中国能建**深度参与国家"东数西算"枢纽节点市场开发；积极推进数能融合模式创新，建立"国家算力网"与"绿色电力网"协同发展机制；充分发挥投建营一体化服务独特优势，大力提升枢纽节点及数据中心投资建设及运营能力，实现了数能产业跨界深度融合、"能源+"价值创造逻辑重构，推动各大枢纽节点开发取得实效，为"东数西算"战略落地贡献能源央企智慧与方案。甘肃庆阳等项目依托"源网荷储"一体化绿色算力枢纽智慧运营平台，充分发挥储能和算力负荷的调节能力，通过电力与算力的智慧联合调度运营，为大数据产业园提供长期稳定低价的绿色电力。平台实现面向"源网荷储"综合系统的状态监测感知及预测分析，面向电力市场的源荷互动绿色电力交易优化决策，"源网荷储"一体化绿色算力枢纽综合优化调度与效益评估，确保系统整体效益最优。**广东能源**建成集团级数字能源云平台，采用"云平台＋国产操作系统＋国产数据库＋云安全防护"的信创云技术底座，与省国资委粤企云联合构成数字能源混合云，实现计算、存储和网络资源的整合、服务化封装、动态调拨和集中管理，面向整个集团输出优质高效云资源服务，简化、加速信息系统资源部署、上线进程，降低系统建设开销。**京能集团**夯实数字化转型底座，云平台采用全信息技术应用创新建设，按照硬件安全可靠、适度超前，符合政策、行业主流；软件安全可靠、稳中求进，开放兼容、生态丰富，方便易用、服务优质，业绩突出、行业一流等原则进行选型。**内蒙古电力**"蒙电云生态"持续打造。完成云平台扩容工程竣工验收，实现云平台二期工程上线运行，蒙电云平台达到 462 节点规模化部署，蒙电云基础设施和平台服务能力显著增强。

三、企业中台建设

电力行业企业中台建设是企业数字化转型的重要组成部分，通过构建统一、灵活、高效的服务平台，可以提升业务效率、优化资源配置、实现数据驱动决策，为企业的发展和创新提供有力支持。**国家电网**强化企业中台建设，一是提升业务中台共享协同服务能力。完成电网资源业务中台同源维护全面落地，实现设备、营销专业电网资源全面汇聚，累计电网资源数据 20 亿条，企业级实时量测中心累计汇聚调度自动化、配电自动化等各类系统量测数据 60 余项、日均 391 亿条，客户服务业务中台汇聚用户 3.23 亿，财务管理业务中台统一沉淀 584 项共享服务，项目管理业务中台管理项目 20 余万项/年。二是提升数据中台服务质效。数据中台汇聚各业务系统高价值数据结构化数据 16.23PB，非结构化数据 5.99PB，支撑各级应用场景构建约 6.28 万个，服务数据服务调用量 1324 百万次。三是提升技术中台高效灵活支撑能力。GIS2.0 融合汇聚接入各类空间数据 320TB，i 国家电网实现应用归集、统一防护，提供即时通信、音视频会议、通讯录、短视频等移动通用能力，日活约 70 万人，统一视频纳管作业现场、站线、信息机房等场所视频设备 140 余万台，统一权限纳管外部用户数量突破 180 万。四是提升企业中台服务和运营能力。印发《强化业务中台两级协同运营工作方案》《业务中台省侧运营指导意见》，固化省侧运维活动、流程。推进中台评估和服务治理，下发《业务中台运营情况通报》，完成各业务中台问题服务治理，中台服务平均响应时长性能提升 37.16%。发布《业务中台服务设计及交互规范》，提升业务中台运营规范标准化水平；完成统一服务调度组件应用切改 30 余套，完善两级调用配置数据同步、服务管理、应用管理和运行监测能力。国家电网基础数据底座概述如图 6-5 所示。**南方电网**企业级中台基本建成。衔接企业架构设计，提炼共享复用能力，推动中台赋能业务生态构建。一是拓展应用中台。优化合同、项目等 10 个存量中心，新增规则、待办等 6 个中心，累计沉淀服务 1000 余项，月均服务调用次数达亿级，支撑待办一站式处理、全域停电信息检索等 50 余项业务场景建设。二是提升数据中台。扩增数仓模型，累计达 4.2 万个，覆盖管制类 13 个业务域；完成企业级指

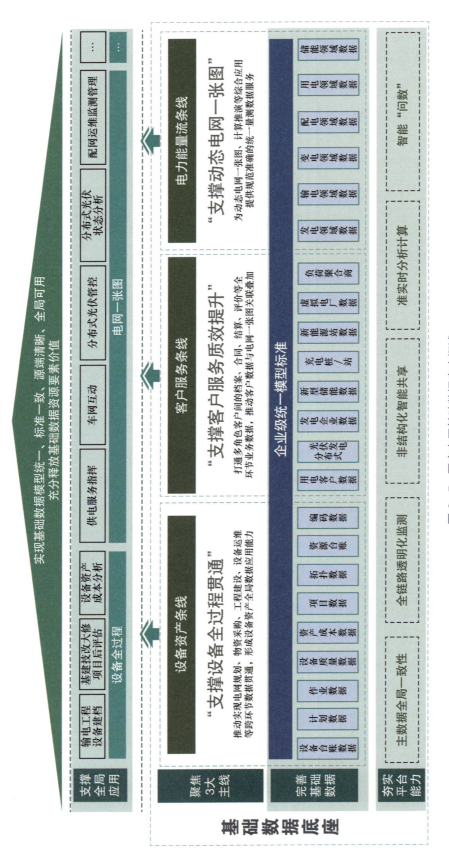

图 6-5　国家电网基础数据底座概述

标库全面落地，新增指标服务 1146 项，支撑超 60%核心应用。三是优化技术中台。完成微服务看板、工作流组件监控建设，初步形成轻量化技术服务的支撑体系；实现管理微服务实例 2.2 万余个，提供 186 套高可用组件，组件供给时长缩短 30%以上。四是建设安全中台。对接密码服务、数字身份、数据安全、云安全等安全域，完成安全组件接入以及能力封装适配、策略下发、安全控制，初步实现组件能力复用服务化。五是初步建成运营体系。完善运营机制，形成四大中台统一运营方案和网省协同运营机制，深化中台运营管理平台建设。**国家电投**推进产业数据中台建设，持续接入新增投产电厂，累计接入境内场站 1767 座，装机超 2.1 亿千瓦，包括风、光、水、火、核电场站；累计汇聚数据 1070TB，支撑无故障场站运行；完成产业态势分析主要业务功能开发，整体上线试运行；基本能够支撑新能源集中运营管理。产业数据中台获得中国安全生产协会安全科技进步一等奖。推进管理数据中台建设，已汇聚综合办公、燃料管理、电力营销、计划预算等 31 个统建系统的数据，包括 199 个原子指标，469 个派生指标，60 个复合指标，开发数据驾驶舱、总部智慧运转中枢、科技创新等应用主题，支撑了大数据审计、对标分析等应用建设。**中国电建**华科软公司围绕数据管理的组织、制度、流程、技术体系建立数据管理方法论，研发"数涟"大数据管理平台，为企业提供从咨询到技术落地的全方位一体化解决方案，实现企业数据战略规划、数据管理机制建设、数据资产盘点、主数据管理、数据质量管理、数据共享交换、数据分析应用、数据专业人员培养等。方案已在多家单位落地实施，有效支撑企业对数据管理和应用需求，充分释放数据价值，助力企业数字化智能化发展。中国电建华科软公司"数涟"大数据管理平台功能架构如图 6-6 所示。该平台围绕大数据生态圈集成多种技术，以"接—存—算—管—用"为建设思路，支持结构化、半结构化、非结构化数据的集成接入、存储、开发计算、管理和应用等数据全生存周期管理。其中数据管理支持数据资产目录、数据建模和元数据管理；数据标准的业务术语管理、主数据管理、参考数据管理、指标数据管理等；数据质量的规则库管理、质检方案制定和执行管理；数据安全的敏感数据管理、数据权限管控和安全监控等，确保数据的一致性、完整性、准确性和安全性，提高数据规范和数据质量。数据应用支持数据灵活编排、应用场景快速搭建，依托数据分析建模、数据挖掘等技术，实现数据驾驶舱、数据服务市场、数据图表可视化分析（大中小屏）等，满足企业业务运营、经营分析、战略决策、风险预警、数据服务开放共享的数据应用需求，充分发挥企业数据价值。**广东能源**已构建集团级企业中台。一是建成国产化、智能化、云化的集团级数据中枢，包含数据湖、数据中台、数据分析应用和共享交换平台 4 个模块，实现集团全域数据汇聚、共享交换及跨域分析。对内有力支撑财务共享中心、资金管理等业务系统按期上线，持续满足新业务数据需求；对外对接"数字国资"数据共享交换平台，实现"粤薪汇"等国资监管数据自动上报。二是建成

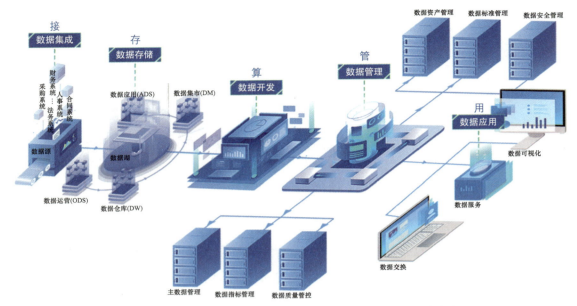

图 6-6 中国电建华科软公司"数涟"大数据管理平台功能架构

包括业务及技术中台的能力中枢，提升核心架构自主研发水平，实现应用开发标准统一、技术底座规模复用、业务能力共建共享，快速响应业务需求和充分赋能业务发展，为业务全覆盖和流程高效协同提供有力支撑。截至目前已试用 43 家管理单位，减少集团本地低代码平台建设成本约 4000 万元；实现业务模块复用率 34%，节约业务开发成本 40%；缩短实施周期 40%，达到 4 小时内完成实施上线；降低信创改造成本 20%，实现 100%国产化改造。**京能集团**加速推动集团数据中台升级及数据治理工作，提升数据管理和分析能力。加速推动集团数据治理相关工作开展，对集团数据家底、已有系统情况进行摸排，根据集团数据管理现状，对标行业最佳实践，开展高阶数据治理规划和数据中台升级迁移建设，通过数据治理体系建设，健全企业级数据组织制度与治理机制，提升企业数据治理文化。本着"大厂家、主产品"的指导思想，对数据中台和数据治理厂商进行了充分调研，邀请在行业里市场占有率较高、产品和数据治理能力较强的厂家进行交流；对标一流企业，学习数据治理经验和数据中台建设经验，对多家同行企业和大型国央企走访学习。以财务共享为数据治理工作牵引和推手，聚焦当前长期困扰集团的财务领域的典型数据问题及业务应用需求，提出建设财务综合分析、财务 EVA 预警监控、财务收入预测方面的应用场景，未来建设后将有效提升业务满意度，体现数据治理价值。**内蒙古电力**"技术中台"基本建成。完成移动互联服务平台竣工验收，区块链服务平台、统一应用门户、流程机器人平台（RPA）、视频融合服务平台和物联管理平台上线运行，赋能公司业务转型和创新发展。

第二节　组 织 制 度 流 程

构建"战略引领、专业细分"的数字化管理规范体系，以企业数字化转型的整体战略方向为引领，将数字化转型管理规范纳入企业整体战略进行统一研究、部署，通过企业发展战略规范确保数字化转型的方向正确；以数字化项目管理为抓手，强化规划指导项目的作用，通过数字化项目有机串联数字化规划、建设、运行、安全等各个环节，形成系列数字化管理规范制度，指导企业数字化转型有序高效开展。

一、数字化项目管理

主要电力企业数字化项目管理，均采取"总部统筹、分级管理"的工作模式，围绕**项目合规管理**核心目标，结合各单位数字化管理规范制度及业务特色，制定管理办法，通过数字化项目满足各级单位的数字化建设需求。数字化项目的管理流程主要分为项目立项、建设实施、验收、后评估等过程。

　　1.项目立项阶段

加强数字化建设需求的统筹，以数字化规划为指导，开展数字化项目立项实施，利用评审会等形式对数字化建设进行立项评审，提升数字化建设的整体性，杜绝重复建设和低效投资。项目立项阶段主要包括数字化规划、需求提报、需求统筹、可行性评审、项目立项等步骤，如图6-7所示。

图6-7　项目立项阶段

（1）数字化规划修编。数字化规划是对企业数字化建设的战略部署，明确了企业数字化建设的愿景、目标和方向，为企业构建出未来数字化建设的架构，并规划具体的实施路径，对于数字化项目起到了至关重要的指导作用，可以确保数字化项目与企业战略目标保持一致，项目实施始终围绕企业的核心需求和长期目标，减少盲目性和重复性，提高项目的执行效率和成功率。**南方电网**将数字化规划实施纳入激励考核体系。**国家能源集团**编制印发《中共国家能源集团党组关于深化网信和数字化转型工作的决定》，提出了深化网信和数字化转型工作的指导思想、基本原则、总体目标，以及 10 个方面的主要任务及措施。**中国电气装备**滚动修编《中国电气装备集团"十四五"发展规划》《中国电气装备集团"十四五"数字化规划》，并制定年度信息系统建设方案。**京能集团**印发了《京能集团"十四五"数字化转型规划》，从数字化转型顶层设计与战略规划、数字化应用、数字底座、数据治理和保障措施等多个方面指导集团各项数字化转型工作有效开展，建立集团数字化转型项目评审机制，集团统建项目由集团各部室牵头制定项目建设方案。

（2）项目需求提报及统筹。项目需求统筹能够明确项目的整体目标和具体需求，根据项目需求进行合理的资源分配，确保项目在执行过程中能够获得足够的资源支持，促进不同部门之间的信息共享和合作，识别项目执行过程中可能出现的风险和问题，减少重复建设，提高项目的执行效率和成功率。**国家电网**加强数字化建设需求全量统筹，持续推进系统深化应用。**南方电网**依托南方电网科研院成立项目管理中心团队，统筹总部 A、B 类重点项目全过程管理。**中国华能**加强信息化预算精细化配置，按照合理的比例保障数字化转型、网络安全、基础设施建设等各项重点工作的资金投入。**国家电投**统筹统建项目和各单位自建项目，收集数字化需求，编制业务需求并召开需求评审会，经审议决策后立项。

（3）项目可行性评审及立项。项目可行性评审环节可以对数字化项目的目标、范围、预期效果等进行全面评估，确保项目的选择和实施是基于合理和科学的决策，有助于避免盲目投资或资源浪费。评审对项目所采用的技术进行评估，判断其是否成熟、稳定，并能够满足项目需求，还会考虑技术更新换代的速度以及项目的技术适应性，确保项目在技术上的可行性、经济性。评审过程中，会对项目的质量标准和验收准则进行明确，确保项目交付的成果符合质量要求，提升项目的整体质量。**京能集团**编制《数字化项目管理办法》和《网络与信息安全管理规定》，建立集团数字化转型项目评审机制。

2. 建设实施阶段

利用数字化平台强化项目的全过程管控，持续优化数字化项目管理机制，有效辨识项目合规风险并加以预防，在保障项目合规和项目建设质量的基础上，确保项目实施的成效。建设实施阶段主要包括项目采购、制定里程碑计划、项目实施、系统及用户测试、系统上线运行等环节，如图 6-8 所示。

图 6-8　建设实施阶段

（1）项目采购及合同签订。数字化项目的采购及合同的签订、履行、变更等工作应严格遵守国家及所在公司合同管理有关规定，确保采购及合同执行的合规性。**国家电网**强化数字化项目分包管理，减少因为违规分包、转包带来的项目执行风险。

（2）制定里程碑计划及项目实施。项目里程碑计划制定及项目实施需要综合考虑项目的目标、范围、资源、时间和质量等因素，通过合理的计划、有效的监控和适时的调整，确保项目的顺利进行和成功完成。**南方电网**通过"两清单、两报告、一通报、一预警"机制，推动各方项目活动"透明化"与管理"精细化"，有效提高项目管理标准化、规范化水平。**东方电气**建立了完善的数字化项目管理流程，包括项目启动、规划、执行、控制和收尾等环节，定期对数字化项目进行检查与评估，确保各项制度得到有效执行。

（3）系统测试及上线运行。信息系统测试主要是为确保系统按照既定的要求完成功能建设，其安全性、兼容性及性能能够满足设计及实际运行需求，确保系统正式上线后能够正常运行，服务用户，不出现安全漏洞等影响系统运行的问题。**国家电网**在运行管理方面，制定了公司信息系统客户服务管理办法、信息系统检修管理办法、信息系统上下线管理办法、信息通信系统调度管理办法、信息系统运行管理办法等制度，保障信息系统上下线及整个系统运行过程中的安全性和稳定性。

3. 项目验收阶段

持续完善数字化项目验收标准和验收，采用计算机自动检验与人工检验相结合的方式，对数字化项目的成果进行全面、准确的检查和评估。项目验收阶段主要包括项目验收申请、制定验收方案、项目验收审查、形成验收结论、项目档案归档等环节，如图 6-9 所示。

图 6-9 项目验收阶段

4. 项目后评估阶段

数字化项目后评估阶段的工作是一个持续的过程，通过持续的项目后评估，可以及时发现项目中存在的问题和不足，并采取有效的措施进行改进，从而提高项目的质量和效率。主要工作是对项目进行全面、系统、客观的评价和总结，以便从项目中吸取经验教训，为未来的项目提供参考。项目后评估阶段主要包括制定后评估方案、组织开展自查/抽查、检查问题下发/整改、问题整改复核、后评估结果发布等环节，如图 6-10 所示。

图 6-10　项目后评估阶段

（1）制定评估方案、组织开展检查。首先需要明确评估的目标和范围，评估目标应与项目的初衷和目标相符，并设定具体的评估指标，评估范围通常包括项目的执行过程、成本控制、项目成果等方面。对项目的成果进行评估，包括项目的功能实现、性能指标、用户体验等方面。评估项目是否达到了预期的目标，并满足用户的需求。**国家电网**定期发布系统应用监测分析报告，构建数字化系统应用评价标准。**中广核**发布数字化项目后评价管理办法，聚焦项目投资、运行指标及应用成效等维度，按照"三年全覆盖"的要求，组织完成首批各成员公司共计 78 个数字化建设项目的后评价工作，其中后评价优秀 38 项、良好 33 项、及格 7 项，进一步助力形成集团数字化项目投资管理的长效机制。**中国电建**发布公司全面数字化转型企业整体建设程度和各项系统平台深度应用评价指标体系和实施细则，推动将评价结果作为子企业负责人任期经营业绩考核等的重要参考依据，作为综合性龙头企业、创新型冠军企业、专业型骨干企业等评价的前置条件。

（2）检查问题下发、整改、复核及结果发布。根据后评估检查问题，提出针对性的改进建议，这些建议可以涉及项目管理、团队协作、技术创新等方面，通过提出改进建议，可以帮助组织改进未来的项目管理方式，提高项目的成功率。将评估结果和改进建议编制成评估报告，供项目相关方参考，评估报告应该客观、准确、全面，并包含足够的数据和信息来支持评估结果和改进建议。

二、数字化管理制度

1. 构建体系化数字化管理制度

构建体系化数字化管理制度，旨在确保企业能够高效、有序地实施数字化管理，从而优化资源配置、提高管理效率并增强竞争力。**国家电网**系统梳理现行有效数字化制度，优化完善数字化专业领域制度体系与制度内容，有力指导各单位数字化工作高质量发展。截至 2023 年底，数字化专业现行有效制度 38 项，其中二级制度 8 项、三级制度 17 项、四级制度 13 项。**中国华能**建立信息化业务管理"1+7+N"制度体系，围绕《信息化工作管理规定》，编制了涵盖项目管理、网络安全管理、数据管理、基础资源管理、信息化技术规范管理、应用系统运维、信息化考核 7 个方面的数字化配套管理制度，并结合上级管理部门有关要求以及中国华能数字化管理工作实际，制定了一系列更为具体的办法、细则。**中国华电**修订《数字化管理办法》，形成以数字化管理为中心，以项目管理、数据管理、网络安全、绩效考核和水平评价等为支撑的制度管控体系，为中国华电数字化工作提供了基本制度保障。**国家电投**数字化管理工作实行"统一规划、统一标准、统一平台、统一管理"原则。为强化数字化集中管控，数字化制度体系中包括管理制度 12 项、管理标准 30 余个。**中国三峡集团**优化完善数字化制度体系，进一步明确了数字化工作管理范畴，厘清了数字化项目的分类分级及全生命周期管理流程，推动中国三峡集团数字化工作"科学管理、合规管理、有效管理"，发布涵盖428 项数字化标准的数字化技术标准适用性清单。

2. 深化专业管理体系及制度

针对企业数字化的一个或几个方面，制定针对性的规章制度，打造专业管理体系，旨在提升专业管理能力，为企业数字化转型提供更好的保障支撑。**中国大唐**建立一体化网信运维运营体系，由专业团队提供系统开发、集成运维、安全保障全链条服务，提高中国大唐网络安全和信息化运维服务保障能力，2023 年度将 22 家分子公司纳入统一运维，统一运维工作取得实质性进展，运维管理水平迈上新台阶。**国家能源集团**修订《国家能源集团网络安全和信息化工作管理规定》，厘清集团公司信息化体系改革后各方管理职责边界，明确了不同业务的管控方式。**中国电气装备**形成《保密管理制度》《计算机及信息系统保密管理办法》《计算机网络与信息系统安全管理规定》等相关制度规范相关活动。

中广核修订《集团网络安全和信息化管理制度》《集团信息化项目管理端到端流程》《集团 IT 技术标准》等 10 份政策制度文件。**中国能建**修订《数字化转型考核实施细则》等管理制度，进一步规范数字化管理工作。**广东能源**发布涉及信息化、数字化的配套制度及规范 13项，涵盖网络安全、信息化项目管理、软件正版化、信息系统管理、数据管理、技术标准规范等方面，有力地保障了集团信息化、数字化工作的开展。**京能集团**建立健全数字化管理制度，明确各级责任主体的职责，促使各级责任主体按照统一的数字化企业管理制度开展数字化工作，推进公司数字化建设，确保数字化转型取得实效。

第三节 人才队伍建设

一、数字化组织方面

秉承企业数字化转型**"一把手工程"**定位，各单位一把手挂帅数字化转型，总体牵头负责数字化转型相关工作，组建了层级分明、分工明确的数字化转型工作和保障组织体系，并依托科研、产业单位和互联网公司等内外部合作伙伴，形成了数字化转型组织的强力支撑体系，如图 6-11 所示。该体系自顶而下、双向发力、迭代创新，全局性推动数字化转型工作，主要包括以下几个方面。

图 6-11　数字化转型组织的强力支撑体系

（一）数字化转型高层领导团队

由公司的高层领导组成，大部分单位均为公司一把手挂帅，负责制定数字化转型的整体战略、目标和愿景，具备丰富的行业经验和战略眼光，确保转型战略与公司整体战略相一致。在高层领导团队下设数字化转型委员会或相关机构，由高层领导和相关部门的负责人组成，负责监督数字化转型的实施，确保转型项目按计划进行，委员会负责制定具体的转型策略、指导原则和资源分配。**中国大唐**成立了由主要领导担任组长的"数字大唐"建设领导小组，总体统筹数字大唐、数字化转型建设。**国家电投**成立数字化转型与网络安全和信息化领导小组，统筹指导协调集团数字化转型工作。**中国电气装备**持续优化完善组织架构，成立数字化转型工作领导小组，贯彻落实国资国企在线监管系统各项决策部署。**广东能源**成立集团数字化转型委员会，全面负责集团数字化转型的组织、规划、决策等工作；数字化转型委员会下设数字化管理办公室，负责贯彻落实数字化转型委员会决策部署和工作安排，开展集团网络安全和信息化管理工作，推动集团数字化转型和发展数字新经济。**京能集团**数字化转型组织机构包括数字化转型领导组和工作小组，实行"业务+信息"的双负责人制度。**内蒙古电力集团**内蒙古电力成立数字化转型工作领导小组，全面负责公司数字化转型组织、战略制定等工作。

（二）数字化转型分级管理体系

在集团总部成立数字化转型职能管理部门，作为数字化转型的核心执行机构，负责协调各个部门和项目团队的工作，确保数字化转型的顺利进行。在各分支单位成立数字化转型职能管理部门，负责相关单位的数字化转型工作。**国家电网**经过多年发展，数字化专业基本构成总部"一部一中心四院四公司"、分部"一处室"、省公司"一部两院一公司"、地市公司"一部一公司"的组织支撑架构，形成了分工明确的三级工作组织体系。**南方电网**厘清网省地核心业务，强化省级信息中心企业架构支撑、运调指挥中枢作用，明晰地级信息中心主要职责，结合规划优化明确非管制单位数字化职能管理。**中国大唐**调整优化集团公司数字化专业和产业机构，将原科技创新与信息化部更名为科技创新与数字化部，作为数字化管理归口部门和数字化转型牵头部门。**中国华电**围绕"数字华电"战略布局，中国华电优化数字化三级管控模式，成立集团数字化中心，为集团公司数字化建设、运维、保障、服务提供支撑，提升规划落地能力、技术能力和实施能力，在 12 家直属单位单独设置科技信息部，进一步充实数字化专业力量。**中国三峡集团**明确三峡集团各类别单位数字化组织保障要求，包括网信工作领导设置、首席网络安全官设置、归口部门设置、人员岗位设置以及配备要求，加强领导配备、岗位配备、人员配备。

（三）业务部门数字化转型组织机构

各业务部门都需要设立数字化转型小组或指定专人负责本部门的数字化转型工作，业务部门需要与数字化转型职能管理部门紧密合作，共同制定和实施本部门的数字化转型计划。从本专业角度分析现有业务流程，发现瓶颈和改进空间，提出优化建议并推动实施。通过数字化转型，实现业务流程的自动化、智能化和高效化，提升企业整体运营效率。

（四）数字化专业支撑保障团队

1. 技术研发与创新团队

技术研发与创新团队负责研发新技术、优化现有技术和创新解决方案，为企业数字化转型提供技术支持。团队成员具备深厚的技术背景和创新能力，能够快速响应市场变化和客户需求。**中国华能**探索建设数字化创新中心、创新实验室、智能调度中心、大数据中心等平台化、敏捷化的数字化组织，推动面向数字化的组织和管理变革。**内蒙古电力**成立数字研究院、蒙电信产公司作为数字化工作主要支撑单位，电科院、经研院作为技术服务单位，所属各供电公司设立数字化部，数字化"1＋2＋2＋N"长效工作机制基本形成。

2. 数据治理与分析中心

数据治理与分析中心负责数据的管理、整合和分析工作，建立数据治理体系，确保数据的准确性、完整性和安全性。通过数据分析发现业务机会、优化产品设计和提升运营效率。

3．用户体验与界面设计团队

用户体验与界面设计团队关注产品的用户体验，从用户角度出发，设计简洁、直观、易用的产品界面。该团队通过不断优化产品体验，满足用户需求，提高用户满意度。

4．安全保障与风险管理团队

安全保障与风险管理团队负责数字化转型过程中的安全保障和风险管理工作。该团队负责建立和完善安全体系，监测和应对潜在的安全威胁和风险，确保数字化转型过程的安全稳定。**中国能建**组建集团级数字运维团队，专职保障集团统建系统运维，提升系统运行的安全性和可靠性。**中国华能**结合人才队伍发展战略要求，加快培养一支电力网络安全技术与管理相融合的"三十百千、管研技并重、发展畅通、红蓝对抗"的专业型的网络安全团队。

二、人才队伍建设方面

坚持专家引领、全方位发展的人才培养模式。高端专家人才和全员数字素养提升两手抓，通过高端专家人才的培养来进一步提升数字化转型的高度，在数字化转型的技术路线、标准、数据规范等方面，通盘考虑、系统规划、统筹推进，更好地发挥数字化转型引领作用；通过全员数字素养提升来进一步稳定数字化转型的基础，尊重基层首创，激励广大员工在实践中不断探索、迭代完善、创新突破，由基层数字化创新来推动整个企业数字化转型不断走向深入。

（一）电力企业数字化转型人才规模

2023 年，主要电力企业数字化人才规模总量达到 7.12 万人，较 2022 年增长 7.8%，数字化人规模不断发展。主要电力企业数字化人才规模如图 6－12 所示。

图 6－12　主要电力企业数字化人才规模

2023 年，数字化人才在企业总体人员结构中占比 2.33%，其中占比最高的为中国三峡集团，为 4.2%，占比最低的为中广核，为 0.51%；具有高级职称的数字化人员在企业总体人员结构中占比 0.35%，其中占比最高的为中国三峡集团，为 0.61%。数字化人才、数字化工作高级职称人员在企业总体人员结构中的占比如图 6-13 所示。

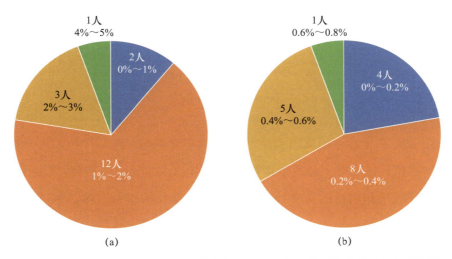

图 6-13　数字化人才、数字化工作高级职称人员在企业总体人员结构中的占比
（a）数字化人员占比；（b）数字化工作高级职称人员占比

在数字化人才队伍方面，数字化人员在企业总体人员中的所占的比例，电力企业的数字化人员在企业总体人员占比中相对较低，数字化人才的规模仍需进一步提升，在企业总体人员结构中的占比需要进一步增大，以满足电力企业数字化转型的需求。

（二）电力企业数字化专家人才队伍建设

电力企业采用"高端引进＋自主培养"相结合的数字化专家人才队伍建设方式，一是聘请在数字化转型领域具有丰富经验和专业知识的专家，作为企业的战略顾问或项目负责人，为企业提供战略规划和决策支持；二是在企业内部培养一支具备数字化思维和实践经验的专家团队，这些团队成员将作为数字化转型的推动者和引领者，为全员提供指导和支持。同时，加强专家队伍的传帮带作用，定期组织专家分享会、研讨会等活动，让专家将他们的知识和经验分享给全体员工，提升全员的数字化素养。**国家电网**积极推进专家选拔培育工作，遴选数字化专业首席专家 21 名，建设首席专家工作室，将专家与平台、人才培养与攻关任务相结合，形成了较为完善的人才队伍保障体系。**中国华能**建立起涵盖 541 名技术专家的网络安全人才库，形成具备网络安全漏洞隐患排查、重大事件调查、预警监测分析、协同联动处置能力的网络安全人才梯队，为提高集团公司的整体网络安全防御能力提供了坚强的保障。**国家电投**全面加强业务协同，开展双向挂职与人才交流，明确分工界面，推进集团数字化人才队伍建设，完成集团数字化专业骨干人才选拔，71 人、107 人分别入选高能人才库、高潜人才库，完成首批入库建档。**中国电气装备**通过科技大讲堂、智能制造每月一讲等方式，邀请专家开展政策、技术等专题讲座，解读学习国家推动数字经济指示精神，解读新型电力系统应用案例。**广东能源**组建数字化转型内部专家库，负责对全集团数字化需求开展规划和技术符合性审查，对集团数字化、信息化项目开展评审和后评估，对网络与信息安全进行监督检查。

（三）电力企业数字化人才梯队建设

根据电力企业数字化转型的需求和战略目标，明确不同层级和岗位的人才需求和标准，形成清晰的人才梯队，并根据企业数字化转型的进展和人才需求的变化，不断优化人才结构，确保企业拥有足够数量和质量的数字化人才。根据人才梯队建设方案，组建企业数字化人才库，将具备数字化技能和经验的人才纳入库中，为企业数字化转型提供有力的人才保障。与此同时，建立科学的数字化人才评价机制，通过考核、评估等方式，对员工的数字化能力进行客观评价，为员工的晋升、奖励等提供依据。**国家电网**积极推进数字化人才队伍建设，在建设、网安及运维等关键领域打造"金牌项目经理""网络安全尖兵部队""高级运行专家"等 10 支专业队伍，有力承担数字化专业重大任务执行和关键环节支撑。**中国电建**优化《公司数字化评优评先管理办法》，全面统筹信息化数字化先进评选，增补"领军人才""管理人才"和"技能人才"的 3 类人才评选，以及"领跑企业""示范场景""样本方案"及"卓越产品"的"四优"评选，充分发挥评先评优的风向标功能。**中国电气装备**已初具完整的信息化设计、研发、运营等人才队伍，人才队伍梯队完整有序。**内蒙古电力**成立电力数研院，数字人才练兵场和蓄水池初步形成，发挥蒙电信产公司平台作用，战略咨询、数字技术、电网业务等数字化人才不断引进，支撑服务力量得到强化。

（四）电力企业全员数字素养提升

电力企业通过培训、实践、基层创新等不同形式，推动全员学习数字化知识体系，利用数字化手段为基层员工减负增效，切实提升基层员工数字化自主创新能力，推进电力企业数字文化培育。根据员工的岗位需求和职业发展路径，制定个性化的数字化能力提升计划，包括培训课程、实践项目等，为员工提供丰富的数字化学习资源，包括在线课程、书籍、视频教程等，帮助员工自主学习和提升数字化技能。同时，结合企业实际业务需求，开展数字化实践项目，让员工在实践中学习和掌握数字化技能，提升他们的实践能力和解决问题的能力。设立数字化技能认证、奖励制度等方式，激励员工积极学习和提升数字化技能，形成全员参与数字化转型的良好氛围。**南方电网**升级数字素养培训课程体系；基于核心业务明确核心能力范围，制定数字化素养通用能力评价标准；优化人才选拔与考评，系统推进评价、评优、评先等工作；广泛开展"双向派驻"；广泛设置"信息官"，试点数字化部考核信息官履职情况；广泛赋能业务，打造"都匀范式"，深化"送工具、数据、能力下基层"，开展"人人都是数据分析大师"等活动。**中核集团**充分利用市场数字化人才资源，加快培育内部高水平、创新型、复合型信息化人才队伍，健全人才培养和激励机制，完善配套政策。**中广核**建立数字化人才培养的专业化、标准化和集约化管理体系，发布《集团全员数字素养与技能提升方案（2023—2025 年）》，明确了近三年内数字化转型领域培训工作的总体要求、主要目标、培养内容和对象、职责分工及资源保障。**中国电气装备**开展创新大赛、成果推广、树标立范、交流培训等多种形式的活动，激发基层活力，营造勇于、乐于、善于数字化转型的氛围。**内蒙古电力**积极开展网络安全和信息运维技术培训，强化全员网络安全意识，信息人员技术水平和岗位技能不断提升；选派优秀人员赴南方电网、正泰集团挂职锻炼，综合掌握电网业务和新型数字技术的专家型人才得到培养。

第四节　数字化能力评估

2023 年电力企业在各项数字化能力评估中成果显著，在信息化和工业化融合（以下简称"两化融合"）贯标方面，电力企业数量多、级别高；在数字化转成熟度评估中，第一批 10 家电力试点单位全部获得可评最高等级 3 星；在数据管理能力成熟度评估中，电力企业得到最高 5 级的数量也处于最前列。

一、两化融合管理体系

（一）两化融合管理体系评定情况

2023 年共完成两化融合评定项目 364 个、其中 AAA 级 10 家、AA 级 50 家、A 级 304 家。电力行业普遍为 AA 和 AAA 级，其中电力 AAA 级占比 27.27%，高于各行业平均 2.53% 的 AAA 级占比，2023 年电力行业两化融合管理体系评定单位名单见附录 4。两化融合管理体系评定证书如图 6-14 所示。

图 6-14　两化融合管理体系评定证书

（二）两化融合专家队伍建设情况

目前中心共有 94 位电力专业分级审核员，其中 AAA 级 21 人、AA 级 33 人、A 级 40 人。

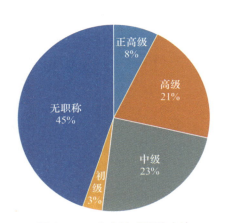

图 6-15　专家技术职称占比

2023 年新增审核员 7 人，A 级升级 AA 级审核员 2 人，AA 升级 AAA 级审核员 1 人。定期组织审核组长交流学习，总结审核经验。先后组织开展 4 期两化融合专题培训，共计 500 余人参加，培育电力行业两化人才。专家技术职称占比如图 6-15 所示。

（三）电力企业两化融合建设成果

电力企业通过两化融合管理体系建设，打造企业信息化环境下的新型能力，实现提质增效。如上海电力公司，全口径劳动生产率由 183 万元提升至 189 万元/人年；中核汇能新能源计划发电量完成率由 82.73%提升至 91.46%。电力企业两化融合建设成果如图 6-16 所示。

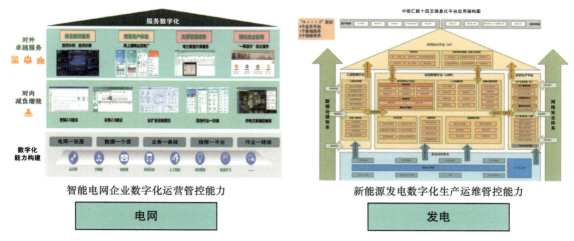

图 6-16 电力企业两化融合建设成果

二、数字化转型成熟度评估

（一）数字化转型成熟度评估工作组织及开展情况

2023 年 6 月，工业和信息化部印发《关于组织开展数字化转型贯标试点工作的通知》，委托中电联在电力行业组织开展试点工作。中电联理事长、副理事长单位积极申报，最终中电联筛选出 28 家试点单位，并形成工作方案上报给工业和信息化部。根据工业和信息化部《关于数字化转型贯标试点工作的复函》，明确中电联科技服务中心有限责任公司作为行业咨询单位，全面启动电力行业数字化转型贯标工作。中电联科技服务中心有限责任公司先后组织行业试点单位 220 余人参加工业和信息化部数字化转型贯标培训，学习理解贯标政策、标准和贯标工作流程等；组织召开电力行业数字化转型贯标启动会，共 66 家单位 115 人参会；组织召开电力行业数字化转型专家研讨会，共计 100 余位行业专家参会；现场走访 9 家试点单位，宣贯工业和信息化部贯标政策，听取试点单位工作建议；开展电力行业第一批试点单位贯标启动会、调研访谈、诊断及优化总结和组织评估等工作。截至 2023 年底，第一批 10 家电力试点单位全部以可评最高等级 3 星通过评估，最终结果已于 2024 年 1 月公示，详见附录 5。第一批数字化转型贯标获证企业如图 6-17 所示。

（二）数字化转型成熟度评估工作成效

1. 电力行业完成贯标试点单位多

本次有 19 个省市、5 个计划单列市、10 个行业开展了贯标试点，各单位推荐的贯标试点企业 1000 余家，第一批通过评估的试点 122 家，其中数字化转型成熟度贯标 87 家，获评 3 星 35 家，3 星比例 40%。全国首批数字化转型贯标试点评估星级占比如图 6-18 所示。

序号	企业名称	贯标方向	评估星级
1	南京钢铁股份有限公司	数字化转型成熟度	3星级
2	广东电网有限责任公司	数字化转型成熟度	3星级
3	深圳供电局有限公司	数字化转型成熟度	3星级
4	国网上海市电力公司	数字化转型成熟度	3星级
5	国网安徽省电力有限公司	数字化转型成熟度	3星级
6	国网甘肃省电力公司	数字化转型成熟度	3星级
7	国网河北省电力有限公司	数字化转型成熟度	3星级
8	国网天津市电力公司	数字化转型成熟度	3星级
9	中国南方电网超高压输电公司	数字化转型成熟度	3星级
10	唐山钢铁集团有限责任公司	数字化转型成熟度	3星级
11	广西玉柴机器股份有限公司	数字化转型成熟度	3星级
12	柳州柳工挖掘机有限公司	数字化转型成熟度	3星级
13	上海航天设备制造总厂有限公司	数字化转型成熟度	3星级
14	上汽通用五菱汽车股份有限公司	数字化转型成熟度	3星级
15	特变电工沈阳变压器集团有限公司	数字化转型成熟度	3星级
16	株洲时代新材料科技股份有限公司	数字化转型成熟度	3星级
17	中联农业机械股份有限公司	数字化转型成熟度	3星级
18	长虹美菱股份有限公司	数字化转型成熟度	3星级
19	重庆美的制冷设备有限公司	数字化转型成熟度	3星级
20	安徽应流机电股份有限公司	数字化转型成熟度	3星级
21	中国石化工程建设有限公司	数字化转型成熟度	3星级
22	中核核电运行管理有限公司	数字化转型成熟度	3星级
23	无锡一棉纺织集团有限公司	数字化转型成熟度	3星级
24	广西爱旭工房家居有限责任公司	数字化转型成熟度	3星级
25	广西梧州市金海不锈钢有限公司	数字化转型成熟度	3星级
26	禾丰食品股份有限公司	数字化转型成熟度	3星级
27	黑龙江飞鹤乳业有限公司	数字化转型成熟度	3星级
28	浦林成山(山东)轮胎有限公司	数字化转型成熟度	3星级
29	三角轮胎股份有限公司	数字化转型成熟度	3星级
30	陕西延长石油(集团)有限责任公司	数字化转型成熟度	3星级
31	华融化学股份有限公司	数字化转型成熟度	3星级
90	橙色云互联网设计有限公司	工业互联网平台	3星级
91	河钢数字技术股份有限公司	工业互联网平台	3星级
92	朗坤智慧科技股份有限公司	工业互联网平台	3星级
93	羚羊工业互联网股份有限公司	工业互联网平台	3星级
94	青岛槟豆网络科技有限公司	工业互联网平台	3星级
95	天瑞集团信息科技有限公司	工业互联网平台	3星级
96	中科云智科技有限公司	工业互联网平台	3星级
97	中冶赛迪信息技术(重庆)有限公司	工业互联网平台	3星级
98	国网数字科技控股有限公司	工业互联网平台	3星级
99	石化盈科信息技术有限责任公司	工业互联网平台	3星级
100	联通(浙江)产业互联网有限公司	工业互联网平台	2星级
101	南京科远智慧科技集团股份有限公司	工业互联网平台	2星级
102	广西七识数字科技有限公司	工业互联网平台	2星级
103	安徽海玉云数字科技有限公司	工业互联网平台	2星级
104	赣州市南康区域发数智信息产业有限责任公司	工业互联网平台	2星级
105	广东中设智控科技股份有限公司	工业互联网平台	2星级
106	广西柳网东信科技有限公司	工业互联网平台	2星级
107	广西汽车集团有限公司	工业互联网平台	2星级
108	广西云岭信息科技有限公司	工业互联网平台	2星级
109	广州津威智能系统科技有限公司	工业互联网平台	2星级
110	航天新长征大道科技有限公司	工业互联网平台	2星级
111	合肥国轩高科动力能源有限公司	工业互联网平台	2星级
112	湖南九九智能环保股份有限公司	工业互联网平台	2星级
113	江苏蓝能信息科技股份有限公司	工业互联网平台	2星级
114	青岛华正信息技术有限公司	工业互联网平台	2星级
115	山东蓝海工业互联网有限公司	工业互联网平台	2星级
116	山东福诚电子有限公司	工业互联网平台	1星级
117	广州虞特软件有限公司	工业互联网平台	1星级
118	湖南泰鑫致业有限公司	工业互联网平台	1星级
119	沐聚物联科技(山东)有限公司	工业互联网平台	1星级
120	宣城宓陵科创建设投管有限公司	工业互联网平台	1星级
121	中电凯杰科技有限公司	工业互联网平台	1星级
122	中电科普天科技股份有限公司	工业互联网平台	1星级

图 6-17　第一批数字化转型贯标获证企业

2. 电力试点单位贯标成果显著

电力数字化转型成熟度贯标 9 家，获评 3 星 9 家，3 星比例 100%，居各行业首位，充分展示了电力行业数字化转型能力和水平。

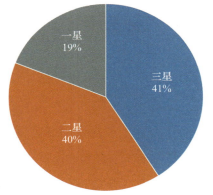

图 6-18　全国首批数字化转型贯标试点评估星级占比

3. 电网企业引领行业数字化转型

9 家完成数字化转型成熟度贯标电力试点单位中，电网企业 8 家，占比 88.9%。其中国家电网 5 家，占比 55.6%；南方电网 3 家，占比 33.3%；发电企业 1 家，占比 12.1%。电网企业起到行业数字化转型引领作用，在电力生产、经营管理、客户服务、新兴产业等方面数字化转型标杆效应显著。

（三）电力企业数字化转型成熟度评估工作特色

1. 推进行业标准制定

组织电力行业专家研讨会，积极与评估机构沟通，协商明确电力生产、经营管理及用户服务三大主场景的评估范围，为贯标试点奠定基础。梳理电力行业数字化评价指标，试验电网数字化转型对标推进本质贯标。行业标准分级维度及相应指标如图 6-19 所示。

一级维度	二级维度	指标
经营管理	价值创造	全员劳动生产率[万元/(人·年)]
电力生产	数字输电	电缆隧道综合监测覆盖率
用户服务	供电保障	客户平均停电时间(小时/户)
绿色互动	电源侧	新能源消纳率

图6-19　行业标准分级维度及相应指标

2. 搭建行业贯标智库平台

征集电网、发电、电建等电力领域高级专家59名，组建电力行业数字化转型贯标专家团队。开展贯标内容与电力业务融合研讨，参与标准草案编制和评审、行业试点贯标咨询，以及贯标总结和评优等工作。行业贯标智库平台组织架构如图6-20所示。

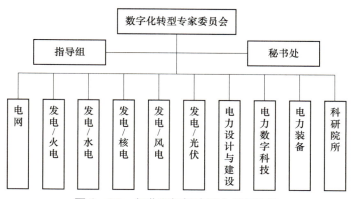

图6-20　行业贯标智库平台组织架构

3. 电力企业数字化转型成熟度评估亮点

遵照数字化转型成熟度5个评价域梳理，总结电力企业数字化转型成熟度评估亮点，如图6-21所示。

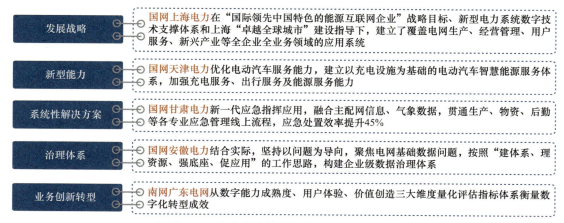

图6-21　电力企业数字化转型成熟度评估亮点

三、数据管理能力成熟度评估

数据作为新型生产要素，对于推动企业数字化转型和创新发展意义重大。《数据管理能力成熟度评估模型》（GB/T 36073—2018）作为国内首个数据管理领域国家标准，采用对标管理的方式，全面识别和定位企业数据管理所处发展阶段和未来发展方向，能够加快企业数据管理能力体系建设，为企业数字化转型提供关键基础支撑。

数据管理能力成熟度评估模型（DCMM）包含 8 个数据管理能力域，分别为数据战略、数据治理、数据架构、数据应用、数据安全、数据质量、数据标准、数据生存周期，每个能力域包括若干数据管理领域的能力项，共 29 个。

DCMM 共分为 5 级，分别为初始级、受管理级、稳健级、量化管理级、优化级，其中优化级为最高等级 5 级。截至 2023 年底，全国仅 10 家企业通过 DCMM5 级认证，分别为国家电网、南方电网、工商银行、中国人寿、华为、中国联通、中国移动、国家能源集团、中国石化、建设银行，其中电力行业占 3 家，国家电网 2021 年全国首批通过 DCMM5 级认证，南方电网、国家能源集团分别于 2022、2023 年通过 DCMM5 级认证，电力行业 DCMM 认证处于领先水平。2023 年数据管理能力成熟度获证电力企业详见附录 6。

第七章

电力数字化发展展望

实现"碳达峰、碳中和"，能源是主战场，电力是主力军，构建新型能源体系和新型电力系统是主要路径，数字化是关键。"双碳"目标提出以来，电力行业始终坚持以习近平新时代中国特色社会主义思想为指导，强化系统观念，加强统筹协调，全力推动能源电力数字化转型，以数字技术为驱动力，以数据为核心要素，以网络信息安全体系为保障，不断加强数字基础设施建设，持续拓展数字化典型应用场景，全面探索企业在数字赋能、管理优化、产品服务创新、新兴产业培育等方面的数字化应用，深化新一代信息技术与电力业务深度融合。新形势下，国家层面的重大政策密集出台，为下一步新型电力系统建设指明了具体方向，为我国电力企业数字化转型营造了良好的发展形势。

第一节　电力行业数字化面临的机遇与挑战

一、面临的机遇

（一）国家高度重视数字化智能化发展

习近平总书记强调，要以数字化智能化为杠杆培育新动能，促进传统产业转型升级。《数字中国建设整体布局规划》针对促进数字经济和实体经济深度融合，提出整体框架和战略路径。国家层面成立国家数据局，实施"数据要素×"专项行动，统筹推进数字中国规划建设。2024年全国两会明确2024年要深入推进数字经济创新发展，积极推进数字产业化、产业数字化，促进数字技术和实体经济深度融合，深化大数据、人工智能等研发应用，开展"人工智能＋"行动，打造具有国际竞争力的数字产业集群。加快数字化发展、做强做优做大数字经济，已成为增强核心功能，提升核心竞争力，打造新质生产力的战略任务。电力能源行业作为现代化产业体系的重要组成部分，在转型升级中离不开数字化的强力支持。

（二）电力能源行业变革催生发展新动能

习近平总书记指出，能源保障和安全事关国计民生，是须臾不可忽视的"国之大者"，要加快推动新技术智慧赋能，提高国家能源安全和保障能力。随着新型电力系统建设加快推进，能源电力供需格局发生新变化。在电源侧，需实现各类电源的全息感知、智能分析和精准调控预测，实现各类电源协调有序发展，解决可再生能源高比例并网的难题。在电网侧，需支撑现代电力市场建设，满足储能、电动汽车等新兴市场主体高效参与市场交易，推动能源数据信息更加开放，助力透明监管。在负荷侧，需实现数据的广泛交互、充分共享和价值挖掘，提升终端用能状态全面感知和智慧互动能力，推动各类用能设施高效便捷接入，适应各类客户个性化、多元化、互动化用能需求。

（三）新技术推动新模式新业态加速涌现

当前，数字化智能化发展浪潮席卷全球，正推动经济社会发生深刻变化，人工智能、大数据等新一代数智技术快速发展，深刻改变生产方式和管理模式，呈现有机融合、系统创新的发展态势。数据成为新生产要素，算力成为新基础能源，人工智能成为新生产工具，为新质生产力构建提供了重要支撑。特别是以 ChatGPT 为代表的生成式人工智能，加速推动新模式新业态涌现。电力能源企业需要积极顺应数智技术发展的大趋势，加快推进"云大物移智链"等现代信息技术与生产经营深度融合，改造提升传统业务，推进生产模式、管理方式和业务流程优化，不断培育发展新动能。

二、面临的挑战

（一）数字化基础设施仍需进一步夯实

数字基础设施建设主要以 5G 技术、大数据、云计算、物联网、人工智能、工业互联网等为代表，数字化转型是建立在数据的准确采集、高效传输和安全可靠利用的基础上，离不开网络、平台等软硬件基础设施的支撑。亟需夯实以 5G 网络、大数据中心、人工智能、工业互联网等为代表的新型基础设施建设，应对大量应用集成、大量运营数据存储、数据可访问性等，适应大规模新能源接入、用电负荷需求侧响应等业务快速发展，实现各类电力终端、用电客户等海量设备实时监测或控制，提升数据供给与运营效率。

（二）数字化顶层设计仍需进一步强化

数字化顶层设计普遍遵循"统一规划、统一平台、统一标准、统一管理"的基本原则。实际执行中，数字化架构与标准管理能力较弱导致信息化的建设、管理活动等缺乏约束和指导，过于强调本部门业务特殊性、基层单位需求个性化而自建系统，导致系统架构不合理、重复建设。数字化转型是涉及企业全业务、跨职能的系统性改革工程，见效慢、周期长。亟需企业保持数字化转型战略定力，全面部署、系统深入，解锁和释放数字价值，强化数字化架构与标准规范管控组织体系和统一管控体系，建立基础统一的信息化架构与标准，从网络基础、数据基础、业务架构、软件架构制定数字化架构及标准规范体系。

（三）数据要素作用仍需进一步发挥

数字化转型包含建立多级多维度信息平台、管理平台、运维平台，涉及电力生产、财务、营销等业务板块，数据类型多样化、数据量巨大。各业务系统运营沉淀了大量的业务数据，但受限于当时的技术管理等原因，数据治理深度广度不足，数据价值未能得到充分发挥，离数据要素驱动业务的目标存在较大差距。针对电力数据采集规模大、专业覆盖广、数据类型多等特点，亟需建立一体化数据资源管理体系，实现数据资源集中、统筹、共享，实现跨部门、跨系统、跨业务、跨层级、跨地域的协同管理和服务。

（四）数字化技术与业务仍需进一步融合

在推进企业数字转型过程中，数字化推进部门和业务部门在推进过程中容易"各走各路"，面临数字技术与数据嵌入电力生产、经营管理的深度、广度还不够等问题。数字化转型的要点并非只是建设应用更多，更应关注数字技术提升业务便利性和效率，关注通过数字技术推动跨专业业务协同。亟需以业务为驱动，从业务需求和基层需求出发，重点围绕业务的数字化转型和基层的数字化应用，倒逼开放数据、打通壁垒，通过业务和数字相互转换，实现真正意义上的业数融合。

（五）数字化人才队伍建设仍需进一步加强

数字化人才争夺加剧，随着数字化转型的全面深入，相关人才缺口还在扩大。在高技术产业之外，传统行业的数字化转型进一步提高了全社会对数字化人才的需求，当下各大能源央企纷纷提出数字化转型方向，分布式智能电网、数字化能源管理、综合能源服务等新业态的涌现，不断给从业者提出新的要求。复合型人才紧缺，数字化转型要求专业性强，面临跨专业、多专业的挑战，需要具有专业敏感性的复合型人才。亟需拓宽人才吸纳范围，强化企业数字化人才队伍建设，提升数字人才占比，构建熟悉业务管理和数字技术、富有创新意识的一流团队。

（六）安全防护与自主可控能力仍需进一步提升

当前全球网络空间进入动荡变革期，电力行业网络安全形势呈现以下主要特点：一是国际环境日趋复杂，网络空间信任环境进一步恶化，自主可控技术成为大国博弈的关键一环；二是有组织的网络攻击威胁行业安全，电力等关键信息基础设施已成为网络攻击的重点目标；三是新能源占比逐渐提高的新型电力系统加快构建，分布式电源、储能等分布式设备终端广泛接入，交互主体的多样性使得电力系统整体的安全防御关口增多，外部主体的弱安全防护能力有可能会将网络安全风险传导至电力系统涉控核心区域，边界安全风险陡增。因此，亟需提升从监控、预警、应急响应、安全防御的整体防护能力，建立涵盖检测评估、监控预警、安全防护的整体网络安全技术体系，有序推进应用软件信息技术应用创新替代，加大推广自主可控的产品。

第二节　电力行业数字化发展展望

加快数字化转型是国内外大型企业促进新旧动能转换，培育竞争新优势的普遍选择，能源电力企业深入推进数字化转型，与数字经济的深度融合，不仅有助于保障能源供应安全、促进绿色低碳转型，还将赋能全社会降低用能成本，支撑我国以制造业为主体的实体经济在全球竞争新格局中占据主导优势。

一、人工智能等新技术将加速应用

人工智能作为新质生产力的代表，是数字化智能化发展的高级阶段和高阶形态，可以有效解决源荷预测难、分析计算难、安全决策难等瓶颈难题。能源电力行业将积极顺应数智技术发展的大趋势，加快推进现代信息技术与生产经营深度融合，改造提升传统业务，推进生产模式、管理方式和业务流程优化，不断培育发展新动能。

（一）人工智能整体规划布局将不断完善

未来，能源电力行业将结合新型能源体系和新型电力系统建设需求，优化"人工智能＋"整体规划布局，围绕应用赋能、技术支撑、组织方式、运作机制、实施路径，不断完善人工智能蓝图设计，明确应用建设及演进路线，建立人工智能应用全环节、全过程的相关管理规范和制度体系，建立整体应用推广及运营机制。

（二）电力大模型建设将加速推进

未来，能源电力行业将重点开展视觉、语义等大模型建设，持续提升行业图像理解、逻辑推理、科学计算、内容生成等处理能力，满足实际业务应用需求，推动感知智能向认知、生成式智能转变。同时将加快推进闭源大模型引入，支撑能源电力行业大模型建设。

（三）深化规模化应用将不断加强

当前能源电力行业人工智能规模化应用重点在图像识别等感知应用，未来将扩大应用场景覆盖面，深化应用层次，持续加强能源电力行业监控辅助分析、电力气象预测、配网调度辅助、负荷预测等场景应用。同时，将进一步加强应用规模效应，围绕可感可及的应用场景，如智能搜索查询、智能问数问答、会议纪要智能生成等场景，持续提升人工智能带来的获得感和便捷度。

二、电力数据要素价值将进一步发挥

数据作为数字时代的新型生产要素，打破传统生产要素的质态，是形成新质生产力的优质生产要素，已成为数字经济时代的基础性战略资源、重要生产力和关键生产要素。电力大数据具有价值密度高、覆盖范围广、实时性实用性强等独有特点，未来将持续发挥要素价值，对内服务企业转型发展，对外服务政府社会治理和科学决策。

（一）业务数据融合将进一步深化

区别于传统生产要素，数据要素直接参与生产和业务过程，具有一定的技术门槛，如何让数据更好用、更易用，是推动业务和数据深度融合，真正实现"用数据决策、用数据管理、用数据服务、用数据创新"的关键。未来，能源电力行业将以"共享为原则，不共享为例外"推动数据在企业、能源电力领域的共享应用，打破数据"孤岛"和系统应用堵点、难点，加强复合型人才培养，进一步推动"业数融合"在基层一线落地。

（二）电力数据价值潜能将进一步释放

能源电力大数据贯穿电力生产服务各个环节，覆盖各行各业和千家万户，实时、准确、真实，全面反映了宏观经济运行情况、各产业发展状况、居民生活情况和消费结构等，在服务政府和行业治理，促进数字经济发展方面有巨大的挖掘潜力。政府部门对电力大数据的重视程度持续增强，未来能源电力行业将进一步加强与各级政府密切合作，发挥能源大数据中心"桥头堡"作用，不断扩大能源电力大数据产品应用价值和影响力。

（三）数据资产入表将进一步推动能源电力行业创新

数据资源将正式计入资产负债表，正式确定了将企业拥有的各类数据资源纳入会计核算并作为一种新资产进行入账，使企业能够更好地利用数据资源进行创新和转型。电力行业拥有数据资源优势，将通过深入挖掘数据价值，实现数据资产化，明确数据资产价值实现路径，推进数据资产入表，帮助能源电力反恶意企业摸清数据资源"家底"，明确企业数据产权，对数据资源进行合理估值，增加企业资产，发挥数据价值的乘数效应。同时将持续提升数据质量，挖掘、提炼企业的"数据金矿"，通过技术手段和建立数据安全管理机制，确保数据安全流通和应用，防止数据泄露、滥用等风险。

三、电力安全可控将持续强化

国家高度重视自主可控工作，要求加快实现核心装备控制系统安全可信、自主可控。同时，网络攻击手段和方法不断变化，国际勒索组织活动频繁，已成为最严峻的非传统安全问题之一。能源电力行业事关国计民生和国家安全，未来将坚决筑牢可信可控的网络安全屏障。

（一）关键核心技术和系统自主可控将进一步提升

未来，能源电力行业将围绕数字关键核心技术自主创新，持续提高能源电力数字技术基础研发能力，进一步加强芯片、电力北斗等关键核心技术研发，实现高水平自立自强，并推动核心系统自主运维运营。同时结合自主研发、联合攻关和集成应用等多种方式，强化关键共性技术攻关和前沿技术研发布局，开展类脑计算、人工智能大模型等基础性、前瞻性研究，加快量子信息、绿色能源、机器人、元宇宙、先进通信等未来技术攻关。

（二）数据要素开发与保护将并重

数据作为数字经济时代下重要生产要素，在实现价值创造的同时，以获取数据为目的的内外部攻击呈现递增趋势。能源电力行业拥有大量敏感数据、个人信息，在推动能源数字经济发展，释放数据要素价值过程中，数据安全问题尤为突出。未来将构建全场景数据安全防护体系，重点从管理措施、技防措施和支撑保障等方面固化标准流程和机制，明确数据安全分区防护架构，建立多级安全分析监控体系，落实数据分类分级保护和合规审计要求，有效防范数据安全风险，实现全生命周期数据安全防护。

（三）网络安全防护能力将进一步加强

随着新型电力系统建设和能源数字经济发展不断向纵深推进，能源电力生产运行高度依赖网络和信息系统，大量移动终端、分布式设备接入使用，网络边界不断扩大，面临的网络安全威胁与日俱增。未来能源电力行业将坚持人防、技防并重，构建并完善全场景网络安全防护体系，做好重大活动的能源安全保供的同时，进一夯实网络安全基础，全面提升网络安全防护能力。

附录

附录1 2023年数字化发展政策法规

序号	发布方	文件类型	文件名称	发布时间
1	中共中央、国务院	数字化发展	数字中国建设整体布局规划	2023年3月
2	中共中央、国务院	数字化发展	专利转化运用专项行动方案（2023—2025年）	2023年10月
3	中共中央、国务院	数字化发展	未成年人网络保护条例	2023年10月
4	工业和信息化部	数字化发展	关于促进数据安全产业发展的指导意见	2023年1月
5	工业和信息化部	数字化发展	智能检测装备产业发展行动计划（2023—2025年）	2023年3月
6	工业和信息化部	数字化发展	电子信息制造业2023—2024年稳增长行动方案	2023年9月
7	工业和信息化部	数字化发展	元宇宙产业创新发展三年行动计划（2023—2025年）	2023年9月
8	工业和信息化部	数字化发展	"5G＋工业互联网"融合应用先导区试点工作规则（暂行）	2023年11月
9	工业和信息化部	数字化发展	"5G＋工业互联网"融合应用先导区试点建设指南	2023年11月
10	工业和信息化部	数字化发展	科技成果赋智中小企业专项行动（2023—2025年）	2023年5月
11	工业和信息化部	数字化发展	关于开展2023年度智能制造试点示范行动的通知	2023年8月
12	工业和信息化部	数字化发展	关于推进5G轻量化（RedCap）技术演进和应用创新发展的通知	2023年10月
13	工业和信息化部	数字化发展	促进数字技术适老化高质量发展工作方案	2023年12月
14	工业和信息化部	数字化发展	算力基础设施高质量发展行动计划	2023年10月
15	工业和信息化部	数字化发展	关于开展"信号升格"专项行动	2023年12月
16	工业和信息化部	数字化发展	关于推进IPv6技术演进和应用创新发展的实施意见	2023年4月
17	工业和信息化部	数字化发展	工业和信息化部关于启用和推广新型进网许可标志的通告	2023年6月
18	工业和信息化部	数字化发展	人形机器人创新发展指导意见	2023年11月
19	工业和信息化部	网络与信息安全	工业和信息化领域数据安全风险评估实施细则（试行）（征求意见稿）	2023年10月

序号	发布方	文件类型	文件名称	发布时间
20	工业和信息化部	网络与信息安全	关于促进网络安全保险规范健康发展的意见	2023 年 7 月
21	工业和信息化部	网络与信息安全	工业和信息化领域数据安全事件应急预案（试行）（征求意见稿）	2023 年 12 月
22	国家能源局	数字化发展	关于加快推进能源数字化智能化发展的若干意见	2023 年 3 月
23	交通运输部	数字化发展	关于推进公路数字化转型加快智慧公路建设发展的意见	2023 年 9 月
24	交通运输部	数字化发展	关于加快智慧港口和智慧航道建设的意见	2023 年 12 月
25	交通运输部	数字化发展	自动驾驶汽车运输安全服务指南（试行）	2023 年 11 月
26	住房和城乡建设部	数字化发展	关于全面推进城市综合交通体系建设的指导意见	2023 年 11 月
27	自然资源部	数字化发展	关于加快测绘地理信息事业转型升级　更好支撑高质量发展的意见	2023 年 8 月
28	自然资源部	数字化发展	实景三维中国建设总体实施方案（2023—2025年）	2023 年 3 月
29	发展和改革委员会	数字化发展	数字经济促进共同富裕实施方案	2023 年 12 月
30	发展和改革委员会	数字化发展	关于深入实施"东数西算"工程加快构建全国一体化算力网的实施意见	2023 年 12 月
31	发展和改革委员会	数据	"数据要素×"三年行动计划（2024—2026 年）	2023 年 12 月
32	科学技术部	数字化发展	关于进一步支持西部科学城加快建设的意见	2023 年 4 月
33	科学技术部	数字化发展	深入贯彻落实习近平总书记重要批示精神　加快推动北京国际科技创新中心建设的工作方案	2023 年 5 月
34	科学技术部	数字化发展	科技伦理审查办法（试行）	2023 年 9 月
35	商务部	数字化发展	关于加快生活服务数字化赋能的指导意见	2023 年 12 月
36	市场监督管理总局	数字化发展	互联网广告管理办法	2023 年 2 月
37	市场监督管理总局	数据	关于加强计量数据管理和应用的指导意见	2023 年 6 月
38	文化和旅游部	数字化发展	互联网上网服务行业上云行动工作方案	2023 年 11 月
39	财政部	数字化发展	关于开展中小企业数字化转型城市试点工作的通知	2023 年 6 月
40	财政部	数据	企业数据资源相关会计处理暂行规定	2023 年 8 月
41	中国人民银行	网络与信息安全	中国人民银行业务领域数据安全管理办法（征求意见稿）	2023 年 7 月
42	国家金融监督管理总局	数据	关于规范货币经纪公司数据服务有关事项的通知	2023 年 9 月

序号	发布方	文件类型	文件名称	发布时间
43	国家互联网信息办公室	数字化发展	2023 年数字乡村发展工作要点	2023 年 4 月
44	国家互联网信息办公室	数字化发展	生成式人工智能服务管理暂行办法	2023 年 7 月
45	国家互联网信息办公室	数字化发展	个人信息保护合规审计管理办法（征求意见稿）	2023 年 8 月
46	国家互联网信息办公室	数字化发展	移动互联网未成年人模式建设指南（征求意见稿）	2023 年 8 月
47	国家互联网信息办公室	数据	个人信息出境标准合同办法	2023 年 2 月
48	国家互联网信息办公室	网络与信息安全	网络安全事件报告管理办法（征求意见稿）	2023 年 12 月
49	国家知识产权局	数字化发展	数字经济核心产业分类与国际专利分类参照关系表（2023）	2023 年 3 月
50	国家知识产权局	数字化发展	关键数字技术专利分类体系（2023）	2023 年 9 月
51	中国民航局	数字化发展	关于落实数字中国建设总体部署　加快推动智慧民航建设发展的指导意见	2023 年 7 月
52	应急管理部	数字化发展	关于加快应急机器人发展的指导意见	2023 年 12 月

附录 2　2023 年数字化技术标准规范

序号	标准级别	标准编号	标准名称	批准日期	实施日期
1	国家标准	GB/T 42322—2023	能源互联网系统　主动配电网的互联	2023 年 3 月	2023 年 10 月
2	国家标准	GB/T 42320—2023	能源互联网规划技术导则	2023 年 3 月	2023 年 10 月
3	国家标准	GB/T 30966.4—2023	风力发电机组　风力发电场监控系统通信　第 4 部分：映射到通信规约	2023 年 3 月	2023 年 10 月
4	国家标准	GB/T 34131—2023	电力储能用电池管理系统	2023 年 3 月	2023 年 10 月
5	国家标准	GB/T 42316—2023	分布式储能集中监控系统技术规范	2023 年 3 月	2023 年 10 月
6	国家标准	GB/T 36237—2023	风能发电系统　通用电气仿真模型	2023 年 5 月	2023 年 5 月
7	国家标准	GB/T 42599—2023	风能发电系统　电气仿真模型验证	2023 年 5 月	2023 年 5 月
8	国家标准	GB/T 42716—2023	电化学储能电站建模导则	2023 年 5 月	2023 年 12 月
9	国家标准	GB/T 42726—2023	电化学储能电站监控系统技术规范	2023 年 5 月	2023 年 12 月
10	国家标准	GB/Z 42722—2023	工业领域电力需求侧管理实施指南	2023 年 5 月	2023 年 12 月
11	国家标准	GB/T 42707.1—2023	数控机床远程运维　第 1 部分：通用要求	2023 年 8 月	2024 年 3 月
12	国家标准	GB/T 43052—2023	电力市场交易运营系统与售电技术支持系统信息交换规范	2023 年 9 月	2023 年 9 月
13	国家标准	GB/T 26865.2—2023	电力系统实时动态监测系统　第 2 部分：数据传输协议	2023 年 9 月	2023 年 9 月

序号	标准级别	标准编号	标准名称	批准日期	实施日期
14	国家标准	GB/T 43033—2023	分布式供能工程标识系统编码规范	2023 年 9 月	2024 年 1 月
15	国家标准	GB/T 27930—2023	非车载传导式充电机与电动汽车之间的数字通信协议	2023 年 9 月	2024 年 4 月
16	国家标准	GB/Z 43030—2023	低压开关设备和控制设备　网络安全	2023 年 9 月	2024 年 4 月
17	国家标准	GB/T 43259.302—2023	能量管理系统应用程序接口（EMS-API）第 302 部分：公共信息模型（CIM）的动态部分	2023 年 11 月	2023 年 11 月
18	国家标准	GB/T 14285—2023	继电保护和安全自动装置技术规程	2023 年 11 月	2024 年 3 月
19	国家标准	GB/Z 40104.103—2023	太阳能光热发电站　第 1-3 部分：通用气象数据集数据格式	2023 年 11 月	2024 年 6 月
20	国家标准	GB/T 43334—2023	独立型微电网能量管理系统技术要求	2023 年 11 月	2024 年 6 月
21	国家标准	GB/T 43532—2023	核电厂仪表和控制系统网络安全防范管控	2023 年 12 月	2024 年 4 月
22	国家标准	GB/T 13629—2023	核电厂安全系统中可编程数字设备的适用准则	2023 年 12 月	2024 年 4 月
23	国家标准	GB/T 43509—2023	能源互联网交易平台技术要求	2023 年 12 月	2024 年 7 月
24	国家标准	GB/T 42151.81—2023	电力自动化通信网络和系统　第 8-1 部分：特定通信服务映射（SCSM）映射到 MMS（ISO 9506-1 和 ISO 9506-2）和 ISO/IEC 8802-3	2023 年 12 月	2024 年 7 月
25	国家标准	GB/T 43333—2023	独立型微电网调试与验收规范	2023 年 12 月	2024 年 7 月
26	国家标准	GB/T 43463—2023	微电网群运行控制要求	2023 年 12 月	2024 年 7 月
27	国家标准	GB/T 43526—2023	用户侧电化学储能系统接入配电网技术规定	2023 年 12 月	2024 年 7 月
28	国家标准	GB/T 43528—2023	电化学储能电池管理通信技术要求	2023 年 12 月	2024 年 7 月
29	国家标准	GB/T 26688—2023	电池供电的应急疏散照明自动试验系统	2023 年 12 月	2024 年 7 月
30	国家标准	GB/Z 25320.1003—2023	电力系统管理及其信息交换　数据和通信安全　第 100-3 部分：IEC 62351-3 的一致性测试用例和包括 TCP/IP 协议集的安全通信扩展	2023 年 12 月	2024 年 7 月
31	国家标准	GB/T 25320.11—2023	电力系统管理及其信息交换　数据和通信安全　第 11 部分：XML 文件的安全	2023 年 12 月	2024 年 7 月
32	国家标准	GB/T 25320.6—2023	电力系统管理及其信息交换　数据和通信安全　第 6 部分：IEC 61850 的安全	2023 年 12 月	2024 年 7 月
33	国家标准	GB/Z 25320.1001—2023	电力系统管理及其信息交换　数据和通信安全　第 100-1 部分：IEC 62351-5 和 IEC TS 60870-5-7 的一致性测试用例	2023 年 12 月	2024 年 7 月
34	行业标准	NB/T 11053—2023	自动快速负荷转供装置技术要求	2023 年 5 月	2023 年 8 月

序号	标准级别	标准编号	标准名称	批准日期	实施日期
35	行业标准	NB/T 11056—2023	继电保护测试仪自动检测装置校准规范	2023 年 2 月	2023 年 8 月
36	行业标准	NB/T 11079—2023	光伏发电站跟踪系统及支架检测技术规范	2023 年 2 月	2023 年 8 月
37	行业标准	NB/T 11083—2023	风电信息管理数据质量评估及治理技术规范	2023 年 2 月	2023 年 8 月
38	行业标准	NB/T 11095—2023	水电工程档案信息化导则	2023 年 2 月	2023 年 8 月
39	行业标准	NB/T 11099—2023	水电工程铁磁性钢丝绳在线监测技术规程	2023 年 2 月	2023 年 8 月
40	行业标准	NB/T 11100—2023	水电工程螺栓应力在线监测技术规程	2023 年 2 月	2023 年 8 月
41	行业标准	NB/T 11106—2023	煤矿井下供电无人值守监控系统技术要求	2023 年 2 月	2023 年 8 月
42	行业标准	NB/T 11115—2023	煤矿智能供电系统技术导则	2023 年 2 月	2023 年 8 月
43	行业标准	NB/T 11118.7—2023	煤矿综采工作面机电设备 EtherNet/IP 通信接口和协议　第 7 部分：移动变电站设备数据表	2023 年 2 月	2023 年 8 月
44	行业标准	NB/T 11118.8—2023	煤矿综采工作面机电设备 EtherNet/IP 通信接口和协议　第 8 部分：低压交流真空馈电开关设备数据表	2023 年 2 月	2023 年 8 月
45	行业标准	NB/T 11118.9—2023	煤矿综采工作面机电设备 EtherNet/IP 通信接口和协议　第 9 部分：多回路低压交流真空电磁起动器设备数据表	2023 年 2 月	2023 年 8 月
46	行业标准	NB/T 11118.10—2023	煤矿综采工作面机电设备 EtherNet/IP 通信接口和协议　第 10 部分：低压交流真空电磁起动器设备数据表	2023 年 2 月	2023 年 8 月
47	行业标准	NB/T 11146—2023	电能质量监测装置在线比对技术规范	2023 年 2 月	2023 年 8 月
48	行业标准	DL/T 2589—2023	垃圾发电厂智能点巡检系统技术规范	2023 年 2 月	2023 年 8 月
49	行业标准	DL/T 5041—2023	火力发电厂厂内通信设计技术规定	2023 年 2 月	2023 年 8 月
50	行业标准	NB/T 11176—2023	太阳能热发电项目监测评估规程	2023 年 5 月	2023 年 11 月
51	行业标准	NB/T 11179—2023	水电工程环境监测技术规范	2023 年 5 月	2023 年 11 月
52	行业标准	NB/T 11184—2023	水电工程水情自动测报系统更新改造技术导则	2023 年 5 月	2023 年 11 月
53	行业标准	NB/T 11185—2023	水电工程水土保持监测实施方案编制规程	2023 年 5 月	2023 年 11 月
54	行业标准	NB/T 11197—2023	输变电工程三维设计技术导则	2023 年 5 月	2023 年 11 月
55	行业标准	NB/T 11198—2023	输变电工程三维设计模型分类与编码规则	2023 年 5 月	2023 年 11 月
56	行业标准	NB/T 11199—2023	输变电工程三维设计模型交互及建模规范	2023 年 5 月	2023 年 11 月

序号	标准级别	标准编号	标准名称	批准日期	实施日期
57	行业标准	NB/T 11204—2023	变电站二次设备调试信息安全防护装置技术规范	2023 年 5 月	2023 年 11 月
58	行业标准	NB/T 11205—2023	变电站继电保护综合记录与智能运维装置检测规范	2023 年 5 月	2023 年 11 月
59	行业标准	NB/T 11210—2023	电自动控制器　湿度传感器	2023 年 5 月	2023 年 11 月
60	行业标准	NB/T 11216—2023	智能变电站数字信号试验装置校准规范	2023 年 5 月	2023 年 11 月
61	行业标准	NB/T 11217—2023	智能开关用控制系统技术要求	2023 年 5 月	2023 年 11 月
62	行业标准	NB/T 20650—2023	核电厂运行生产数据管理要求	2023 年 5 月	2023 年 11 月
63	行业标准	NB/T 20651—2023	核电厂主数据管理导则	2023 年 5 月	2023 年 11 月
64	行业标准	NB/T 20658—2023	压水堆核电厂堆芯在线监测系统技术要求	2023 年 5 月	2023 年 11 月
65	行业标准	NB/T 20676—2023	压水堆核电厂自动卸压系统设计准则	2023 年 5 月	2023 年 11 月
66	行业标准	NB/T 35003—2023	水电工程水情自动测报系统技术规范	2023 年 5 月	2023 年 11 月
67	行业标准	DL/T 578—2023	水电厂计算机监控系统基本技术条件	2023 年 5 月	2023 年 11 月
68	行业标准	DL/T 924—2023	火力发电厂厂级监管信息系统技术条件	2023 年 5 月	2023 年 11 月
69	行业标准	DL/T 1057—2023	自动跟踪补偿消弧线圈成套装置技术条件	2023 年 5 月	2023 年 11 月
70	行业标准	DL/T 2596—2023	智能电能表现场运行可靠性试验规程	2023 年 5 月	2023 年 11 月
71	行业标准	DL/T 2597—2023	电能表自动化检定系统技术规范	2023 年 5 月	2023 年 11 月
72	行业标准	DL/T 2607—2023	配电自动化终端即插即用技术导则	2023 年 5 月	2023 年 11 月
73	行业标准	DL/T 2608—2023	配电自动化终端运维技术规范	2023 年 5 月	2023 年 11 月
74	行业标准	DL/T 2612—2023	电力云基础设施安全技术要求	2023 年 5 月	2023 年 11 月
75	行业标准	DL/T 2613—2023	电力行业网络安全等级保护测评指南	2023 年 5 月	2023 年 11 月
76	行业标准	DL/T 2614—2023	电力行业网络安全等级保护基本要求	2023 年 5 月	2023 年 11 月
77	行业标准	DL/T 2625—2023	区域能源互联网综合评价导则	2023 年 5 月	2023 年 11 月
78	行业标准	NB/T 11296—2023	核电厂汽轮机数字电液控制系统维修导则	2023 年 10 月	2024 年 4 月
79	行业标准	NB/T 11299—2023	海上风电场工程光纤复合海底电缆在线监测系统设计规范	2023 年 10 月	2024 年 4 月
80	行业标准	NB/T 11302—2023	电动汽车充电设施及运营平台信息安全技术规范	2023 年 10 月	2024 年 4 月
81	行业标准	NB/T 11310—2023	电力无线局域网设计规程	2023 年 10 月	2024 年 4 月
82	行业标准	NB/T 11315—2023	变电站辅助控制系统设计规程	2023 年 10 月	2024 年 4 月
83	行业标准	NB/T 11317—2023	供电电压监测系统技术规范	2023 年 10 月	2024 年 4 月
84	行业标准	NB/T 20709—2023	核电厂射线照相底片数字化技术规范	2023 年 10 月	2024 年 4 月
85	行业标准	NB/T 25018—2023	核电厂常规岛与辅助配套设施可靠性数据管理导则	2023 年 10 月	2024 年 4 月

序号	标准级别	标准编号	标准名称	批准日期	实施日期
86	行业标准	NB/T 33017—2023	电动汽车智能充换电运营服务系统技术规范	2023 年 10 月	2024 年 4 月
87	行业标准	NB/T 47013.11—2023	承压设备无损检测　第 11 部分：射线数字成像检测	2023 年 10 月	2024 年 4 月
88	行业标准	NB/T 47013.14—2023	承压设备无损检测　第 14 部分：射线计算机辅助成像检测	2023 年 10 月	2024 年 4 月
89	行业标准	DL/T 1092—2023	电力系统安全稳定控制系统通用技术条件	2023 年 10 月	2024 年 4 月
90	行业标准	DL/T 1197—2023	水轮发电机组状态在线监测系统技术条件	2023 年 10 月	2024 年 4 月
91	行业标准	DL/T 1663—2023	智能变电站继电保护在线监视和智能诊断技术导则	2023 年 10 月	2024 年 4 月
92	行业标准	DL/T 2647—2023	智能变电站配置文件运行管控系统技术规范	2023 年 10 月	2024 年 4 月
93	行业标准	DL/T 2666—2023	变电站噪声仿真分析技术导则	2023 年 10 月	2024 年 4 月
94	行业标准	DL/T 2671—2023	电力系统仿真用电源聚合等值和建模导则	2023 年 10 月	2024 年 4 月
95	行业标准	DL/T 2672—2023	电力系统仿真用负荷模型建模技术要求	2023 年 10 月	2024 年 4 月
96	行业标准	DL/T 5430—2023	无人值班变电站远方监控中心设计规程	2023 年 10 月	2024 年 4 月
97	行业标准	NB/T 11340—2023	新能源场站智能化建设基本技术规范	2023 年 12 月	2024 年 6 月
98	行业标准	NB/T 11347—2023	发电企业生产运营中心光伏发电数据接入系统技术规范	2023 年 12 月	2024 年 6 月
99	行业标准	NB/T 11350—2023	新能源发电集群控制系统功能规范	2023 年 12 月	2024 年 6 月
100	行业标准	NB/T 11357—2023	智能风电场一体化管控平台技术要求	2023 年 12 月	2024 年 6 月
101	行业标准	NB/T 11373—2023	陆上风电场工程安全监测实施技术规范	2023 年 12 月	2024 年 6 月
102	行业标准	NB/T 11382—2023	风力发电机组　传动系统润滑油在线状态监测系统	2023 年 12 月	2024 年 6 月
103	行业标准	NB/T 11400—2023	电力数据中心设计规程	2023 年 12 月	2024 年 6 月
104	行业标准	NB/T 11405—2023	混凝土坝智能温控系统规范	2023 年 12 月	2024 年 6 月
105	行业标准	NB/T 11412—2023	水电工程生态流量实时监测设备基本技术条件	2023 年 12 月	2024 年 6 月
106	行业标准	NB/T 20238—2023	核电厂辐射监测系统安装技术规程	2023 年 12 月	2024 年 6 月
107	行业标准	NB/T 31103—2023	风力发电机组主控制系统软件功能技术规范	2023 年 12 月	2024 年 6 月
108	行业标准	NB/T 31122—2023	风力发电机组在线状态监测装置技术规范	2023 年 12 月	2024 年 6 月
109	行业标准	DL/T 1148—2023	电力电缆线路巡检系统	2023 年 12 月	2024 年 6 月
110	行业标准	DL/T 2690.7—2023	电供暖系统技术规范　第 7 部分：运营服务平台	2023 年 12 月	2024 年 6 月

序号	标准级别	标准编号	标准名称	批准日期	实施日期
111	行业标准	DL/T 2690.8—2023	电供暖系统技术规范　第8部分：通信规约	2023年12月	2024年6月
112	行业标准	DL/T 2691—2023	电网设备缺陷智能识别技术导则	2023年12月	2024年6月
113	行业标准	DL/T 2692—2023	电网设备无人机自动巡检技术导则	2023年12月	2024年6月
114	行业标准	DL/T 2693—2023	架空输电线路巡检用小型多旋翼无人机系统通用技术条件	2023年12月	2024年6月
115	行业标准	DL/T 2695—2023	输电线路安全风险多工况智能评估导则	2023年12月	2024年6月
116	行业标准	DL/T 2696—2023	架空输电线路智能巡检建模技术导则	2023年12月	2024年6月
117	行业标准	DL/T 2694—2023	变电站巡检机器人与人工协同巡检规范	2023年12月	2024年6月
118	行业标准	DL/T 2697—2023	架空输电线路无人机巡检数据自动采集及处理规范	2023年12月	2024年6月
119	行业标准	DL/T 2699—2023	大坝安全监测仪器检验规程	2023年12月	2024年6月
120	行业标准	DL/T 2715—2023	工业园区能源互联网协同运行技术导则	2023年12月	2024年6月
121	行业标准	DL/T 2721—2023	水电站大坝安全监测智能移动终端应用技术规程	2023年12月	2024年6月
122	行业标准	DL/T 2724—2023	架空输电线路三维地理信息系统技术规范	2023年12月	2024年6月
123	行业标准	DL/T 2725—2023	电网设备知识图谱构建技术导则	2023年12月	2024年6月
124	行业标准	DL/T 5868—2023	火力发电厂智能热网施工及验收规范	2023年12月	2024年6月
125	团体标准	T/CEC 736—2023	户用光伏并网通信技术要求	2023年8月	2023年11月
126	团体标准	T/CEC 711.1—2023	电工装备供应商数据采集及接口规范　第1部分：通用部分	2023年8月	2023年11月
127	团体标准	T/CEC 742—2023	电力物资智能仓储建设导则	2023年8月	2023年11月
128	团体标准	T/CEC 743—2023	电工装备物联平台功能规范	2023年8月	2023年11月
129	团体标准	T/CEC 744—2023	电工装备物联网关技术要求	2023年8月	2023年11月
130	团体标准	T/CEC 745—2023	电力区块链隐私计算应用指南	2023年8月	2023年11月
131	团体标准	T/CEC 751—2023	5G通信基站电能服务综合计量装置通用技术条件	2023年8月	2023年11月
132	团体标准	T/CEC 711.10—2023	电工装备供应商数据采集及接口规范　第10部分：6kV～35kV电力电缆	2023年8月	2023年11月
133	团体标准	T/CEC 711.11—2023	电工装备供应商数据采集及接口规范　第11部分：66kV～500kV电力电缆	2023年8月	2023年11月
134	团体标准	T/CEC 711.13—2023	电工装备供应商数据采集及接口规范　第13部分：光纤复合架空地线/光纤复合架空相线	2023年8月	2023年11月
135	团体标准	T/CEC 711.14—2023	电工装备供应商数据采集及接口规范　第14部分：全介质自承式光缆	2023年8月	2023年11月

序号	标准级别	标准编号	标准名称	批准日期	实施日期
136	团体标准	T/CEC 711.15—2023	电工装备供应商数据采集及接口规范 第15部分：盘形悬式瓷绝缘子	2023年8月	2023年11月
137	团体标准	T/CEC 711.16—2023	电工装备供应商数据采集及接口规范 第16部分：盘形悬式玻璃绝缘子	2023年8月	2023年11月
138	团体标准	T/CEC 711.17—2023	电工装备供应商数据采集及接口规范 第17部分：棒形悬式复合绝缘子	2023年8月	2023年11月
139	团体标准	T/CEC 711.18—2023	电工装备供应商数据采集及接口规范 第18部分：继电保护和安全自动装置	2023年8月	2023年11月
140	团体标准	T/CEC 711.20—2023	电工装备供应商数据采集及接口规范 第20部分：用电信息	2023年8月	2023年11月
141	团体标准	T/CEC 711.21—2023	电工装备供应商数据采集及接口规范 第21部分：智能电能表	2023年8月	2023年11月
142	团体标准	T/CEC 760—2023	电力通信设备和继电保护装置互联2.048Mbps光接口技术规范	2023年8月	2023年11月
143	团体标准	T/CEC 761—2023	电力用磷酸铁锂电池通信电源系统技术规范	2023年8月	2023年11月
144	团体标准	T/CEC 765—2023	电力行业征信信息平台数据接口技术规范	2023年8月	2023年11月
145	团体标准	T/CEC 769—2023	保护设备数字化联网打印与定值核对装置	2023年8月	2023年11月
146	团体标准	T/CEC 789—2023	架空输电线路三维地理信息模型构建规范	2023年12月	2024年4月
147	团体标准	T/CEC 799—2023	数字化电能计量系统现场校准规范	2023年12月	2024年4月
148	团体标准	T/CEC 801.1—2023	电力用安全芯片技术规范 第1部分：术语	2023年12月	2024年4月
149	团体标准	T/CEC 801.2—2023	电力用安全芯片技术规范 第2部分：物理特性及通信协议	2023年12月	2024年4月
150	团体标准	T/CEC 801.3—2023	电力用安全芯片技术规范 第3部分：安全级数据存储	2023年12月	2024年4月
151	团体标准	T/CEC 801.4—2023	电力用安全芯片技术规范 第4部分：可靠性测试	2023年12月	2024年4月
152	团体标准	T/CEC 801.5—2023	电力用安全芯片技术规范 第5部分：功能测试	2023年12月	2024年4月
153	团体标准	T/CEC 803—2023	电力时频同步网CNSS共视授时技术规范	2023年12月	2024年4月
154	团体标准	T/CEC 804—2023	电力北斗卫星定位车载终端	2023年12月	2024年4月
155	团体标准	T/CEC 806—2023	油浸式互感器油在线监测仪选用导则	2023年12月	2024年4月
156	团体标准	T/CEC 826—2023	架空电力线路无人机多光谱扫描技术规程	2023年12月	2024年4月
157	团体标准	T/CEC 825—2023	风力发电场空间互联网通信应用技术导则	2023年12月	2024年4月
158	团体标准	T/CEC 839—2023	综合能源服务平台功能规范	2023年12月	2024年4月

序号	标准级别	标准编号	标准名称	批准日期	实施日期
159	团体标准	T/CEC 849—2023	电力征信用电数据隐私计算应用技术规范	2023 年 12 月	2024 年 4 月
160	团体标准	T/CEC 5091—2023	多站融合通信接入技术要求	2023 年 12 月	2024 年 4 月
161	团体标准	T/CEC 5093—2023	配电物联网规划设计技术导则	2023 年 12 月	2024 年 4 月

附录3　2023 年电力创新奖获奖成果名单（信息化部分）

序号	成果编号	获奖等级	成果名称	完成单位（专利权人）	主要完成人（发明人）
1	1112341008	创新大奖	特大型电力工程企业集团 HSE 智慧管理体系与平台研发应用	中国电力建设股份有限公司，北京华科软科技有限公司，中电建建筑集团有限公司，中国电建集团西北勘测设计研究院有限公司，中国水利水电第十一工程局有限公司，上海电力设计院有限公司，中国电建集团山东电力建设第一工程有限公司，中国电建集团贵阳勘测设计研究院有限公司，湖北安源安全环保科技有限公司，武汉博晟安全技术股份有限公司	宗敦峰，张仕涛，高统彪，马宗磊，吴张建，蒋波，赵晓琬，吕明凯，何佳，张建江，薛占康，赵炜，汤蕴蕾，崔海华，贺小明
2	1012341056	创新大奖	数智供电所全要素数据融合和跨业务协同管控关键技术与应用	国网浙江省电力有限公司，国网福建省电力有限公司，中国电力科学研究院有限公司，国网信息通信产业集团有限公司，浙江大学滨江研究院，国网上海市电力公司，国网青海省电力公司，朗新科技集团股份有限公司，北京振中电子技术有限公司	何文其，田世明，姚冰峰，胡若云，廖勤武，黄翔，郭大琦，樊立波，夏霖，吴梦遥，徐川子，尤敏，孙微庭，武宽，赵天成
3	1022341024	一等奖	电网企业全员本质安全能力提升"数智"赋能关键技术研究与应用	中国南方电网有限责任公司，广东电网有限责任公司，广东电网有限责任公司东莞供电局，广东电网有限责任公司广州供电局，南方电网数字平台科技（广东）有限公司，南方电网数字传媒科技有限公司	丁士，王科鹏，华煌圣，毛凤春，王鹏，吴蓉，程远，孙雁斌，林克全，李钦，罗育林，周海，喻召杰，李洁怡，刘海荣
4	1032341006	一等奖	AIdustry 工业互联网平台试验测试项目	中国华能集团有限公司，华能信息技术有限公司，太极计算机股份有限公司，华能澜沧江水电股份有限公司，华能（浙江）能源开发有限公司玉环分公司，华能烟台八角热电有限公司，四川华能太平驿水电有限责任公司，华能湖南岳阳发电有限责任公司	李栋梁，孟子涵，孙崇武，吴家乐，祝家鑫，杨敏，张洪涛，吴明波，戴小佳，杜仁举，梁鹤涛，刘刚，曹哲铭，杨玉贤，文子强
5	2341011	一等奖	电力工控系统威胁感知与风险防控关键技术及应用	湖南大学，国网湖南省电力有限公司，国网智能电网研究院有限公司，北京智芯微电子科技有限公司，国网北京市电力公司，北京邮电大学，深信服科技股份有限公司	刘绚，宋宇飞，田建伟，孙卓，黎金旺，李佳玮，张波，席泽生，徐敬蘅，田峥，原义栋

序号	成果编号	获奖等级	成果名称	完成单位（专利权人）	主要完成人（发明人）
6	1012341176	一等奖	电能质量实时监测与智能分析技术及应用	国网信息通信产业集团有限公司，国网智能电网研究院有限公司，国网上海能源互联网研究院有限公司，北京邮电大学，国网辽宁省电力有限公司，北京国网信通埃森哲信息技术有限公司	谢可，刘柱，李温静，李亚琼，郭屾，刘迪，郭少勇，许中平，黄吕超，杜月，王利民，张帅，杨超，王永贵，吕建兵
7	2341009	一等奖	融合人工智能的电网调度数据在线检测与辨识关键技术及应用	中电联电力发展研究院有限公司，宁波送变电建设有限公司永耀科技分公司，国网浙江省电力有限公司宁波供电公司，国电南瑞科技股份有限公司	章杜锡，管金胜，宋立军，王猛，陈东海，豆书亮，秦加林，马丽军，张荣伟，罗玉春，叶楠，吴昱浩，肖立群，杨跃平，张霁明
8	1012341108	一等奖	面向能源互联网的数据资产管理与运营关键技术	国网辽宁省电力有限公司	刘碧琦，乔林，吕旭明，陈硕，赵景宏，李广野，周小明，王丽霞，齐俊，张佳鑫，王磊，李广翔，高强，于元旗，王义贺
9	1012341139	一等奖	电力线路影像智能巡检关键技术研究与应用	国网山东省电力公司，山东鲁软数字科技有限公司，国网山东省电力公司电力科学研究院，山东信通电子股份有限公司，智洋创新科技股份有限公司	孙晓斌，孟海磊，杨勇，耿博，李丹丹，焦之明，纪洪伟，宋军，巩方波，刘强，郑文杰，李程启
10	1022341030	一等奖	配电二次智能化管控平台及终端装置关键技术研究与实践	广东电网有限责任公司佛山供电局，广东电网有限责任公司电力调度控制中心	陈锦荣，卢颖，区伟潮，李高明，史泽兵，王峰，赵瑞锋，谭乾，李响，欧阳卫年，刘秀甫，廖峰
11	1012341099	一等奖	能源互联网与工业互联网融合平台，数据服务技术及应用	国网浙江省电力有限公司，国家电网智能电网研究院有限公司，国家电网数字科技控股有限公司，东南大学，清华大学，北京智中能源互联网研究院有限公司，北京中恒博瑞数字电力科技有限公司，浙江景兴纸业股份有限公司	樊涛，周建其，梁云，方景辉，刘维亮，吴志，孙晓艳，曹军威，谢祥颖，潘光胜，周兴华，陈浩，王瑶，金祝飞，黄莉
12	1012341050	一等奖	电力物资供应链全链融合与协同管控关键技术及应用	国网浙江省电力有限公司金华供电公司，国网浙江省电力有限公司，国网浙江省电力有限公司物资分公司，国网浙江省电力有限公司信息通信分公司	李付林，刘畅，陈浩，吴建锋，葛军萍，赵欣，陈瑜，王涛，张莹，王骊，叶静娴，瞿迪庆，王健国，胡恺锐，张景明
13	1062341005	一等奖	适应电力现货市场的新能源场站运行优化关键技术研究及应用	山西龙源新能源有限公司，龙源（北京）风电工程技术有限公司	和军梁，唐坚，杨辉，范子超，包大恩，黄仁泷，续斌革，黎少农，张毅，张泽宇，乔帅，齐振中，张青龙，郝文兵，赵鑫

序号	成果编号	获奖等级	成果名称	完成单位（专利权人）	主要完成人（发明人）
14	1112341013	一等奖	基于人工智能的河湖水环境安全风险防控平台	中国电建集团中南勘测设计研究院有限公司，中国科学院南京地理与湖泊研究所	刘昊，吴张建，周峰，何维，张春林，刘玮欣，李德鑫，王宗星，黄膺翰，余豪，刘承照，王鹏，许强红，阴紫薇，邱银国
15	1042341008	一等奖	基于联邦学习的分布式协同工控系统态势感知技术研究与应用	中国大唐集团科学技术研究总院有限公司，北京邮电大学，天津大唐国际盘山发电有限责任公司，重庆大唐国际彭水水电开发有限公司，华北电力大学	张伟，丁朝晖，魏翼飞，杨国玉，黄冠杰，冀丰强，张曌，魏金秀，鲁斌，熊中浩，李百华，张勇，车业蒙，郑宇辰，刘腾
16	1012341086	一等奖	海量数据实时采集，可靠存储与高性能计算关键技术及应用	国网天津市电力公司信息通信公司，南瑞集团有限公司，北京智芯微电子科技有限公司，北京航空航天大学，南开大学，天津三源电力信息技术股份有限公司	杨华飞，王旭强，张万才，张旭，金尧，王凯，闫波，杨文清，张倩宜，白晖峰，张楠，刘文松，宫晓利，周号益
17	1052341002	一等奖	适应新型电力系统的火电能耗诊断系统关键技术平台研发及应用	华电电力科学研究院有限公司，南京南自华盾数字技术有限公司，华电能源股份有限公司哈尔滨第三发电厂，包头东华热电有限公司，辽宁华电铁岭发电有限公司	曲智超，常浩，张才稳，石岩，高飞，王照阳，张磊，李良，董洋，朱锋，丛锡龙，王利，唐显双，高子军，李霄丹
18	1032341004	一等奖	发电行业网络安全技术创新和服务支撑平台研发及应用	西安热工研究院有限公司，中国华能集团有限公司，中国电子信息产业集团有限公司第六研究所，华能国际电力股份有限公司	许世森，苏立新，杨东，杨正新，霍朝宾，陈燕，崔逸群，刘超飞，邓楠轶，毕玉冰，康毅，王文庆，何敏强，王俊和，王军刚
19	1022341020	二等奖	基于知识发现的电网运行安全监测与智能防护关键技术研究与应用	广西电网有限责任公司，东北电力大学，广西电网有限责任公司信息中心，北京国电通网络技术有限公司，国网吉林省电力有限公司通化供电公司，国网吉林省电力有限公司吉林供电公司，国网吉林省电力有限公司延边供电公司	谢铭，曲朝阳，凌颖，王蕾，卢杰科，张振明，宾冬梅，杨春燕，杨红柳，黎新
20	1012341093	二等奖	电力软件定义网络（SDN）关键技术及应用	国网智能电网研究院有限公司，国网上海市电力公司，国网浙江省电力有限公司，北京智芯微电子科技有限公司，国网重庆市电力公司，国网河南省电力公司，中通服咨询设计研究院有限公司	吴军民，刘川，陶静，徐鑫，王贤辉，杨鸿珍，陆继钊，陈晓露，鲍兴川，赵柳
21	1012341081	二等奖	智慧能源——赋能引领区智慧城市管理升级	国网上海市电力公司浦东供电公司	周敏，陈赟，沈浩，谢邦鹏，潘智俊，赵文恺，王晓慧，洪祎祺，王佳裕，傅超然

续表

序号	成果编号	获奖等级	成果名称	完成单位（专利权人）	主要完成人（发明人）
22	1012341076	二等奖	基于云编排的物联App柔性开发技术及在配电网数字化转型中的应用	国网陕西省电力有限公司信息通信公司，国网陕西省电力有限公司	朱彧，黎亦凡，任晓龙，张根周，赵永柱，杨乐，裴瑛慧，王静，马琴琴，杨熙载
23	1112341002	二等奖	基于全流域梯级水电站的智能化调度的创新应用	中国电建集团海外投资有限公司	钟海祥，张国来，白存忠，蒡巍，宋会红，周建新，王亮，孙晶莹，刘莎莎，罗明清
24	1012341047	二等奖	空–地协同的输电廊道一体化智能巡检及三维测绘系统	国网江苏省电力有限公司盐城供电分公司，河海大学，常州中能电力科技有限公司	成云朋，冯兴明，马云鹏，丁亚杰，李冬华，陆烨，柏晶晶，邓啸巍，周亚琴，仲宇
25	1012341073	二等奖	面向电力物联网的高安全高可靠射频识别关键技术及应用	北京智芯微电子科技有限公司	王文赫，张贺丰，林杰，杜鹃，赵军伟，杜君，马岩，姜帆，皮健，郝先人
26	1112341003	二等奖	中东地区EPC一体化管理数字平台	中国电建集团山东电力建设有限公司，青岛顾杰鸿利科技有限公司	张玉雷，孙丰茂，闫腾，张焕祥，张晋斌，王元辉，任远波，刘洪涛，仲崇理，李沛桦
27	1012341070	二等奖	电力边缘计算弹性资源分配技术及应用	国网浙江省电力有限公司电力科学研究院，国网信息通信产业集团有限公司，国网浙江省电力有限公司金华供电公司，北京邮电大学，国网浙江省电力有限公司宁波供电公司，北京智芯微电子科技有限公司，国网浙江省电力有限公司	汪自翔，刘周斌，邵苏杰，韩嘉佳，陈浩，李钟煦，郭文静，郭少勇，瞿迪庆，刘玉民
28	3012341002	二等奖	防爆危险气体探测巡检机器人系统的研究与应用	北京京桥热电有限责任公司，北京能源集团有限责任公司，北京京能能源技术研究有限公司，北京能工荟智机器人有限责任公司	关天罡，吴莉娟，梅东升，安振源，相啸宇，边防，石磊，刘红欣，刘洁，侯宝
29	1012341180	二等奖	含分布式能源的电力保供能力提升关键技术研究与应用	四川中电启明星技术有限公司，国网四川省电力公司天府新区供电公司	唐冬来，宋卫平，李玉，罗玛，郝珂，沙非，杨帆，符晓巍，余文魁，谢天祥
30	1012341107	二等奖	全时空气象数据驱动下电网典型气象灾害监测预警关键技术与应用	中国电力科学研究院有限公司，国家电网有限公司，国家气象中心，国网安徽省电力有限公司，国网能源研究院有限公司，北京中电普华信息技术有限公司，北京弘象科技有限公司	刘莹，梁云丹，靳双龙，徐英辉，杨知，黄怡，赵彬，李闯，魏敏，张勇
31	2341014	二等奖	基于多数据融合的海缆线路智慧监测系统	浙江舟山海洋输电研究院有限公司，国网浙江省电力有限公司，国网浙江省电力有限公司舟山供电公司	钱钢，甘纯，韩磊，陈浩，史令彬，吴昊，敬强，郑新龙，张展耀

序号	成果编号	获奖等级	成果名称	完成单位（专利权人）	主要完成人（发明人）
32	2341006	二等奖	基于半监督学习的合同智能审查技术研究与应用	云南电网有限责任公司信息中心，云南电网有限责任公司法治与合规共享中心，云南电网有限责任公司玉溪供电局，云南电网有限责任公司曲靖供电局	苏文伟，马文，张航，白杨，王锦云，凌波，汪飞，周兴东，钏涛，饶喆
33	1152341001	二等奖	电力负荷精准协同控制信息系统技术研究与应用	华北电力大学，湖南经研电力设计有限公司，国网浙江省电力有限公司嘉兴供电公司，华北电力科学研究院有限责任公司，国网陕西省电力有限公司汉中市南郑区供电公司，国网湖南省电力有限公司经济技术研究院，北京电安信科技有限公司	陆俊，龚钢军，李琴，杨力帆，孙跃，杨海霞，侯瑞，李子，仲立军，孙萌
34	1012341172	二等奖	基于"端－边－云"融合的大型变压器运行声纹不停电检测技术与应用	国网信息通信产业集团有限公司，安徽继远软件有限公司	白景坡，邱镇，王维佳，卢大玮，靳敏，李小宁，周逸平，王兴涛，崔迎宝，张晓航
35	1152341003	二等奖	基于大数据分析的电力物资需求智能预测及应用架构设计	华北电力大学，深圳供电局有限公司，中国电力企业联合会科技开发服务中心	刘达，黎莫林，刘康军，陈祎亮，韩文德，王馨艺，许晓敏，杨迪，成润坤，张国维
36	1192341001	二等奖	基于数据智能技术的大型发电装备智慧运行管控软件平台	东方电气集团科学技术研究院有限公司	唐健，田军，杨嘉伟，刘征宇，肖文静，何文辉，刘静波，王正杰，王多平，柴海波
37	1012341062	二等奖	电力营销数据治理及业务风险防控技术研究与应用	国家电网有限公司客户服务中心，北京数洋智慧科技有限公司，武汉大学，佰聆数据股份有限公司	邓志东，罗敏，朱克，刘鲲鹏，姜磊，王秀春，宫立华，赵郭燚，彭聪，王庆贤
38	1022341004	二等奖	基于隐私计算技术的电力数据开放运营平台研究与应用	深圳供电局有限公司	赵少东，宁柏锋，麦竣朗，李厚恩，许冠中，黄志伟，庞宁，林辰，张胜，杨舒晴
39	1022341023	二等奖	电动汽车友好充电与互联互通关键技术研究与应用	贵州电网有限责任公司电力科学研究院，贵州天任电力科技有限公司，贵州电网有限责任公司计量中心	李鹏程，张秋雁，杨婧，徐睿，张俊玮，徐宏伟，陈德富，丛中笑，余斌，肖监
40	1072341005	二等奖	iSDEPCI 5G 链路级仿真计算软件 V1.0	山东电力工程咨询院有限公司，北京邮电大学	苏俊浩，张波，杨瑾，孙海蓬，王海洋，韦洵，段晓，崔金鹏，顾锦禄，刘丹谱
41	1022341018	二等奖	全光电力通信网络智慧运维管控关键技术研究与应用	中国南方电网电力调度控制中心，广东电网有限责任公司电力调度控制中心，广西电网有限责任公司电力调度控制中心，贵州电网有限责任公司电力调度控制中心，广东电网有限责任公司广州供电局通信中心，云南电力调度控制中心，浪潮通信信息系统有限公司	杨志敏，洪丹轲，刘林，黄强，兀中苗，贺云，黄国伦，罗会洪，刘康，张雄威

序号	成果编号	获奖等级	成果名称	完成单位（专利权人）	主要完成人（发明人）
42	1012341166	二等奖	面向电力保供的规模化异构资源潜力评估与调控技术及应用	国网信息通信产业集团有限公司，华北电力大学，国网江西省电力有限公司电力科学研究院，国网山东综合能源服务有限公司，国网山西省电力公司电力科学研究院，泰豪科技股份有限公司，国网综合能源服务集团有限公司	孟洪民，胡俊杰，曾伟，刘泽三，李彬，熊健豪，迟青青，程雪婷，吴庆，王明远
43	2341008	二等奖	基于多模态数据融合与知识共享的新型电力智能服务平台关键技术及应用	中电联电力发展研究院有限公司，国网浙江省电力有限公司宁波供电公司，宁波送变电建设有限公司永耀科技分公司，国网浙江省电力有限公司宁海县供电公司，国网浙江省电力有限公司经济技术研究院，浙大宁波理工学院，浙江万里学院	潘榕，文世挺，徐亮，邵伟明，马丽军，王猛，秦加林，杨跃平，裴传逊，豆书亮
44	1172341001	二等奖	基于 AI AR+数智化综合能源运营模式研究	苏州协鑫新能源运营科技有限公司	向昌明，郑文革，黄海磊，闫铭涛，蒋永晔，于向群，周福娟
45	1102341002	二等奖	基于"双碳"目标新能源企业参与电力市场的全场景交易决策研究应用	中国广核新能源控股有限公司，中广核风电有限公司，北京清能互联科技有限公司	齐放，孙峣，邓体喆，朱燕，普智勇，庞晶，郑灏，陈甜甜，王淼，王允
46	1052341001	二等奖	基于大数据技术的大型发电企业数字营销关键技术研究与应用	国电南京自动化股份有限公司，南京南自华盾数字技术有限公司，中国华电集团有限公司市场营销部	赵竟，瞿萍，王照阳，朱辰泽，徐征，张庭玉，李云，冷程浩，黄保乐，张盼
47	1062341006	二等奖	新能源电力生产营销一体化智能管控平台关键技术及应用	国华能源投资有限公司，上海远景科创智能科技有限公司，山东国华时代投资发展有限公司，国华（赤城）风电有限公司，国华巴彦淖尔（乌拉特中旗）风电有限公司，国华（哈密）新能源有限公司，国华（乾安）风电有限公司	史明亮，李大钧，孙金龙，王承凯，刘长磊，赵楚泓，张欣，王硕，刘海龙，刘明先
48	1012341084	二等奖	基于数字化与智能化的领导人员智能管理平台实施与应用	国家电网有限公司，北京国电通网络技术有限公司	李生权，张俊利，杨浩，张翔，孙峥，范忠军，李岩松，王一枫，李慧敏，马岩

附录4　2023 年电力行业两化融合管理体系评定单位名单

序号	所属集团	省份	公司名称	证书编码	发证时间	评定等级
1	国家电网	山西省	国网山西省电力公司	AIITRE－00523IIIMS0151302	2023/6/9	AA
2	国家电网	上海市	国网上海市电力公司	AIITRE－00523IIIMS0149001	2023/5/26	AAA
3	国家电网	四川省	国网四川省电力公司	AIITRE－00523IIIMS0146302	2023/4/21	AAA

序号	所属集团	省份	公司名称	证书编码	发证时间	评定等级
4	国家电网	青海省	国网青海省电力公司	AIITRE－00523IIIMS0145502	2023/3/31	AAA
5	南方电网	广东省	南方电网供应链集团有限公司	AIITRE－00123IIIMS0497701	2023/12/23	AAA
6	南方电网	广东省	南方电网数字平台科技（广东）有限公司	AIITRE－00223IIIMS0595402	2023/2/24	A
7	中国大唐集团	四川省	成都大唐线缆有限公司	AIITRE－00623IIIMS0441602	2023/12/23	A
8	中国大唐集团	四川省	四川大唐国际甘孜水电开发有限公司	AIITRE－00723IIIMS0356701	2023/12/16	AA
9	中国大唐集团	内蒙古自治区	内蒙古大唐国际呼和浩特铝电有限责任公司	AIITRE－00423IIIMS0536801	2023/12/9	AA
10	中国大唐集团	江西省	高安市大唐实业有限公司	AIITRE－00423IIIMS0438001	2023/9/1	A
11	中国大唐集团	云南省	大唐观音岩水电开发有限公司	AIITRE－00923IIIMS0371501	2023/9/1	AA
12	中国大唐集团	陕西省	陕西大唐燃气安全科技股份有限公司	AIITRE－00923IIIMS0365701	2023/8/4	A
13	中国大唐集团	青海省	大唐共和清洁能源有限公司	AIITRE－01023IIIMS0249701	2023/7/28	A
14	中国大唐集团	北京市	北京大唐物业管理有限公司	AIITRE－00323IIIMS0358303	2023/7/28	A
15	中国大唐集团	江苏省	江苏大唐国际如皋热电有限责任公司	AIITRE－00223IIIMS0625801	2023/5/26	AA
16	中国大唐集团	陕西省	韩城大唐盛龙科技实业有限责任公司	AIITRE－01023IIIMS0218001	2023/4/21	A
17	中国大唐集团	辽宁省	辽宁大唐国际沈抚热力有限责任公司	AIITRE－00223IIIMS0594801	2023/2/1	A
18	中国华电集团	河北省	华电曹妃甸重工装备有限公司	AIITRE－00923IIIMS0506103	2023/12/29	AA
19	国家能源集团	江苏省	国家能源集团泰州发电有限公司	AIITRE－01023IIIMS0235601	2023/6/2	AAA
20	国家能源集团	湖北省	国能长源汉川发电有限公司	AIITRE－00123IIIMS0596801	2023/11/17	AA
21	国家能源集团	福建省	国能（福州）热电有限公司	AIITRE－00123IIIMS0609101	2023/12/23	AA
22	国家能源集团	北京市	国能龙源环保有限公司	AIITRE－00323IIIMS0351001	2023/4/27	AA
23	长江三峡集团	北京市	中国长江电力股份有限公司	AIITRE－00523IIIMS0159704	2023/12/16	AAA
24	中国核工业集团	河北省	中国核工业二四建设有限公司	AIITRE－00623IIIMS0538302	2023/12/29	AA
25	中国核工业集团	福建省	福建福清核电有限公司	AIITRE－00123IIIMS0495302	2023/12/9	AA

序号	所属集团	省份	公司名称	证书编码	发证时间	评定等级
26	中国核工业集团	浙江省	三门核电有限公司	AIITRE－00523IIIMS0158502	2023/9/9	AA
27	中国核工业集团	海南省	海南核电有限公司	AIITRE－00523IIIMS0143902	2023/3/10	AA
28	中国核工业集团	浙江省	中核核电运行管理有限公司	AIITRE－00523IIIMS0141203	2023/1/20	A
29	中国广核集团	江苏省	中广核新奇特（扬州）电气有限公司	AIITRE－00623IIIMS0517701	2023/11/10	A
30	中国广核集团	上海市	中广核俊尔（上海）新材料有限公司	AIITRE－00323IIIMS0361301	2023/8/25	A
31	中国电力建设集团	陕西省	中电建（西安）港航船舶科技有限公司	AIITRE－00123IIIMS0602501	2023/12/9	A
32	中国电力建设集团	贵州省	中国电建集团贵阳勘测设计研究院有限公司	AIITRE－00123IIIMS0470002	2023/5/26	A
33	中国能源建设集团	陕西省	中国能源建设集团陕西银河电力线路器材有限公司	AIITRE－01023IIIMS0265601	2023/9/15	A
34	广东能源集团	广东省	广东省风力发电有限公司	AIITRE－00523IIIMS0144701	2023/3/17	AA
35	广东能源集团	广东省	珠海经济特区广珠发电有限责任公司	AIITRE－00523IIIMS0159803	2023/12/16	A
36	广东能源集团	广东省	广东红海湾发电有限公司	AIITRE－00723IIIMS0285102	2023/12/16	AA
37	中国电气装备集团	河南省	河南许继仪表有限公司	AIITRE－00223IIIMS0666002	2023/11/17	AA
38	中国东方电气集团	广东省	东方电气（广州）重型机器有限公司	AIITRE－00123IIIMS0498402	2023/12/23	AA

附录5　2023年电力行业通过数字化转型评估试点名单

序号	企业名称	贯标方向	评估星级
1	广东电网有限责任公司	数字化转型成熟度	3星级
2	深圳供电局有限公司	数字化转型成熟度	3星级
3	国网上海市电力公司	数字化转型成熟度	3星级
4	国网安徽省电力有限公司	数字化转型成熟度	3星级
5	国网甘肃省电力公司	数字化转型成熟度	3星级
6	国网河北省电力有限公司	数字化转型成熟度	3星级
7	国网天津市电力公司	数字化转型成熟度	3星级
8	中国南方电网超高压输电公司	数字化转型成熟度	3星级
9	中核核电运行管理有限公司	数字化转型成熟度	3星级
10	国网数字科技控股有限公司	工业互联网平台	3星级

附录 6 2023 年数据管理能力成熟度获证电力企业名单

序号	批次	等级	类型	单位名称	获证时间
1	第一批	受管理级（二级）	甲方	山东鲁控电力设备有限公司	2023 年 4 月
2	第一批	受管理级（二级）	甲方	大唐陕西发电有限公司延安热电厂	2023 年 4 月
3	第一批	受管理级（二级）	甲方	龙滩水电开发有限公司龙滩水力发电厂	2023 年 4 月
4	第一批	受管理级（二级）	甲方	西安西驰电气股份有限公司	2023 年 4 月
5	第一批	受管理级（二级）	甲方	蒲城清洁能源化工有限责任公司	2023 年 4 月
6	第一批	受管理级（二级）	乙方	山东科华电力技术有限公司	2023 年 4 月
7	第二批	稳健级（三级）	甲方	国网吉林省电力有限公司	2023 年 4 月
8	第二批	受管理级（二级）	甲方	大唐观音岩水电开发有限公司	2023 年 4 月
9	第二批	受管理级（二级）	甲方	天津经纬正能电气设备有限公司	2023 年 4 月
10	第四批	稳健级（三级）	甲方	中煤陕西榆林能源化工有限公司	2023 年 6 月
11	第五批	受管理级（二级）	甲方	阳城国际发电有限责任公司	2023 年 6 月
12	第五批	受管理级（二级）	甲方	宁波虎渡能源科技有限公司	2023 年 6 月
13	第五批	受管理级（二级）	甲方	宁波晨岚电气设备有限公司	2023 年 6 月
14	第五批	受管理级（二级）	乙方	杭州雷风新能源科技有限公司	2023 年 6 月
15	第六批	量化管理级（四级）	甲方	海南电网有限责任公司	2023 年 8 月
16	第六批	稳健级（三级）	甲方	国网山东省电力公司枣庄供电公司	2023 年 8 月
17	第六批	稳健级（三级）	甲方	淮河能源控股集团有限责任公司	2023 年 8 月
18	第七批	受管理级（二级）	甲方	宁波功成电气有限公司	2023 年 9 月
19	第七批	受管理级（二级）	甲方	德州金亨新能源有限公司	2023 年 9 月
20	第七批	受管理级（二级）	甲方	天津市贝特瑞新能源科技有限公司	2023 年 9 月
21	第七批	受管理级（二级）	乙方	国核信息科技有限公司	2023 年 9 月
22	第八批	受管理级（二级）	甲方	山东盛合电力工程设计有限公司	2023 年 11 月
23	第八批	受管理级（二级）	甲方	库珀新能源股份有限公司	2023 年 11 月
24	第八批	受管理级（二级）	甲方	山东国研电力股份有限公司	2023 年 11 月
25	第八批	受管理级（二级）	甲方	西电宝鸡电气有限公司	2023 年 11 月
26	第八批	受管理级（二级）	乙方	西安领充创享新能源有限公司	2023 年 11 月
27	第九批	优化级（五级）	甲方	国家能源投资集团有限责任公司	2023 年 11 月
28	第九批	稳健级（三级）	甲方	中广核研究院有限公司	2023 年 11 月
29	第九批	稳健级（三级）	甲方	南方电网供应链集团有限公司	2023 年 11 月
30	第九批	稳健级（三级）	甲方	内蒙古大唐国际托克托发电有限责任公司	2023 年 11 月

序号	批次	等级	类型	单位名称	获证时间
31	第九批	稳健级（三级）	甲方	西安西电高压开关操动机构有限责任公司	2023 年 11 月
32	第九批	受管理级（二级）	甲方	山东飞天新能源有限公司	2023 年 11 月
33	第十批	稳健级（三级）	甲方	特变电工新疆新能源股份有限公司	2023 年 12 月
34	第十批	稳健级（三级）	甲方	中国广核新能源控股有限公司	2023 年 12 月
35	第十批	稳健级（三级）	甲方	中国华电集团有限公司广东分公司	2023 年 12 月
36	第十批	稳健级（三级）	甲方	浙江独山能源有限公司	2023 年 12 月
37	第十批	稳健级（三级）	甲方	卧龙电气驱动集团股份有限公司	2023 年 12 月
38	第十批	稳健级（三级）	甲方	中核（上海）供应链管理有限公司	2023 年 12 月
39	第十批	稳健级（三级）	甲方	新特能源股份有限公司	2023 年 12 月
40	第十批	稳健级（三级）	甲方	华能山东发电有限公司	2023 年 12 月
41	第十批	稳健级（三级）	甲方	新疆天池能源有限责任公司	2023 年 12 月
42	第十批	稳健级（三级）	甲方	中车株洲电力机车研究所有限公司	2023 年 12 月
43	第十批	稳健级（三级）	乙方	杭州齐智能源科技股份有限公司	2023 年 12 月
44	第十批	受管理级（二级）	甲方	宁波恒升电气有限公司	2023 年 12 月
45	第十批	受管理级（二级）	甲方	浙江帅康电气股份有限公司	2023 年 12 月
46	第十批	受管理级（二级）	甲方	浙江动一新能源动力科技股份有限公司	2023 年 12 月
47	第十批	受管理级（二级）	甲方	特变电工山东鲁能泰山电缆有限公司	2023 年 12 月
48	第十批	受管理级（二级）	甲方	东方日升新能源股份有限公司	2023 年 12 月
49	第十批	受管理级（二级）	甲方	四川大唐国际甘孜水电开发有限公司	2023 年 12 月
50	第十批	受管理级（二级）	甲方	宁波凯勒电气有限公司	2023 年 12 月
51	第十批	受管理级（二级）	甲方	大唐三门峡电力有限责任公司	2023 年 12 月
52	第十批	受管理级（二级）	甲方	荣成康派斯新能源车辆股份有限公司	2023 年 12 月
53	第十批	受管理级（二级）	甲方	陕西延长石油榆神能源化工有限责任公司	2023 年 12 月
54	第十批	受管理级（二级）	甲方	陕西旭强瑞清洁能源有限公司	2023 年 12 月
55	第十批	受管理级（二级）	甲方	盛道（中国）电气有限公司	2023 年 12 月
56	第十批	受管理级（二级）	甲方	山东迪米特电气有限公司	2023 年 12 月
57	第十批	受管理级（二级）	甲方	山东福航新能源环保股份有限公司	2023 年 12 月
58	第十批	受管理级（二级）	甲方	湖北欧安电气股份有限公司	2023 年 12 月
59	第十批	受管理级（二级）	乙方	无锡混沌能源技术有限公司	2023 年 12 月
60	第十批	初始级（一级）	乙方	西藏日出东方阿康清洁能源有限公司	2023 年 12 月
61	第十一批	受管理级（二级）	甲方	山东太平洋电力通信装备有限公司	2023 年 12 月

续表

序号	批次	等级	类型	单位名称	获证时间
62	第十一批	受管理级（二级）	甲方	浙江鑫升新能源科技有限公司	2023 年 12 月
63	第十一批	受管理级（二级）	甲方	中国大唐集团财务有限公司	2023 年 12 月
64	第十一批	受管理级（二级）	甲方	浙江昊龙电气有限公司	2023 年 12 月
65	第十一批	受管理级（二级）	甲方	光大绿色环保城乡再生能源（大荔）有限公司	2023 年 12 月
66	第十一批	受管理级（二级）	甲方	江苏聚合新能源科技有限公司	2023 年 12 月
67	第十一批	受管理级（二级）	甲方	山东泰莱电气股份有限公司	2023 年 12 月
68	第十一批	受管理级（二级）	甲方	济南民昌新能源有限公司	2023 年 12 月
69	第十一批	受管理级（二级）	甲方	卧龙电气（济南）电机有限公司	2023 年 12 月
70	第十一批	受管理级（二级）	甲方	湖北泰和电气有限公司	2023 年 12 月
71	第十一批	受管理级（二级）	甲方	武汉惠强新能源材料科技有限公司	2023 年 12 月
72	第十一批	受管理级（二级）	甲方	宝鸡邦威电气有限公司	2023 年 12 月

后记

在《中国电力行业数字化年度发展报告 2024》编撰过程中，国家电网、南方电网、中国华能、中国大唐、中国华电、国家能源集团、国家电投、中国三峡集团、中核集团、中广核、中国电建、中国能建、中国电气装备、东方电气、内蒙古电力、广东能源、浙能集团、京能集团等中电联理事单位及有关大型电力企业为报告提供了翔实的资料。

赵一斌（国家电网）、林克全（南方电网）、范奇（中国华能）、张国瑞（中国大唐）、张世超（中国华电）、郭凯（国家能源集团）、麻才新（国家电投）、韩月琪（中国三峡集团）、张进风（中核集团）、杨婷婷（中广核）、张春林（中国电建）、彭卯卯（中国能建）、刘呈成（中国电气装备）、刘伯兴（东方电气）、李来杰（内蒙古电力）、肖思恒（广东能源）、陈韶芸（浙能集团）、柳泓羽（京能集团）等同志为本单位资料的收集整理、汇总提交做了大量的工作。魏昭峰、李向荣、辛耀中、蒋敏华、佟义英、李全生、房方、张庆杰等资深专家审核了报告。在此一并表示衷心感谢！

参与报告编写的主要撰稿人分别是：第一章由刘歆一、俞阳、贾伟昭、李猛编写；第二章由卢金海、李猛编写；第三章第一节由汤琰君、陈浩敏、王亮、李猛编写，第二节由张国瑞、胡恩俊、范婧、刘旭嘉、陈韶芸编写，第三节由张玉兰、向辉编写，第四节由刘伯兴、刘卫华编写，第五节由李猛、赵一斌、卢金海、姜雨滋编写；第四章第一节由范婧、刘卫华、曹庆才编写，第二节由肖思恒、曹庆才编写，第三节由杨春、曹庆才、李猛编写；第五章第一节由胡宇宣、刘晋刚编写，第二节由刘一霖、刘晋刚编写，第三节由汤文玉、刘晋刚编写；第六章第一节由余明阳、李猛编写，第二节由程辉编写，第三节由侯成华编写，第四节由程辉、房威孜、李猛编写；第七章由贾伟昭、张谋明、陈锋、韩圣传编写；附录由卢金海、房威孜、李猛整理。张小敏、李磊、周凤珍、姜国通、赵晓琬、陈旭等专家指导了报告编写。

中电联科技中心牵头负责报告的组织编制、统稿等工作，受编时间、资料收集和编者水平所限，报告难免存在疏漏，恳请读者谅解并批评指正。我们将不断总结经验，进一步提高编撰质量，使报告成为引领电力行业数字化发展和服务中电联会员企业的重要载体，成为研究、了解、记录中国电力行业数字化发展的重要工具，在立足行业、联系政府、服务企业、沟通社会中发挥更大的作用。